윤관과 묘청, 천하를 꿈꾸다

김창현

景仁文化社

들어가며

　지금 우리는 세계화 시대에 살고 있다. 국경의 울타리를 벗어나 많은 나라들과 교역하고 해외 여행을 즐기고 아예 이민을 가기도 한다. 국제결혼을 하는 사람들이 증가하고 우리나라에 거주하거나 여행하는 외국인이 눈에 자주 띈다. 우리는 원래 단일민족이 아니었지만 요즘 더욱 그러하다. 세계는 하나가 된 것처럼 보인다.

　하지만 지구의 곳곳에서 민족주의, 지역주의, 종교주의가 여전히 힘을 얻고 있다. 동아시아에서 국경이 서로 접하는 한국, 북조선, 중국, 일본은 영토와 역사 분쟁이 끊이지 않는다. 우리나라는 남한과 북한으로 갈라져 대치하고 있는 상황 때문인지, 일본의 식민지를 경험한 때문인지 민족주의 성향이 두드러져 세계화와 갈등한다. 미국산 쇠고기 수입과 한미 FTA(자유무역협정) 체결 문제로 홍역을 치르고 있는데, 저자세 협상이 질타를 받지만 한미 간의 문화 갈등도 내재한다. EU, 중국, 일본 등과의 FTA 협상도 현안으로 대기 중이라 험난한 여정이 기다린다. 수도 이전 문제로 갈등하더니 행정중심도시, 혁신도시, 대운하 문제로 떠들썩하다.

　우리는 과거의 역사를 통해 현재를 들여다보고, 현재의 상황을 통해 과거를 돌아본다. 요즘처럼 문화충돌, 외교분쟁, 천도, 국토개발 문제로 심각한 갈등을 겪는 일이 고려시대에도 있었다. 고려중기 고려와 여진족의 대결, 묘청과 김부식의 갈등이 바로 그것이다. 묘청은 고려의 전통문화를 존중한 국풍파였던 반면 김부식은 유학 내지 중국문화를 존중한 화풍파였다. 묘청은 여진족 금을 사대하는 정책을 반대하고 서경(평양) 천도와 금국 정벌을 주장했다. 김부식은 금을 사대하는 정책을 현실로 받아들이고 서경 천도와 금국 정벌을 반대했다. 묘청과 김부식의 대결은 위대한 역사학자 신채호가 '조선역사상 일천년래 제일대사건'이라 정의할 만큼 중대한 사건이었다.

묘청의 운동은 윤관의 여진 정벌 및 9성 개척과 밀접하게 연결되어 있었다. 여진족은 고려를 부모의 나라로 사대해 오다가 9성의 반환을 받고 힘이 커지자 금을 세워 거꾸로 고려에게 자신을 사대하도록 만들었다. 여기에 묘청이 반발해 금국 정벌 운동을 일으켰던 것이다. 윤관의 여진 정벌은 문종의 여진족 지배와 밀접한 연관이 있었다. 고려의 지배를 받던 여진족이 반란을 일으키자 윤관이 그들을 정벌했던 것이다. 윤관의 여진 정벌은 고려가 만주를 수복했다는 점에서 의의가 컸다.

나는 이 책에서 천하를 꿈꾼 윤관과 묘청을 중심으로 고려 중기의 역사를 조명하려 한다. 고려 중기의 역사는 귀족사회의 모순이 심화되어 파탄에 이른 결과 이자겸 난, 묘청 정변, 무신정변이 연이어 발생한 것으로 그려져 왔다. 이제 그러한 시각에서 탈피할 시점이다. 그러한 사건들은 오히려 이 시기가 변화와 발전의 역동적인 시기였음을 알려준다. 발해의 멸망 이후 우리의 영토가 두만강에 처음 도달한 때가 조선초로 알고 있는 사람들이 많지만 이미 고려인들이 10~12세기인 고려 초·중기에 만주 벌판을 누비고 있었다. 묘청의 사상을 미신으로 보는 시각이 자리잡아 왔다. 그러한 시각을 지니는 한, 묘청은 다가오지 않는다.

윤관, 묘청, 윤언이, 정지상 등은 고려중기의 역동적인 변화의 중심에 서서 자신들이 추구하는 이상세계를 만들기 위해 심신을 불태웠다. 윤관과 묘청·정지상은 윤관의 아들 윤언이를 통해 서로 숨결을 나누었다. 윤관, 묘청, 윤언이, 정지상 등은 요즘 식으로 표현하면 민족주의자이면서 세계주의자였다. 고려의 전통을 중시하면서도 이에 안주하지 않고 만주로 뻗어나가 천하를 제패하려 했다. 고려의 정체성과 독자성을 지키면서 위대한 고려를 건설해 세계의 주인이 되기를 꿈꾸었다.

윤관과 묘청이 꿈꾼 천하는 무엇이었을까? 묘청은 『고려사』 반역전에 실려 있다. 묘청이 옳았을까, 김부식이 옳았을까? 묘청의 정변은 신채호가 정의한 것처럼 '조선역사상 일천년래 제일대사건' 이었을까? 판단은 독자 여러분에게 맡긴다.

2008년 뜨거운 여름에
동안재 김창현이 쓰다

목 차

제1장 태평성대의 명암 　1
제2장 신법을 시행하다 　39
제3장 여진을 정벌하다 　67
제4장 이상향으로 도피하다 　101
제5장 십팔자가 집권하다 　123
제6장 서경세력이 날아오르다 　159
제7장 천하의 주인을 꿈꾸며 　183
제8장 개경파와 서경파의 대립 　215
제9장 서경이 일어나다 　235
제10장 서경이 무너지고 김부식이 집권하다 　261
제11장 부활하는 묘청 　289

참고문헌　314
색　 인　321

제1장

태평성대의 명암

묘청은 왜 정변을 일으켰나

고려시대 인종 13년(1135) 정월에 승려 묘청이 서경 관원인 유참·조광 등과 함께 서경(평양)에서 군사를 일으켰다. 나라를 세워 국호를 '대위'라 했고, 독자적인 연호를 만들어 '천개'라 선포했다. 수도 개경의 관료들은 대부분 이에 반대하여 서경인들의 행위를 반역이라 규정하고 김부식이 이끄는 대규모 토벌군을 편성하였다.

김부식의 개경군은 서경 동쪽으로 우회하면서 북상하여 청천강 유역의 안북부를 장악했다. 그리고 나서 남하하여 서경성을 포위해 공략하여 함락했다. 묘청은 이 과정에서 서경의 내분으로 살해당했다.

단재 신채호는 일제시대 때 중국에 망명해 독립운동을 하며 역사를 연구한 민족사학자였다. 그는 조선이 일본에게 망한 원인을 여러 방면에 나타난 사대주의의 노예에서 구했다. 민족의 성쇠는 사상의 경향에 달려 있다면서 조선이 사대주의의 노예가 된 근원을 서경 전역(전쟁) 즉 묘청이 김부식에게 패배한 데에서 찾았다. 그것이 조선사회에 영향을 끼침은 발해 멸망과 고려의 대몽항쟁보다도 몇 갑절이 넘는다면서 고려에서 조선에 이르는 1천 년 동안에 서경 전역을 넘어설 대사건이 없을 것이라 했다. 그래서 그는 이를 '조선 역사상 일천년래 제일 대사건'이라 규정했다.

신채호는 서경 전쟁을 낭가(화랑 계통)·불가(불교) 대 유가(유교)의 전쟁, 국풍파 대 한학파의 전쟁, 독립당 대 사대당의 전쟁, 진취사상 대 보수사상의 전쟁으로 파악했다. 그리고 묘청을 전자의 대표로, 김부식을 후자의 대표로 설정했다. 낭가는 곧 신라의 화랑이고 화랑은 고구려의 소의선인

皂衣仙人을 모방한 것이라며 우리 문화의 원류로 보았다. 이 전쟁에서 묘청 등이 패하고 김부식이 승리했으므로 조선사가 사대적 보수적 속박적 사상인 유교사상에 정복되고 말았다고 하였다.* 만일 김부식이 패하고 묘청 등이 승리했더라면 조선사가 독립적 진취적 방면으로 진전했을 것이라 하면서 아쉬워했다.

묘청과 서경 전쟁은 이처럼 우리역사에서 중요한 의미를 지닌다. 묘청은 자비로 중생을 구제하는 불교 승려였는데 왜 피를 부르는 정변을 일으켰을까? 불교에 대한 탄압이 행해졌던 것인가. 서경을 차별하는 정책이 시행되었던 것인가. 그가 세속의 정치권력을 탐내고 왕이 되고자 했던 것인가. 그는 과연 무엇을 꿈꾸었던 것일까? 묘청의 정변은 과연 '조선역사상 일천년래 제일 대사건' 이었을까?

국풍과 화풍 대립의 연원

신채호는 묘청으로 대표되는 낭가와 불가를 국풍파, 김부식으로 대표되는 유가를 한학파로 정의했는데, 국풍파는 고유의 문화를 중시했으므로 전통파였고, 한학파는 중국문화를 추종했으므로 화풍파였다. 고려를 바탕으로 둔 음양풍수도참설도 국풍에 포함시킬 수 있다.

※ 사대事大는 동아시아에서 강대국 내지 문화선진국을 신하의 예절로 섬기는 것을 일컬었던 용어이다. 사대를 하게 되면 조공을 바치고 지배자가 책봉을 받았다. 사대는 평화공존과 문물교류를 위해 강국이 주도하는 국제질서를 인정한다는 의미를 지녔지, 속국이 되거나 지배를 받았던 것은 아닌 지극히 형식적인 외교행위였다.

문화는 전통문화와 외래문화의 활발한 교류 속에 발전한다. 전통만 고집하면 도태된다. 전통문화와 외래문화를 구분하는 절대적인 기준은 없다. 유교, 불교, 도교, 음양풍수도참설 모두 외래문화였다. 다만, 외래문화를 수용하는 방식에서 얼마나 우리의 정체성과 자존심과 다양성을 지키면서 자주적으로 주체적으로 재해석하여 독자성을 만들어내느냐가 문제이다.

고려 전기에 불가(불교)와 음양풍수도참설은 이미 우리의 것으로 녹아들어 전통문화가 되었던 반면 유가(유학)는 아직 그렇지 못해 외래문화로 인식되었다. 불교와 음양풍수도참설은 낭가 내지 전통신앙과 조화를 이루며 고려인의 정체성과 자존심과 다양성과 독자성을 지킨 반면 유학은 때로는 고려인의 정체성과 자존심과 다양성과 독자성을 훼손시켰다. 그러한 과정에서 고려인은 서로 갈등했다.

국풍파와 화풍파의 대립이 본격화한 때는 고려의 제6대 성종 때였고, 그것이 표출된 때는 거란의 1차 침략 때였다. 제5대 경종(광종의 아들)이 일찍 붕어하면서 왕위계승 다툼이 벌어졌는데, 경종과 천추태후의 2살짜리 아들, 천추태후의 오빠 성종, 태조 왕건의 아들 안종(추증)이 경쟁했다. 경종의 사촌인 성종이 개경·서경 세력과 유학자 최승로 등 경주세력(옛 신라 계통)의 후원으로 승리하여 왕위에 올랐다.

그 결과 경주세력이 집권하게 되자 최승로는 경주를 동경으로 승격시켰을 뿐만 아니라 유교중심 정책을 밀어부쳤다. 황제국의 3성 6부 체제를 유지하면서도 임금의 명령을 황제의 명령인 '조詔'에서 왕이나 제후의 명령인 '교敎'로 격하시켰다. 훈요십조에서 태조 왕건이 국시로 정한 불교를 부정하지는 않았지만 불교는 몸을 닦는 근본이고 유교는 나라를 다스리는 근원이라 하여 각각 종교이념과 정치이념의 다른 역할이 있다고 구분했다. 태묘(종묘), 사직, 문묘(공자 사당), 원구(환구) 등 유교의례를 정비한 반면 전통의례(불교의례 포함)를 배척했는데 하늘에 제사하는 '원구'가 도입된 것은 그나마 다행이었다.

최승로가 불교·전통 의례를 배척한 결과 심지어 태조 왕건이 훈요십조에서 그토록 준수를 당부했던 연등회와 팔관회까지 혁파당했다. 불교와 전통신앙이 어우러진 연등회와 팔관회는 고려 이전부터 내려온 전통문화의 핵심이었다. 정월(후에 2월) 14일과 15일에 연등회가 열리면 전국에서 밤을 새며 노래와 춤이 어우러진 연등 축제를 즐겼다. 팔관회는 서경(평양)에서 10월 14일과 15일에, 개경에서 11월 14일과 15일에 열렸는데, 서경 팔관회는 고구려 동맹제를 계승한 것이었다. 팔관회가 열리면 4명의 신선으로 분장한 사선四仙이 등장해 춤추며 음악대를 이끄는 가운데, 고려인들이 천령(하느님)·산신·수신(물신)·용신 등 우리의 신들에게 제사하면서 가무가 어우러진 축제를 즐겼다. 이 '사선'이 바로 신채호가 이야기한 낭가였다. 이러한 연등회와 팔관회를 성종이 최승로의 압력으로 폐지했으니 고려인들은 정체성과 자존심에 심각한 상처를 입었다.

이러한 때에 요의 소손녕이 이끄는 거란군이 고려를 침략했다. 그 이유로 거란이 고구려를 계승했는데 신라를 계승한 고려가 자신의 영토를 침식했다는 점, 고려가 거란을 멀리하고 송과 친밀하게 지낸다는 점을 들었다. 이에 신하들 대부분이 거란군에게 항복하거나 서경 이북의 땅을 거란에게 주자는 견해를 제기했다. 성종과 최승로의 지나친 중국화 정책, 유교화 정책으로 신하들은 정신상태가 나약해져 있었다.

땅을 떼어주자는 할지론을 강력히 비판한 인물이 있었으니 재상인 서희와 전직 민관어사(재무부 장관) 이지백이었다. 서희는 삼각산(북한산) 이북도 고구려의 옛 땅이므로 거란이 요구하면 내주겠냐면서 땅 떼어주기는 만대의 수치라며 비판하고는 싸우기를 주장했다. 이지백은 할지론을 통탄하면서 선대의 왕들이 행했던 연등회·팔관회·선랑仙郞 등을 부활시키되, 타국의 다른 법도 즉 유교의례를 행하지 말아 나라를 지키고 태평을 이루기를 강력히 촉구했다. 선랑은 팔관회와 관련이 깊은 존재였으므로 연등회·팔관회와 덩달아 폐지되었던 것인데 바로 신채호가 이야기한 낭가였다. 당시 성종이 화풍華風(중국풍)을 사모하는 것을 나라 사람들이 좋아하지 않았기 때문에 이지백이 그러한 비판을 했다고 전한다. 그러니까 성종과 최승로의 화풍 중시 정책을 고려인들 대부분은 싫어했던 것이다. 이 국풍과 화풍의 대립은 훗날 묘청과 김부식의 대립에서 재현된다.

거란군의 1차 침략은 협상의 여지를 간파한 서희가 자원해 소손녕과 담판하면서 일단락되었다. 소손녕은 고려가 신라 땅에서 일어났다며 고구려의 땅은 자기 나라의 소유니 침식한 땅을 바치기를 요구했고, 송과 절교하고 거란과 외교하기를 요구했다. 이에 대해 서희는 고려가 고구려의 옛 땅에서 일어났기 때문에 국호를 고려라 하고 평양에 도읍했다며 거란의 동경(요동 지역)도 고려의 영역이라고 반박했다. 압록강 내외도 고려 영역인데 여진족이 거주하고 있어서 거란과 외교하지 못하고 있으니 그 여진족을 축출하는 데 협조해 준다면 거란과 외교할 수 있다고 조건까지 내걸었다. 참으로 당당하고 치밀한 협상 태도였다. 거란은 고려 쪽에만 신경을 쓰기 어려웠던 터라 협상을 수용하고 철군했다. 서희는 군사력을 동원해 요의 협조를 얻어 여진족을 몰아내고 압록강과 청천강 사이에 강동 6주를 설치해 오히려 영토를 압록강 하류까지 넓혔다. 대신에 고려는 송과 절교하고 요와 외교관계를 맺었다.

고려가 고구려를 계승하고 평양에 서경을 설치한 것이 외국과의 영토분쟁에서 얼마나 유리한 점으로 작용했는지 잘 드러난다. 고려인들은 고조선 이후의 역사를 삼국시대와 후삼국시대를 포함해서 삼한으로 인식했고 그래서 후삼국 통일을 삼한 통일로 표현했다. 그러면서도 태조 왕건이 표방한 이래 고구려 계승 의식을 지니며 평양을 중시했는데 유학의 성장과 경주세력의 부상에 따라 신라 계승 의식이 표출되기도 하면서 갈등이 생겨났다.

성종을 이은 제7대 목종(경종과 천추태후의 아들)의 치세에 성종의 누이 천추태후가 이미 성인이 된 아들을 대신해 섭정했다. 그녀와 목종이 불교·전통 문화와 서경(평양)을 중시함에 따라 이 때 연등회와 팔관회(선랑 포함)도 사실상 부활했다. 그런데 목종에게 아들이 없어 왕위계승 문제가 발생했다. 이전에 경종의 사후 그 배우자 천추태후 황보씨와 헌정왕후 황보씨 자매는 차례대로 외가친족 김치양과 숙부 안종(추종)을 애인으로 두었는데 이를 용납하지 못한 성종은 김치양과 안종을 유배보냈다. 그 충격으로 헌정왕후는 대량원군(현종)을 조산하고 세상을 떴다. 천추태후는 집권하자 김치양을 불러 권력과 사랑을 주어 남자애를 낳았다. 이제 목종의 후계자로 대량원군과 천추태후의 어린애가 경쟁하게 되자 천추태후는 조카 대량원군을 중으로 만들고 죽이려 했다.

천추태후와 김치양의 어린 아들이 왕위에 오르는 것이 전통적인 시각에서는 큰 문제가 되지 않았지만, 광종의 과거 시행과 성종의 유교화 정책으로 유교사상의 세례를 받아 왔기에 용납하지 못하는 사람들이 늘어났다. 이러한 분위기를 배경으로 대량원군 지지세력이 정변을 일으켜 목종을 몰아내고 대량원군을 왕으로 옹립했는데 그가 제8대 현종이었다.

현종은 정변으로 흔들리는 민심을 수습하고 정변을 빌미로 삼은 거란의 제2차 침략의 임박에 대응하기 위해 연등회와 팔관회를 공식적으로 부활시켜 국력을 결집시켰다. 이 두 행사가 고려인의 단결을 이끌어내는 촉매였던 것인데 이후 고려가 망할 때까지 열린다. 고려는 현종 때 거란의 2차 침략과 3차 침략을 당하지만 차례대로 양규의 활약과 강감찬의 활약으로 극복해냈다. 현종은 전통문화를 중시하면서도 유교문화를 일정하게 수용해 조화를 꾀하였다. 이로써 고려문화는 다양성과 독자성을 지니게 되었고 국풍과 화풍의 대립은 일단 해소되어 잠복했다.

태평성대의 황제국 고려

고려는 거란족 요의 침략을 세 차례 연이어 당하면서 위기를 겪었다. 하지만 그것을 물리쳐 내면서 오히려 중흥을 이룩할 수 있었다. 성종 때는 압록강 너머의 여진족을 백두산 너머로 몰아내 백두산 일대까지 국경을 확장했고, 서희가 거란 침략군의 소손녕과의 담판에서 성공해 강동 6

백두산
우리 산천의 아버지. 묘청 8성의 첫째

주를 개척해 서북쪽 국경을 압록강 하류까지 넓혔다.

요나라가 압록강 하구(의주 일대)에 내원성과 포주성(보주성)을 쌓아 고려를 견제했기 때문에 압록강의 하구 쪽은 넘을 수가 없었지만 압록강 하류·중류와 상류 쪽은 넘어서 만주 방면으로 진출했다. 여진족은 만주와 백두산 일대에 거주하고 있었다. 여러 부족이 할거했는데, 만주 서쪽에 거주한 경우 서여진, 만주 동쪽에 거주한 경우 동여진(흑룡강 일대의 북여진 포함)으로 불렀다.

여진족은 고구려의 유민이 건국한 발해의 다수 구성원이었다가 발해가 거란에 망한 후 거란(요) 혹은 고려를 사대하였다. 그들의 일부는 이미 태조 왕건 때 고려에 귀부하여 후백제와의 일리천 전투에 무려 9,500명이 기병으로 참여했다. 여기에는 흑룡강 유역의 흑수여진과 송화강 유역의 철륵여진까지 포함되어 있었으니, 고려의 영향력이 일찌감치 북만주 일대까지 뻗어 있었음을 알 수 있다.

제8대 현종과 그 아들인 9대 덕종, 10대 정종, 11대 문종을 거치면서 고려의 국력이 신장하자 여진족이 고려에 많이 귀부하였다. 현종 1~2년에 걸친 거란의 제2차 침략 때 고려 군대는 여진 군대와 연합작전을 펼쳐 거란 군대를 물리쳤다. 정종 때는 국경의 관문인 정주定州를 설치했다. 이곳이 함경도의 정평이 아니라 백두산 북쪽의 여진 접경지대로 교통의 요지인 송강진 일대이며 고려의 국경이 두만강을 넘었다는 허인욱(2001)의 견해가 주목된다. 고려는 성종~정종 때에 여진족을 몰아내어 국경을 압록강~두만강 이북으로 확장했던 것이다.

개경 팔관회는 11월에 대궐의 신봉루(위봉루) 앞에서 열렸다. 각종 전통의례를 정비한 정종靖宗은 팔관회에서 국내의 사절단은 물론 송의 상인, 여진족, 탐라국 등 국외의 사절단으로부터 축하를 받았는데 이후 상례가 되었다. 불교와 전통신앙이 가미된 팔관회는 황제국 고려의 국력을 국내와 국외에 알리는 대표적인 행사였다.

문종 때는 고려의 체제가 완비되었을 뿐만 아니라 여러 분야에서 전성기를 맞이해 국력이 크게 신장되었으니 태평성대로 인식되었다. 이후의 후계자들은 문종 때 제도를 '구제舊制'라며 지켜야할 이상적인 규범으로 생각했다. 토지를 지급하는 전시과 체제가 문종 때 완성되었다. 화엄종의 거대한 사찰 흥왕사가 문종 때 개경 남쪽에 건설되어 완공되고, 현종 때 거란의 침략을 부처의 도움으로 극복했다며 목판에 새기기 시작한 초조 대장경도 문종 때 대략 완성되어 불교문화가 꽃피었다. 화엄종 흥왕사는 부왕 현종이 불행하게 죽은 부모를 위해 개경 북쪽에 창건한 유가종 현화사와 함께 교종의 융성을 이끌었다. 12개의 사립학교인 '사학 12도'가 생겨나 다양한 인재를 풍부하게 공급하며 유학의 발전을 이끌었다.

고려는 태조 이래 황제국 체제를 추구해 왔는데 이 역시 문종 때 완성되었다. 황제국 체제의 고려는 제후국 체제의 조선과는 많은 차이가 있었다. 고려의 임금은 때로는 국왕으로, 때로는 황제 내지 천자로 불렸으며, 광종 때는 아예 공식적으로 황제를 칭하기도 했다. 고려의 임금은 외교적인 마찰을 피하기 위해 강대국에 보내는 서신에는 대개 '국왕'이라 칭했지만 고려인들은 자신의 임금을 황제 내지 천자로 부르기를 주저하지 않았다. 고려 임금은 천하의 중심을 상징하는 황색 옷을 입었으며, 천자로서 팔관회, 원구(환구) 제사, 초재(도교행사) 등을 통해 하늘에 마음껏 제사지냈다.

국왕이라 하든 황제 내지 천자라 하든 신하는 임금을 '폐하', 임금은 자신을 '짐朕'이라 호칭했다. 임금의 명령은 성종 때 '교敎'를 쓴 적이 있었지만 곧 황제의 명령을 의미하는 '조詔'를 회복했다. 국왕의 후계자는

송악산
고려왕조의 상징. 묘청 8성의 하나

'황태자' 혹은 '왕태자', 어머니는 '황태후' 혹은 '왕태후', 서열 1위 배우자는 '황후' 혹은 '왕후', 서열 2위 배우자는 '황비' 혹은 '왕비'라 불려졌고, 태자의 배우자는 태자비라 불려졌다. 국왕의 아들은 황자 내지 왕자로, 딸은 공주로 불려졌다. 황자 내지 왕자는 공公·후侯에 책봉되어 친왕親王 내지 제왕諸王이라 불려졌으니 이들도 일종의 왕이었으며 그 배우자는 '공비公妃', 제왕비諸王妃 등으로 불려졌다. 왕실 배우자의 체계에서 고려가 후비后妃를 근간으로 한 반면 조선은 비빈妃嬪을 근간으로 했다. 고려시대에 공훈이 빼어난 신하도 공·후·백·자·남의 작위를 받아 친왕과 비슷한 영광을 누렸다. 고려의 임금은 여러 왕들 중의 왕 즉 황제·천자였다.[*]

고려에는 임금·후비后妃·왕자·공주·부마가 소유한 수많은 궁궐이 있었는데 그 중에서도 고려를 대표한 으뜸 궁궐인 대궐(대내)이 개경의 송악산 남쪽 기슭에 자리잡았다. 송악산 대궐은 모든 궁궐의 근본 궁궐을 의미하는 '본궐本闕'이라 불렸고 황제·천자의 궁궐을 의미하는 '제궐帝闕'·'천궐天闕'이라고도 불렸으며, 태조 혹은 광종 이래 궁성과 그 바깥

※ 고려 황제국의 양상에 대해서는 김기덕의 글 『고려시대 봉작제 연구』(1998)와 노명호의 글 「고려시대의 다원적 천하관과 해동천자」(1999)가 참고된다.

을 둘러싼 황성으로 이루어져 있었다. 개경은 광종 때 '황도'라 칭해졌다. '황성皇城'은 황제의 성을, '황도皇都'는 황제의 수도를 의미했다. 그러니까 개경은 황제의 수도였고, 황성대궐은 황제가 거처하며 정무를 처리하는 궁궐이었다. 고려의 송악산 궁궐이 '만월대'로 속칭되고 있지만 옳은 명칭이 아니다. 대궐, 본궐, 황성 등으로 불러야 한다. 고려가 수도 개경 외에 서

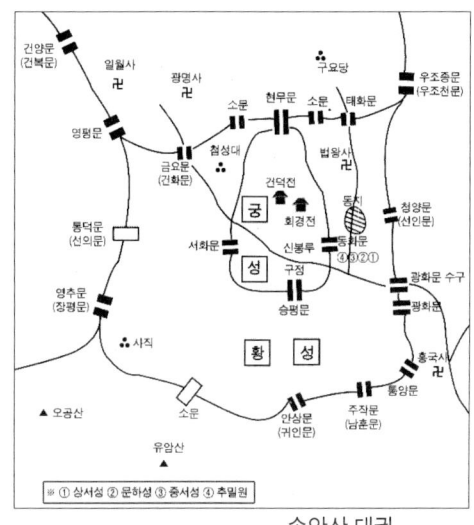

송악산 대궐
황성과 그 안의 궁성으로 이루어졌다.

경, 동경, 남경 등 여러 도읍을 둔 것도 삼한(삼국) 의식을 계승하는 측면은 물론 임금이 황제로서 제후지역을 순행하는 의미를 지녔다.

고려의 정치제도 또한 황제국 체제의 그것이었다. 고려의 정치행정 조직은 궁예 태봉의 제도와 당의 제도를 종합해 중서성·문하성·상서성의 3성과 상서성 소속의 6부, 그리고 송의 제도를 도입한 추밀원(중추원)이 핵심이었다. 고려는 중서성과 문하성이 하나로 통합되어 중서문하성으로 기능했기 때문에 사실상 중서문하성과 상서성의 2성 체제였다. 이를 보통 3성 6부(혹은 2성 6부) 체제라 하는데 이 또한 황제국의 체제였고 문종 때 완성되었다. 중서문하성과 추밀원은 재상부로서 국정을 협의했고, 상서성 6부는 행정을 집행했다.※

※ 고위재상부 중서문하성의 문하시중, 평장사, 참지정사, 정당문학 등의 고위재상은 '재신', 하위재상부 추밀원의 판추밀원사, 지추밀원사, 동지추밀원사, 추밀부사 등

고려가 만주를 지배하다

국가는 국제관계 속에서 흥성하기도 하고 쇠퇴하기도 한다. 고려는 전기에 송, 요(거란), 여진 등과 밀접한 관련을 맺었다. 10~11세기 무렵에는 거란이 북방의 강자로 떠올라 송과 고려를 압박하였다.

송과 요는 치열하게 싸우다가 1004년에 화해 조약을 체결해 형제관계를 맺어 송이 형, 요가 아우가 되었다. 하지만 송이 해마다 비단 20만 필과 은 10만 냥을 요에 바쳐야 했다. 중국의 서북 방면에는 탕구트족이 흥기해 '하(서하)' 나라를 세우고 송을 침략했다. 양국 간에 화해 조약이 1044년에 체결되었다. 서하는 송에 신하의 예를 취하는 대신 해마다 비단 13만 필, 차 2만 근, 은 5만 냥을 송으로부터 받았다. 이후로도 서하는

의 하위재상은 '추밀'이라 불렸고, 둘을 합해 '재추(양부)'라 불리기도 했다. 정사는 재신이 논의하여 처리하거나 추밀과 함께 재추회의를 구성해 논의하여 처리했다. 물론 최종 결정권자는 국왕이었다. 중서문하성의 하부에는 언론을 담당하는 낭사(간관)가 있었고, 추밀원의 하부에는 왕의 비서실장인 지주사를 우두머리로 하는 승선(정무비서)이 있었다. 행정부인 상서성은 상서도성과 상서 6부로 이루어졌는데 상서도성의 장관은 재상급인 복야였고, 이부·병부·호부·형부·예부·공부의 제1장관은 판사, 제2장관은 상서, 차관은 시랑이었다. 이부는 문반의 인사권, 병부는 무반의 인사권을 관장해 위상이 높았다. 재추가 6부의 고위직을 겸하는 경우가 많아 내각책임제와 유사했다. 문하시중 혹은 판이부사(이부 판사: 재상이 겸함)가 수상이었고, 판병부사(병부 판사: 재상이 겸함)가 아상(부수상)이었다. 현임 시중이 있는 경우 대개 그가 판이부사를 겸했다. 관리들을 감찰하는 기구로 요즘의 검찰과 유사한 어사대가 있었다. 이 어사대의 대관은 간관과 함께 '대간'이라 불리며 국왕과 관리를 견제하는 등 국정전반에 대한 언론 활동을 담당했다. 대간은 권한이 커서 법안과 인사안은 이들이 동의해 서명해야 효력을 발휘했다. 고려의 정치는 국왕, 재상, 대간, 6부 등이 상호작용하며 행해졌다.

기회를 엿보다가 송을 침략하곤 했다. 송은 돈으로 평화를 산 셈이었다. 요가 송의 동생이 되고 서하가 송의 신하가 되었지만, 요와 서하가 중국의 자존심을 유지시켜 주면서 오히려 막대한 이익을 본 것이었다.

고려는 광종 이래 송과 외교관계를 맺다가 거란족 요와의 전쟁을 겪은 후 송과 단절하고 요와 외교관계를 수립했다. 송과는 외교 관계가 단절되어도 사적인 교류와 무역이 활발했다. 전성기를 맞이한 문종 시절에 고려인들은 굳이 송과 외교 관계를 맺을 필요를 그리 느끼지 않을 정도로 고려의 문물이 송나라에 못지 않다는 자부심을 지니고 있었다.

그런데 송의 신종은 요를 견제하기 위해 고려와 우호적인 관계를 맺으려 했고, 고려의 문종은 자기 왕조의 문물을 더 높은 단계로 끌어올리고 싶어했다. 이렇게 서로 간의 필요가 맞아 떨어져 문종 말기에 양국의 외교가 정상화되었다. 그 결과 고려는 송과 더욱 활발히 교류하고 무역하였다.

송은 고려와의 외교를 중시해 사신의 등급 중에 고위급인 '국신사國信使'를 파견했는데 중국 서쪽의 강대국인 서하西夏보다 높은 것이었다. 고려의 사절을 요의 사절과 동급으로 간주해 추밀원에서 관장하도록 했고 고려의 사절을 영접하는 관원의 등급도 고위급으로 했다. 송은 요에 군사력으로 밀렸기에 고려의 도움을 얻기 위해 환심을 사야 했다. 고려는 비록 요를 형식적으로 사대했지만 요가 고려에 어떠한 간섭도 할 수 없었다. 세 차례의 대전쟁이 끝난 후에도 압록강 하구를 중심으로 서로가 요새를 건설해 대치하면서 긴장관계를 유지했고, 고려는 요가 좀 무리하게 나온다 싶으면 즉각 외교관계를 끊어버리곤 했다. 고려는 요의 어떠한 압력에도 결코 양보하지 않았다. 요는 고려와 적대관계를 만들지 않기 위해 고려 임금과 대후의 생일에 꼬박꼬박 사절을 파견해 축하하는 등 예우를 다하였다. 이 시기는 동아시아에 거란, 송, 고려의 삼각이 힘의 균형을 유지하면서 번영한 꿈의 시대였다.

고려 개경에는 중국인들이 상인들을 중심으로 많이 드나들었는데 거주한 자도 수백 명이었다. 고려는 그들 중에 특별한 능력을 지닌 자들을 재물로 유혹하거나 심지어 반강제로 귀화시켜 관료로 활용하기도 했다. 고려는 현종과 정종靖宗 때 대식국(아라비아) 상인까지 개경에 올 정도로 무역에 개방적이었다. 문종 무렵에는 일본 사절단과 상인들도 고려를 찾았다. 수도 개경은 국제도시로 번창했다. 개경과 그 관문인 예성강의 국제무역항 벽란도는 외국 사절·상인들로 북적댔다. 대식국 상인을 통해 고려는 '코리아'라는 이름으로 서양에까지 알려지게 되었다. 개경성의 상권 중심지는 서동대로와 북남대로가 만나는 도심 십자가(십자거리) 일대와 황성정문 광화문에서 십자가에 이르는 일대였다.

송은 고려가 사절을 파견해 물품을 선물하면 몇 배 값어치의 물품을 제공해야 했으므로 고려 사절의 잦은 왕래에 신경질적으로 반응하기도 했다. 특히 송의 유명한 문장가 소동파(소식)는 고려가 송에 사신을 자주 파견하는 것을 다음과 같은 여러 이유를 들어 반대했다.

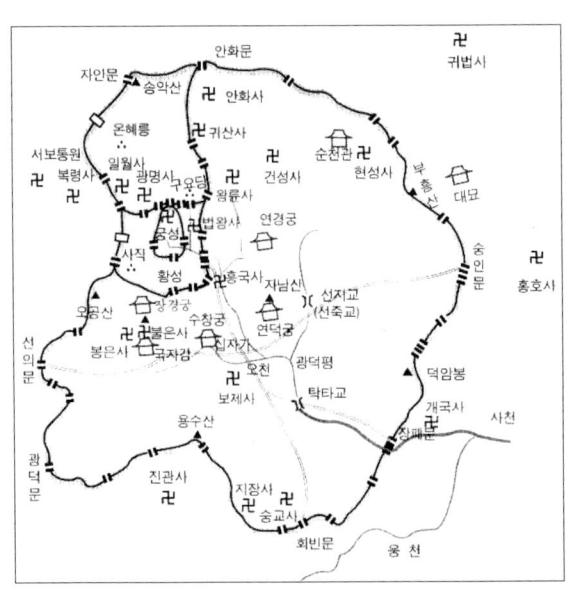

개경성 모습
십자가 일대가 중심부였다.

고려가 선물한 물품에 비해 고려 사절에 대한 접대비용과 고려에 주는 답례품 비용이 지나치게 많아 중국 백성에게 고통을 주고 있다. 고려와 외교하기 위해 양절(절동·절서)·회남(회수 이남)·경동(산동 방면) 지역에 성을 쌓고 배를 만들고 고려 사절단의 숙소를 화려하게 건설하기 위한 동원으로 중국 백성들이 고통을 당하고 있다. 고려 사절단이 중국 산천의 지형을 그려 송의 군사적 허실을 염탐하고 있다. 고려는 겉으로는 송을 흠모하여 조공한다 하고 있으나 실제로는 이익을 위한 것이다.

이처럼 송과 고려의 외교·무역은 송의 재정과 백성에게 타격을 줄 정도로 고려에게 많은 이익을 안겨주었다. 고려 사절단이 중국을 한번 방문할 때마다 중국의 조정과 회수·절강 지역이 부담하는 비용은 10여만 관에 달하였으니, 소동파는 그 돈이면 중국의 굶주린 백성 수만을 구제할 수 있다며 분개했다. 고려 사신이 상륙하는 양절·회남·경동 지역에 그들의 숙소인 '고려정관'을 장려하고 화려하게 지을 때 주변 사람들이 동원되자 도망자가 속출하고 농사를 망치기도 했다. 고려가 송에 조공하는 것은 중국을 흠모해서가 아니라 이익을 얻기 위해서라는 소동파의 언급은 정확한 지적이었다.

소동파는 고려 사절단이 중국을 염탐하는 것을 비난했지만 송 사절단도 고려를 염탐했고 요의 경우도 마찬가지였다. 당시 동아시아는 요, 송, 고려가 삼각의 세력균형을 유지했기 때문에 균형이 깨질 경우에 대비해 서로 간에 정보전이 치열했다. 고려는 문화·경제 강국인 송을 형식적으로 사대해 줌으로써 막대한 경제·문화적 이익을 얻었고, 군사 강국인 거란족 요를 형식적으로 사대해 줌으로써 평화를 얻었다. 요의 압력으로 송과 외교관계를 끊은 시절도 있었지만 국력에 자신이 생긴 문종과 그 이후에는 송과 외교를 복원해 양다리를 걸쳤다. 이에 대해 요는 강력하게 대응하지 못했다. 거란이든 송이든 고려를 적대 국가로 만들지 않으려 최상으로 예우했으니 그들이 결코 무시하지 못할 정도의 국력을 고려가 지녔기 때문이었다. 게다가 여진족의 다수가 고려를 사대하였다.

고려가 번창해 국력이 뻗어나가자 여진족의 고려로의 귀부가 폭발적으로 증가했는데 전성기 내지 황금기를 맞이한 고려 문종 때 절정에 다다랐다. 여진족의 여러 부족들이 앞을 다투어 고려에 사절단을 파견해 신하의 예를 취하며 귀부했다. 아예 고려에 귀화해 고려의 호적에 편입되는 경우와 거란족 요나라로부터 받은 관작을 버리고 고려로부터 관작을 받는 경우가 늘어났다. 고려와 요는 여진 지배를 놓고 경쟁했다. 서여진에 대한 영향력은 요가 강했고, 동여진에 대한 영향력은 고려가 강했다. 고려는 귀부한 여진에게 관작을 수여하였고 그 지역에 기미주(자치주)를 설치해 간접 지배하거나 고려의 군현으로 편입해 직접 지배했다.

고려의 여진족에 대한 지배는 문종 때 절정기에 다다랐다. 몽라고촌·앙과지촌 등 30부락의 여진추장이 문종 원년 8월에 무리를 이끌고 고려에 귀순했다. 여진족의 고려 편입은 특히 문종 27년(1073)에 두드러졌다. 문종 27년 2월에는 이미 고려에 귀순한 동여진 귀순주의 도령 대상大常(고려의 관작) 고도화古刀化, 창주昌州의 도령 귀덕장군(고려의 관작) 고사高舍, 그리고 전성주甎城州·공주恭州·복주服州·온주溫州·성주誠州의 도령(지도자) 등이 무리를 이끌고 고려 안으로 붙어 군현이 되기를 요청했다. 아예 고려의 지방행정 구역으로 편입되어 귀화해 고려인으로 살겠다는 것이었는데 이는 수용되었다.

동북 변방 15주州 바깥의 동여진이 서로 이어 귀부하자 문종이 27년 4월에 그들을 고려의 군현郡縣으로 편입했다. 5월에는 서여진의 여러 부족

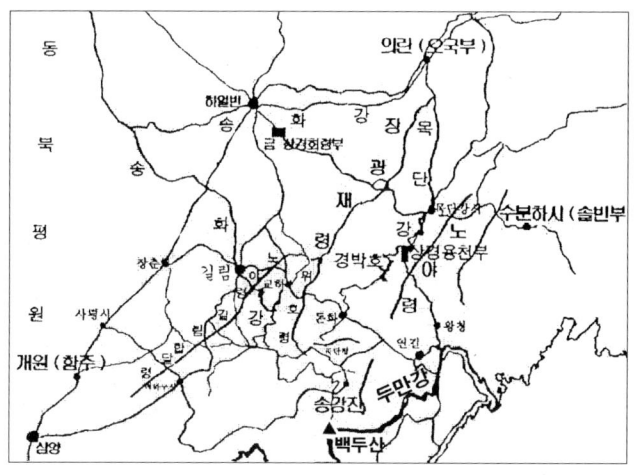

문종의 만주 경영
허인욱의 그림

이 동여진의 사례에 의거해 고려의 주군州郡이 되기를 요청하니 허용했다. 7월에는 흑수 역어(통역관) 가서로加西老가 동여진을 설득해 고려의 주현이 되도록 만드는 데 공로를 세웠다며 그를 고려의 무반인 산원(정8품)에 임명하고 고맹高猛이라는 성명을 하사했다. 이는 흑수 즉 북만주의 흑룡강 일대까지 고려의 영역으로 편제되었음을 시사한다. 9월에는 동여진의 대란촌大蘭村 등 11개 촌을 빈주濱州·이주利州·복주福州 등 11개 주州로 삼아 귀순주에 예속시켰다.

덕종 때 유소柳韶가 압록강에서 동해안 화주까지 쌓은 천리장성※이 고려의 북쪽 국경이라는 시각도 있지만 천리장성은 국경선이 아니라 방어

※ 『고려사』 유소전에 따르면 천리장성의 서쪽 기점은 "서해의 물가, 옛 국내성의 지경, 압록강이 바다로 들어가는 곳"이었다. 고구려의 수도 국내성은 집안에 위치하므로 천리장성의 서쪽 기점은 압록강의 하류보다 중류일 가능성이 크다. 천리장성의 동쪽 종점인 화주는 보통 함경도 영흥으로 생각되고 있지만 그보다 북쪽에 위치했을 가능성도 있다.

선이었다. 이는 장성 밖의 개간한 토지 114,914경(頃)에서 재배한 곡식을 가을에 수확해 군대의 양식으로 사용하기를, 문종 27년에 4월에 서북로(서북면) 병마사가 요청하자, 임금이 그렇게 하도록 한 데에서 알 수 있다.

고려의 북동쪽 영역은 허인욱의 연구(2001)에 의하면 만주 장광재령까지 뻗어나갔는데, 발해의 상경 용천부가 있던 지역, 즉 현재 중국의 지린(길림) 일대, 송화강 유역을 포함하는 거대한 땅이었다. 거란 요나라조차 용천(발해 상경)까지는 고려의 북쪽 국경으로 인정했다.

고려정부는 귀순한 여진족 부락을 자치권을 부여해 귀순주를 통해 지배하거나 고려의 군현으로 편입해 직접 지배했다. 고려가 여진족 거주지에 여러 주(州)들을 설치하거나 고려의 군현으로 편입시켰으니, 이러한 여진족은 단순히 고려를 형식적으로 사대한 것이 아니라 실질적으로 고려의 통치를 받았다. 고려에 귀순한 여진족은 우리 여진을 의미하는 '아번(我蕃)'이라 불려졌는데 그들은 요와의 교류를 금지당했으며 종족 간의 전투도 고려의 허락을 받고 고려 관원의 참관하에 행해졌다.

사실 우리 민족도 단일민족이 아니다. 여진(말갈, 숙신)은 고조선, 부여, 고구려, 발해 이래 예맥족·한족(韓族)과 함께 우리 민족의 구성원이었다가 발해의 멸망 후 이탈하였던 것이니, 원래의 자리로 돌아온 것이었다. 여진족이 예맥족에 포함되기도 했다. 후삼국이 열릴 무렵에 궁예에게 귀부한 용건이 "대왕께서 조선·숙신·변한의 땅을 통합하여 지배하시려면 먼저 송악에 성을 쌓아 저의 장자(왕건)를 성주로 삼아야 합니다"라고 설득했다. 이에 궁예가 20살의 왕건에게 발어참성(송악성)을 쌓도록 해 성주로 삼았다. 숙신(여진)을 조선, 변한(삼한의 대표로 언급한 것임)과 함께 통합의 대상으로 지칭했으니 그에 대한 동족 의식을 지녔던 것이다.* 어쨌거나

※ 통일신라와 고려 사람들은 고조선 이후 삼한으로 분열하였다가 자신이 삼한을 통일

문종 이래 백두산 북쪽 너머 저 멀리 장광재령에 이르는 광활한 만주벌판을 고려의 영역으로 편입하여 고구려의 영광을 재현하게 되었다.

고려는 대개 평화적인 회유책으로 여진을 지배했지만 때로는 강경책을 구사했다. 문종이 치세 34년(1080)에 동여진이 반기를 들자 서해도(황해도) 장연 사람인 평장사 문정文正을 판행영병마사에 임명해 보병과 기병 3만 명을 이끌고 정벌하도록 명령한 것이 대표적인 예였다. 그의 고려군은 정주定州에 주둔하다가 여진을 습격해 적장 39명을 사로잡는 대승을 거두었다.

거란, 송, 고려가 삼각의 세력균형을 이루는 가운데 고려가 거란 및 송과 실리 외교를 펼치면서 여진족을 지배했다. 우리나라가 국제관계에서 11세기 및 12세기 초반처럼 강력한 영향력을 행사한 때를 찾기 어렵다. 특히 고려 문종 때는 국내·국제적으로 황금기였다.

태평가를 부르세

고려는 정치적 안정과 경제의 번영으로 태평성대를 구가했다. 탄탄한 국력을 바탕으로 거란과 송에 대한 실용적인 정책을 폈으며 여진에 대한 지배력을 확대했다. 고려인들은 태평성대를 맞이해 즐기며 천자국 고려를 찬미했다.

하였다고 인식했다. 후삼국의 통일도 삼한통일로 인식하였다. 여기의 '삼한'은 한강 이남만의 삼한이 아니라 부여, 고구려 등도 포함된 것이었다. 고려인들이 인식한 '삼한'에는 발해와 여진도 포함될 여지가 있다.

해동 천자天子, 지금 황제께서
부처님과 하느님이 도우셔서 교화 펴러 오셨네
세계를 다스리는 은혜 깊어
멀고 가까운 곳이든 옛날과 지금이든 비할 자가 드무네
외국이 몸소 달려와 다 귀의하고,
사방 국경이 편안해 창칼과 깃발을 거두니
융성한 덕이 요·탕 임금조차 견주기 어려워라

태평을 때와 장소에 맞추어 즐기니
생황과 퉁소 소리가 물 끓듯 하고 음악 소리가 가득 차네
집집마다 기뻐해 기도하여 축원하느라 향 피우고 좋은 음식 올리니
우리 성상폐하께서 만세까지 장수하여 산악과 하늘처럼 영원하소서

사해四海는 태평으로 오르고 덕이 있어 모두 요 임금 때보다 낫고
변경에는 일이 하나도 발생하지 않아 장군의 보검이 휘두름을 쉬네

남쪽 오랑캐와 북쪽 오랑캐가 스스로 와서 조공하며
백가지 보배를 우리 천자 폐하께 바치네
금 계단 옥 전각에서 만세를 부르며
우리 임금께서 보위에 오래 계시기를 기원하나니
이 태평시절에 관현악기와 노래 소리가 아름다워라

고려 속악(민속음악)의 하나인 풍입송風入松의 구절이다. 고려인들은 자신의 임금을 천자, 황제라 지칭하면서 그의 만세를 외치고 평화로운 태평

성대를 노래하였다. 외국이 남쪽 오랑캐와 북쪽 오랑캐를 포함해 모두 태평성대의 고려에 달려 와서 조공을 바치고 있다고 찬미했다.

왕위 계승의 분란

문종은 최충과 이자연을 연이어 수상인 문하시중에 임명하여 그들의 보좌를 받아 전성기를 만들어냈다. 최충은 해주 향리鄕吏의 아들로, 이자연은 소성(인천)의 신진가문 출신으로 각각 장원급제한 입지전적인 인물인데 이들로 인해 해주 최씨와 인주(소성) 이씨는 명문으로 부상한다. 최충은 '9재(문헌공도)'라는 사립학교를 세워 사학 12도의 성립에 기초를 마련했다. 이자연은 딸 셋을 문종의 배우자로 만들어 왕실의 번성에 기여했다.

문종 때는 정치적으로 대단히 안정된 시기였지만 왕위 계승과 관련된 분란이 노출되었다. 이자연의 딸이자 문종의 왕비인 연덕궁주(인예태후) 이씨는 순종(태자), 선종(국원공), 숙종(계림공), 대각국사 의천, 도생승통 등을 낳았다. 현종 이후 그 아들 덕종, 정종, 문종이 형제로서 왕위를 계승했다. 하지만 문종은 자신의 동생이 아니라 아들에게, 특히 장자에게 왕위를 물려주고자 했다. 그래서 치세 8년(1054)에 7살의 원자(순종)를 서둘러 태자에 책봉했다.

문종은 태자가 나이가 좀 들자 경주 사람인 김양검의 딸을 태자비로 들였다. 연복궁주라 불린 그녀는 태자에게 총애를 받았지만 그녀를 미워한 문종에 의해 동궁 밖으로 쫓겨났다. 병약한 태자는 그 충격으로 더욱 쇠약해졌을 것이다. 문종이 왜 그녀를 미워했는지는 잘 알 수 없지만 문종 21년에 남경이 한양에 설치된 일과 관련되었을 가능성이 있다.

한양은 한 때 백제의 수도였고 고구려의 남평양이었다. 문종의 부왕 현종은 왕위 계승문제로 이모 천추태후에 의해 한양 삼각산(북한산)의 절에 유폐당해 암살 위기를 겪었지만, 이곳 승려들의 도움으로 모면하고 천추태후와 목종 모자를 몰아내 왕위에 올랐다. 또한 현종은 거란 침략군에게 쫓길 때 안산 사람인 김은부(이자연의 고모부)의 도움을 받은 보답으로 그의 딸 세 명을 배우자로 맞이해 문종을 낳았다. 문종은 고려의 관습대로 외가 안산에서 자랐다.

이러한 배경으로 문종이 양주(한양)에 남경을 설치한 것인데 이로써 기존의 개경, 서경(평양), 동경(경주)에 남경을 더해 4경 체제 내지 개경과 3경 체제가 성립하였다. 남경 설치로 가장 타격을 입은 곳은 동남쪽 구석에 위치한 동경이었다. 남경 설치의 과정에서 동경 출신의 태자비가 동경세력의 사주를 받아 그것을 저지하는 운동을 하다가 문종의 노여움을 산 것이 아니었을까?

그런데 태자가 병약한 데다가 문종이 오랫동안 중풍을 앓으면서도 장수해 문제가 불거졌다. 하급 무반인 거신(巨身)이 당파 1천여 명을 움직여 문종을 폐위하고 평양공(문종의 친동생)을 왕위에 옹립하려 했다는 고발이 문종 26년(1072)에 접수되었다. 평양공은 이미 문종 23년에 사망했으니 이 반역사건이 진짜라면 그 이전의 일이었다. 이 사건으로 평양공의 아들이 유배당했으며, 모의에 참여한 혐의로 장녕궁주 이씨(이자연의 아들 이석의 딸)와 그 딸인 수안택주 이씨가 유배당했다.

평양공이 어떠한 역할을 했는지는 분명하지 않지만, 장녕궁주(연화궁비)와 수안택주 모녀가 각각 자신의 남편과 부친인 국원후(선종)를 문종의 후계자로 만들려는 움직임을 보였다가 처벌받았던 것 같다. 문종은 한양에 남경을 설치했었는데 그 관할인 소성(인주)의 이씨가 이 사건에 연루되자 남경을 폐했다.

전성기를 이끈 위대한 제왕 문종도 질병을 이길 수는 없었다. 송나라에서 보내온 의원과 약재로 그럭저럭 버텼지만 몸은 점점 마비되어 갔다. 개경 근처에도 온천이 있었지만 효험이 좋은 곳을 찾아 치세 36년 9월에 저 멀리 온수(온양) 온천에까지 내려가 몸을 담갔다. 하지만 그 보람도 없이 37년(1083) 7월에 개경 대궐의 중광전에서 65세로 붕어하였다.

태자가 부왕의 유명을 받들어 왕위에 올라 제12대 순종이 되었다. 그는 부왕의 장례를 치른 후 이호(이자연의 아들)의 딸을 왕비로 맞이했다. 하지만 병약한 데다가 부왕의 상례를 치르며 기진맥진한 끝에 즉위한 지 넉 달이 채 못되어 세상을 뜨고 말았다. 장경궁주라 불린 왕비는 신혼의 재미도 제대로 맛보지 못했는데 졸지에 과부가 되어 대궐 밖의 장경궁에 머물렀다. 그리고 외로움과 춘정을 참지 못해 궁의 노예와 몸을 섞었다. 하지만 발각되어 그녀는 왕비에서 폐위되었고, 그녀의 오빠 이자겸은 연좌되어 관직에서 해임되었다.

순종의 후계자로 그 동생인 국원공과 계림공이 경쟁을 벌이는 형국이었는데 국원공이 왕위에 올라 제13대 선종이 되었다. 이에 따라 그의 배우자인 연화궁비(장녕궁주) 이씨가 왕비의 지위에 오르더니 원자(헌종)를 낳았다. 현종 이래 진행되어온 대장경의 판각은 마침내 선종 때 완성되었다.

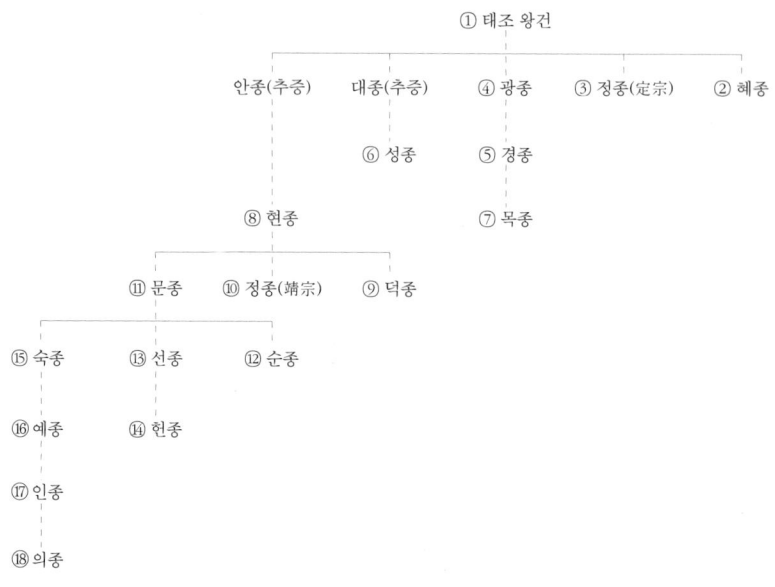

승통 의천의 밀항

고려는 불교국가였으므로 승려들이 정신적 지도자였으며 때때로 정치에 간여하기도 했다. 고려 초기~중기에 활약한 대표적인 승려로 대각국사 의천이 있었다. 그는 문종과 연덕궁주(인예태후) 이씨의 넷째 아들로 태어났다. 성명은 왕후王煦, 애칭은 의천, 시호는 대각국사였다. 고려인들은 자신의 집안에서 출가 승려가 배출됨을 상서로운 일로 생각했다. 왕자들도 종종 출가해 불교계에서 높은 지위에 올랐는데 왕실이 불교계를 장악하는 효과도 보았다.

문종이 어느날 왕자들을 불러 물었다.

"누가 능히 승려가 되어 복을 가져오겠느냐?"

의천이 벌떡 일어섰다.

"제가 세상을 벗어날 뜻을 지니고 있습니다. 명령하는 대로 따르겠습니다."

이에 문종이 19년(1065) 5월에 경덕국사 난원(김은부의 아들)을 내전에 불러 의천의 머리를 깎게 했다. 승려가 된 의천은 경덕국사를 따라 개경 북동쪽의 오관산 영통사에 머물렀다. 화엄종 승려로서 화엄경을 공부하면서도 다양한 종파의 경전을 섭렵했으며 유교, 도교 등 다른 학문에도 관심을 기울였다. 문종은 21년(1067) 7월에 아들 의천에게 '우세승통' 의 칭호를 부여했다. 의천은 출가한지 2년 정도 만에 불교 최고의 지위인 '승통' 에 오른 것인데 그가 왕자였기에 가능한 일이었다.

의천은 송의 화엄종 고승인 정원법사와 서신을 주고받았다. 그러다 보니 송에 유학해 식견을 더 넓히고 싶어졌다. 그래서 부왕에게 허락을 요청했지만 들어주지 않았다. 고려의 승려들, 특히 선종 승려들은 중국에 유학하는 경우가 많았지만 의천은 왕자였기에 문제가 된 것이었다. 형 선종이 즉위하자 의천은 중국 유학을 허락해 달라고 간곡하게 요청했다. 하지만 신하들이 강력히 반대하자 선종도 어쩔 수 없었다.

이에 의천은 선종 2년(1085) 4월 8일에 형 선종과 모후 인예태후에게 올리는 글을 남기고는 제자 한 명을 데리고 개경 남쪽 정주(풍덕)에서 상선을 타고 떠났다. 왕자가 송나라로 밀항한 것이었다. 선종이 깜짝 놀라 조정의 관료와 의천의 제자 몇 명을 보내어 뒤따라가서 시중들게 했다. 의천은 산동반도에 도착해 송 관료의 영접을 받고 수도 변경(개봉)에 가서 황제를 만나 각별한 대접을 받았다. 항주로 내려가 화엄종의 정원법사를 만나

회포를 풀면서 문답을 나누었다. 또한 천태종의 자변대사 종간을 만나 천태종 강론을 요청해 듣고 문답을 나누었다.

다시 변경을 방문해 황제에게 하직 인사를 하고 항주로 내려와 천태산을 찾아 천태종을 개창한 지자대사의 탑에 예배해 해동에 천태학을 일으킬 것을 맹세했다. 그 밖에도 많은 지역을 방문했고 많은 고승을 만나 교류했다. 그리고 다음해 5월 20일에 중국에 온 고려사신을 따라 명주(영파)에서 배를 타고 고려로 향했다.

의천이 1년 남짓의 여정을 마치고 고려에 도착하자 인예태후와 선종이 신하들과 함께 환영했다. 문종이 창건한 화엄종 흥왕사에 주지를 두지 않아 왔는데 선종이 의천을 이 절의 주지에 임명하였다. 의천은 중국에서 가져온 서적과 여러 곳에서 수집한 서적을 열람해 대장경을 해설하고 보완하는 속장경을 편찬했다.

의천과 교류한 항주 혜인사의 승려 정원(진수법사)이 세상을 뜨자 정원의 제자가 스승의 사리를 모시고 고려로 건너와 알렸다. 이에 의천이 그의 제자들을 항주에 파견해 조문하면서 모후가 마련한 두 개의 금탑을 혜인사(고려사)에 기증해 송 황제 부부의 장수를 기원하도록 했다.

마침 고려에 대한 강경파인 소동파가 항주의 책임자였다. 그는 고려가 공식적인 외교통로를 거치지 않은 점과 의천 제자들의 사적인 활동에 분노해 그들을 감금했다. 그리고 중앙정부에 건의하기를, 고려인의 선물을 받고도 답례하지 않으면 원망하는 마음을 생기게 할 것이고 받아서 후하게 사례하면 고려의 계책에 넘어가는 것이라며, 모르는 체 하고서 지방에서 알아서 사양하도록 하자고 해 관철시켰다. 금탑의 기증도 받아들이지 않았다. 의천의 제자들은 진수법사에 대한 제사만 간신히 지내고 추방되다시피 고려로 귀국해야 했다. 하지만 소동파와 같은 강경파가 많지는 않아 고려와 송의 교류는 계속 활발히 이어진다.

인예태후의 소망

이자연의 딸 셋은 문종과 결혼해 연덕궁주(인예태후), 수녕궁주(인경현비), 숭경궁주(인절현비)가 되었다. 이 중에 연덕궁주가 순종, 선종(국원공), 숙종(계림공), 우세승통 의천, 도생승통, 총혜수좌 등 10남 4녀를 낳고 왕비의 위상을 차지해 단연 돋보였다. 그녀는 문종의 전성기를 내조했으며, 남편과 자녀 몇 명을 먼저 저 세상으로 떠나보낸 채 선종 치세를 맞이했다.

그녀는 선종 3년(1086) 2월에 공식적으로 태후로 높여졌다. 남편 문종과 장자 순종의 상례가 연달아 발생해 책봉이 늦어진 것이었다. 태후 책봉을 기념해 선종이 정전 건덕전에 행차해 중앙과 지방의 축하를 받고 신하들에게 연회를 베풀었으며, 정전 회경전 앞의 신봉루에 행차해 대규모의 기념 사면령을 반포했다. 그녀는 자남산 기슭 자신의 연덕궁에 머물거나 송악산 기슭 대궐의 거처에 머물면서 영향력을 행사했다. 선종은 3년 10월에 중앙과 지방의 관원에게 명령해 태후의 생신에 축하문을 올리도록 했을 뿐만 아니라 설날, 하지, 동지, 팔관회 때에도 그러하도록 했다. 이것은 영원한 법제로 정해졌으니 태후에 대한 예우 규정이 정비된 것이었다.

인예태후는 남편의 치세 때 이미 국원공이 연루된 왕위계승 사건을 겪었다. 순종이 단명하면서 국원공과 계림공이 후계다툼을 벌이는 것을 지켜보았다. 선종이 즉위했지만 그 후계를 둘러싸고 권력투쟁이 심화되어 가면서 선종과 계림공이 갈등을 벌였다. 선종과 계림공은 모후의 지지를 획득하려고 경쟁했다. 선종은 5년 11월에 연화궁 원자(헌종)에게 이름을 내린 다음 태후를 받들고 계림공 등 동생들을 불러 태자궁인 수춘궁에서 연회를 베풀었다. 이는 동생들이 아니라 자신의 아들이 왕위 계승권자임을 과시한 것이었다. 선종이 병들고 계림공이 실권을 장악함으로 인해 원자는 위기에 처했다. 인예태후는 계림공 및 의천을 총애했지만 그렇다고 손자인 원자를 그들이 몰아내는 것을 원하지는 않았을 것이다.

문종에게는 13명의 아들들이 있었다. 인예태후 소생이 10명이었고 그 중에서 3명이나 승려가 되었는데 특이한 경우였다. 아들들이 불심이 깊은 모후의 영향을 받았기 때문에 생겨난 현상일 것이다. 인예태후의 원찰은 선종 사찰 감로사였다. 그녀의 형제 소현은 유가종(법상종)의 고승으로 명성을 떨치며 현화사의 주지를 지냈고 그녀의 아들 도생승통도 유가종

개경 자남산
여기에 연덕궁이 자리잡았다.

승려였다. 그녀의 아들 의천은 화엄종의 고승으로 명성을 떨치며 흥왕사의 주지를 지냈다. 그녀는 어느 종파의 편을 들 형편이 못되었으니, 화엄경을 베껴쓰는 작업을 후원했고, 유가종의 이론서를 베껴쓰는 사업을 발원했다.

감로사는 인예태후의 부친 이자연이 창건한 사찰이었다. 그가 송에 사신으로 갔다가 양자강 하류에 위치한 윤주 감로사의 풍광에 반해 그러한 곳을 고려에서 찾은 끝에, 그것보다 빼어난 곳을 예성강 벽란도 근처에서 발견해 조성한 절이었다. 그의 딸인 인예태후가 이 절을 원찰로 삼아 기원한 효험으로 그녀의 아들 순종, 선종, 숙종이 왕위에 올랐다고 전해진다.

인예태후는 선종 6년(1089) 10월에 천태종을 위한 국청사를 개경 서쪽에 창건하기 시작했다. 이는 의천의 천태종 개창 작업과 맞물려 있었다. 묘법연화경(법화경)에 기초한 천태종은 교종과 선종을 절충한 불교종파였다. 그녀는 교종과 선종의 화합을 위해, 아들들의 화합을 위해 천태종 개창을 후원했다. 하지만 의천과 계림공은 자신의 세력 강화를 위해, 계림공의 왕권 창출을 위해 천태종을 개창하려 했다. 화합을 위한 어머니의 마음은 자식들에게 정치적으로 이용당했다.

사숙태후의 섭정

왕위를 탐낸 선종이 그것을 얻었다고 해서 왕위계승 분란이 종식된 것은 아니었다. 그보다 더 권력욕이 강한 동생 계림공이 자신의 세력을 서서히 확대하며 호시탐탐 기회를 엿보고 있었다. 계림공의 사람인 소태보가 이부상서에 올랐고, 계림공의 사람인 상장군 왕국모가 군사들을 장악했고, 계림공의 장인(처인) 유홍이 고위재상인 평장사로서 판병부사를 겸했다. 이부의 제2장관인 이부상서는 제1장관인 판이부사와 더불어 문반 인사의 주도자였고, 병부의 제1장관인 판병부사는 무반 인사의 주도자였다. 권력은 서서히 계림공의 손으로 넘어가고 있었다.

게다가 선종은 치세 8·9년으로 접어들면서 병들어 정무를 제대로 챙기지 못했으며 9년(1092)에는 죽음을 예감하고 있었다. 계림공은 개경 남쪽 정주(풍덕) 출신의 장인 유홍이 선종 8년 11월에 세상을 뜨면서 손실을 입었지만 그의 권력에 대한 장악력은 더욱 커져 가고 있었다. 소태보는 선종 9년 4월에 참지정사로서 판서북면병마사 겸 중군병마사를 맡아 군권을 장악했고, 10년 5월에 평장사로서 판형부사와 판병부사를 겸해 형벌권과 무반 인사권까지 장악했다.

선종은 치세 11년(1094)에 들어서자 위독해졌다. 왕의 비서인 승선 곽상이 곁에서 지키며 간병하였다. 계림공이 병 문안을 하고자 한다며 침실로 들어오려 했지만 왕이 부른 일이 없다며 곽상이 막아서니 그냥 돌아가야 했다. 계림공은 형 선종을 만나 자신에게 왕위를 물려주도록 압박을 가하고자 했을 터인데 이루어지지 못했다. 결국 선종은 5월에 46세로 붕어했고, 바로 그날에 11세의 어린 원자가 유명을 받들어 왕위에 올랐으니 제14대 헌종이다.

선종은 국원공 시절에 인주 이예(이자연의 조카)의 딸인 정신현비 이씨와 결혼했고, 그녀가 사망하자 인주 이석(이자연의 아들)의 딸인 연화궁비(사숙왕후) 이씨와 결혼했다. 그리고 왕위에 오르자 인주 이정(이자연의 아들)의 딸인 원신궁주 이씨와도 혼인했다. 정신현비는 연화공주(경화왕후)를, 사숙왕후는 헌종을, 원신궁주(원희궁비)는 한산후를 낳았다. 원신궁주의 오빠는 이자의였다. 연화궁은 원래 정신현비의 궁이었다가 그녀의 사후 사숙왕후의 궁으로 변화한 것으로 보인다.

헌종은 어렸기 때문에 모친인 사숙왕후가 태후로 승격되어 섭정을 했으니 그녀가 바로 사숙태후였다. 사숙태후는 '영녕부'라는 자신의 관부를 설치해 황명을 칭하며 정무의 크고 작은 일을 모두 결정했다. 그녀는 4촌인 원신궁주 및 이자의와 손을 잡아 계림공 세력에 대항했다.

하지만 헌종을 옹호하는 사숙태후 세력은 너무나 미약했다. 인주 이씨는 이자의 대에 와서 귀족적 면모를 보이지만 힘은 오히려 약화되어 있었다. 이자의의 부친은 물론 숙부들도 모두 세상을 떴고 형도 세상을 떴다. 사촌인 이자겸은 면직되어 근신 중이었다. 5촌 숙부인 이예와 이오 형제 중에서 이예는 소극적으로 도움을 주었지만, 이오는 오히려 계림공에 포섭되어 있었다. 사숙태후 세력에 평장사 이자위가 가담했지만 적극적으로 도움을 준 관료들은 드물었다.

소태보가 평장사 판이부사를 맡아 문반의 인사권을 장악했고, 상장군 왕국모가 갑자기 임시 판병부사에 뛰어올라 무반의 인사권을 장악했다. 왕국모가 그러한 직책을 차지하자 왕실이 미약해 권력이 무장에게 돌아갔으니 정치를 장차 어찌 할 것인가 하는 이야기가 나돌았다. 계림공 세력이 권력을 장악한 것이었다. 이자의가 중추원 재상으로서 그들을 견제하려 했지만 역부족이었다. 홍왕사 주지인 의천은 형 계림공을 왕으로 추대하려는 운동을 불교계에서 벌이다가 사숙태후 편과 갈등을 빚어 해인사로 밀려 내려갔다.

계림공의 정변

　이자의는 지지자들을 긁어모으고 용사들을 모집하여 국왕 헌종을 지키기 위해 대궐의 편전인 선정전 안팎에 배치했다. 계림공은 인주 이씨의 여자와 결혼한 형들과 달리 정주 이씨의 여자를 아내로 두었으므로 인주 이씨 세력과의 대결에서 자유로웠다. 그는 사숙태후와 헌종이 물러나 주기를 바랐을 터이지만, 그들이 그렇지 않고 오히려 세력을 강화하는 조짐을 보이자, 헌종 원년 7월에 거사를 일으켰다. 그는 아내 명복궁주 유씨柳氏의 궁인 명복궁에서 지휘했다. 그의 명을 받은 소태보가 왕국모에게 행동 개시를 명하니, 왕국모의 군대가 대궐을 습격했다.
　전주 출신의 장사 고의화가 왕국모의 명령에 따라 편전 선정전의 문안으로 돌진해 이자의의 목을 베었다. 대궐은 삽시간에 아수라장이 되고 여기저기에서 피가 튀었다. 왕국모의 군대가 순식간에 대궐을 접수했다. 척준경도 계림공 부府의 종자였으니 많은 활약을 펼쳤으리라 생각된다. 이자의 일파가 많이 살상당했는데, 이자의의 아들 이작李綽과 홍왕사 승려 지소도 살해당했다. 계림공은 이자의가 조카인 한산후를 왕으로 옹립하기 위해 유약하고 병든 헌종을 몰아내려 했기 때문에 자신이 거사했다고 주장했다. 이리하여『고려사』에는 이 사건이 이자의의 난으로 묘사되어 있고 이자의는 반역전에 실려 있다.
　이자의를 제압한 계림공은 백관의 으뜸인 중서령에 올랐다. 원래 중서령은 명예직이고 문하시중이 실권을 행사하는 것이 원칙이었다. 하지만 계림공은 중서령으로서 실권을 행사했으며, 소태보와 왕국모가 차례대로 판이부사와 판병부사로서 계림공의 권력을 뒷받침했다. 껍데기만 남은 사숙태후와 헌종은 무서운 계림공의 압박에 더 이상 버틸 수가 없었다. 새장에 갇힌 어린 헌종은 공포에 떨며 지냈을 것이다. 마침내 헌종이 원년 10월에 왕위에서 물러났는데, 강제로 폐위당한 것이었다. 계림공이 왕위에 오르니 그가 바로 제15대 숙종이다.

『고려사』에 따르면 헌종이 왕위를 계림공에게 '선위禪位'하니 계림공이 두, 세 번 겸손히 사양하다가 왕위를 받아 즉위했다고 한다. 하지만 이 왕위교체가 평화적인 왕권 양도를 의미하는 '선위'도 아니었고, 계림공이 진심으로 사양한 것도 아니었다. 계림공을 강력하게 지지한 의천의 글에는 헌종이 폐위된 군주를 의미하는 '폐주廢主'로 표현되어 있다. 이는 계림공의 즉위과정이 이자의의 난이 아니라 계림공의 난임을, 헌종이 선양한 것이 아니라 계림공이 헌종을 폐위시켜 왕위를 탈취했음을 스스로 실토한 것이었다.

고려 말의 대학자 이제현은, 현종의 아들 덕종 · 정종 · 문종 및 문종의 아들 순종과 선종이 형제로서 연이어 계승해 온 것을 당시 고려인들이 익숙하게 알고 있어서 선종이 다섯 동생을 두었음에도 어린 아들을 왕으로 세운 것을 그릇된 일로 여겼다고 소개했다. 하지만 이제현 자신은 어린 헌종의 계승을 옳은 일로 판단했다.

숙종은 즉위하자마자 원신궁주와 아들 한산후 형제를 그들의 고향인 경원(인천)으로 유배했다. 개경과 한양을 오가는 교통의 요지로 혜음령이 있다. 이 고개는 봉성(파주)과 고봉(고양) 사이에 위치하는데, 그 북쪽 인근은 용미리로 불린다. 여기에 거대한 돌미륵을 지닌 '석사'라는 절이 있어 사람들이 쉬어 갔는데 선종과 원신궁주가 이 미륵에 기도해 한산후를 낳았다고 전해진다. 원신궁주와 한산후기 숙청당하면서 이 석사는 폐허가

파주 용미리 미륵
원신궁주의 기도 대상. 윤관의 성장을 지켜봄.

되었다. 그 대신에 계림공의 아들 예종 때 고개 쪽에 더 가까운 곳으로 옮겨져 대규모의 '혜음사(혜음원)'라는 사원으로 복원된다. 조선 세조 때 원래 '석사'의 돌미륵도 복원된다.

헌종은 대궐의 후궁에 물러나 거처했다. 사숙태후도 유폐당했을 것이다. 불안에 떨던 헌종은 대궐에서 나가 홍성궁에 거처하기를 요청했다. 숙종이 허락하자 헌종은 홍성궁에 머물렀다. 홍성궁은 부왕 선종이 왕자 시절에 머물렀던 곳이었으니, 헌종은 이곳에서 다소 안도감을 느꼈을 것이다. 이곳은 안전한 장소였을까?

헌종은 홍성궁에서 숙종 2년(1097) 윤2월에 붕어했다. 그의 나이는 14세에 불과했다. 숙종 측은 요나라에 보낸 문서에서 헌종이 질병으로 죽었다고 해명했지만 살해당했을 것이다. 사숙태후의 관부 영녕부도 혁파되었는데, 그녀는 태후의 지위를 상실했을 가능성이 크다. 그녀는 권력도 잃고 자식도 잃었다.

숙종은 조카를 개경성 밖 동쪽에 장사지내 무덤 이름을 은거의 뜻을 담아 '은릉隱陵'이라 했다. 어린 나이에 은거라니. 실제는 유폐당했던 것이지만. 왕이 죽으면 태묘(종묘)에 봉안하는 이름인 '묘호'를 지어 올리게 되어 있었다. 하지만 숙종은 조카에게 묘호를 부여하지 않았으니, 조카의 정통성을 인정하기 싫어서였다. 은릉에 묻힌 이 가여운 왕은 숙종의 아들 예종 때 가서야 '헌종獻宗'이라는 묘호를 얻는다. 하지만 그것은 왕위를 바쳤다는 의미를 지녔으니 별로 달가운 칭호는 아니었다.

혜음령 혜음원
왕의 별궁이 이곳에 조영되었다.

다행히 인예태후는 선종 9년(1092)에 왕을 따라 서경에 갔다가 그곳에서 세상을 뜨고 개경의 대릉에 묻혔다. 그녀의 손자가 그녀의 아들에게 험한 꼴을 당하는 것을 보지 않아도 되었으니까.

제2장

신법을 시행하다

의천이 천태종을 개창하다

우세승통 의천은 아직 헌종이 재위할 때 계림공을 편들다 해인사로 쫓겨났다. 그는 이곳에 머물며 시를 지어 한탄했다.

굴욕 당하며 여러 해 황제 수도(개경)에 머물렀었지
불교 문파에서 성과를 이루지 못함이 부끄러워
이 때에 도를 행함은 한갓 헛수고였을 뿐이니
숲과 시냇물에서 본성과 감정을 즐기려 하네
일이 지난 뒤 몇 번이나 탄식했던가
세월이 가나 임금과 부모에게 보답할 계책이 없네
가련하구나, 젊은 시절이 마음으로는 어제 같건만
깨닫지 못하는 사이에 40년이 녹은 듯 흘러갔네

의천의 넋두리는 자신의 행위를 반성하는지, 후회하는지, 누구를 원망하는지 애매하다. 모든 것을 버리거나 마음을 비운 것 같지는 않다. 그런데 그가 지지하는 형 숙종이 정변에서 승리해 왕위에 올라 그를 불렀다.

그는 사양하는 모양새를 취하다가 어쩌지 못하는 듯이 개경으로 올라와 흥왕사 주지를 맡았다. 그는 숙종이 인예태후가 창건하던 국청사를 치세 2년(1097)에 완공시키자 국청사 주지까지 겸했다. 그리고 국청사 완공 법회에서 천태종의 교리를 강론하였다. 이리하여 고려의 천태종이 개창되었다.

고려 불교는 여러 종파가 있었지만 교리를 중시하는 교종의 화엄종·유가종과 참선을 중시하는 선종이 주요 종파였는데, 여기에 교종과 선종을 절충한 천태종이 더해져 4대 종파가 형성되었다. 고려 천태종은 교종적인 면보다 선종적인 면이 부각되어 소속 승려가 선종 승려처럼 '선사'로 불려지고 선종으로 분류되기도 했다. 기존의 선종은 조계종으로 불려져 천태종과 구분되었다.

왕자 출신의 실세 승려 의천이 천태종을 개창하자 많은 승려들이 기존의 종파를 버리고 그의 밑으로 모여들었다. 의천은 천태종을 개창했지만 자신의 화엄종을 버리지 않았다. 화엄종을 내용으로 하면서 천태종으로 포장했다. 그의 제자는 크게 화엄종 계열과 선종 계열이 있었다. 그가 화엄종과 천태종을 두 날개로 하면서 포교하자 이미 위축되어 왔던 선종이 크게 타격을 받았으며, 화엄종과 경쟁관계였던 유가종(법상종)도 상당히 위축되었다.

선종 승려들은 성격이 비슷한 천태종으로 다투어 개종했는데, 그 중의 상당수는 불이익을 당할 것을 두려워해 살길을 찾아 나선 경우였다. 의천이 편지를 보내 자신에게 오기를 강요하다시피 하는 경우도 있어 뒤숭숭했다. 선종은 종파의 존립 자체가 위태로운 지경이었다. 불교계를 장악해 숙종의 왕권을 뒷받침하려는 의천의 정치적인 불교통합 운동으로 인해 불교계가 출렁거렸다.

천태종은 법화경에 바탕을 둔 종파로 중국에서는 이미 수나라 때 성립되었다. 왜 우리나라는 천태종 개창이 그렇게 늦어졌을까? 물론 우리나라에도 삼국시대부터 천태학이 연구되고 법화신앙이 유행했다. 법화경은 짧고 쉽고 재미있고 기복적인 측면이 강했기에, 이를 믿는 법화신앙은 대단히 대중적이었다. 대중에게 인기 있는 신앙대상은 현세에서 복을 준다는 관음보살(관세음, 관자재)과 내세에 서방극락에서 구제한다는 아미타불이었다. 그래서 원효대사가 '나무 아미타불·관세음보살(아미타불과 관음보살에 귀의합니다)'이라 외치며 불교를 대중화했다. 법화신앙은 관음신앙을 듬뿍 담고 있고 아미타신앙까지 수용했으므로 더욱 대중에게 호소력이 있었다.

종파는 신앙과 달리 조직하는 지도자를 필요로 한다. 삼국, 특히 신라에는 당나라와 교류하는 승려들에 의해 유가학(유가유식학)과 화엄학이 집중적으로 연구되고 그 결과 신라의 통일 무렵에 유가종과 화엄종이 성립했다. 반면 법화신앙을 교단으로 조직하는 움직임은 미약했고, 게다가 인기 있는 법화신앙을 유가종과 화엄종에서, 특히 유가종에서 흡수해 버렸다. 그래서 법화신앙은 대단히 유행하면서도 종파는 없는 기이한 현상이 벌어진 것이었다. 사정이 이러하니 의천의 천태종 개창은 너무 늦었지만 반가운 일이었다. 하지만, 그 배경에 종교적인 순수성보다 정치적 색채가 많이 들어간 점, 불교계를 독단적으로 반강제로 개편하려 한 점이 문제였다.

의천의 천태종 개창 배경을 당시 불교계가 분열해 극심하게 대립한 데서 찾는 경향이 있다. 불교를 통합함으로써 분열과 대립을 해소하려 했다는 것이다. 과연 당시 불교계가 그렇게 심각하게 대립했을까? 의천같은 승려가 불교계를 왕권다툼에 끌어들임으로써 오히려 불교계의 갈등을 증폭시킨 것이 아니었을까? 우리는 불교 통합운동을 무조건 긍정적으로 보는 경향이 있다. 통합이란 항상 좋은 것인가, 분열이란 항상 나쁜 것인가. 다양성이 사라진다면, 여러 분야가 나뉘어 경쟁하지 않는다면 어떻게 될 것인가.

이자현이 소양강에서 노닐다

의천의 천태종 개창으로 선종이 흔들릴 때 선종을 붙들어 보존한 이가 있었으니 거사 이자현이었다. 그는 이자연의 손자였고 이의의 장남이었다. 그는 문종 37년(1083)에 급제해 벼슬했지만 산림에 은거할 뜻을 지녀 그러기에 좋은 곳을 찾아다녔다. 그러다가 선종 6년(1089)에 벼슬을 버리고 개경을 떠났다.

이자현이 은거를 결정한 직접적인 이유는 아내의 사망 때문이라 기록되어 있지만 정치적인 이유도 작용했다. 선종 6년 무렵이면 왕위 계승을 둘

소양강 청평사(문수원)

러싸고 갈등이 깊어 가는 시기였다. 계림공 세력이 주도권을 장악해 가고 있었고 이자현의 사촌인 이자의가 가까스로 대항하고 있었다. 이러한 상황에서 이자현은 누구 편을 들기가 곤란했으니 현실 도피가 상책일 수 있었다. 그는 어릴 적부터 도교적 취향을 지녀오던 차에 아내가 사망하는 슬픔을 겪고 왕위계승 갈등이 심해짐을 보고 은거하기로 결심했을 것이다.

이자현은 임진강을 건너면서 다시는 개경에 들어오지 않겠다고 맹세했다. 북한강으로 거슬러 올라가 춘주(春川) 소양강을 건너 경운산 보현원에 은거해 거사가 되었다. 거사는 승려가 아니면서 승려처럼 사는 사람이었다. 보현원은 원래 백암선원이었는데 그의 부친 이의가 이곳에 들렀다가 수리해 개칭한 사원이었다. 이자현은 경운산을 청평산으로 개칭했으며, 문수보살을 친히 배알했다며 보현원을 문수원으로 개칭하고 수리했다.

이자현은 참선을 좋아했고 선종 서적을 읽어 스스로 깨우쳤다. 인근 화악사의 선종승려 혜조와 왕래하며 참선의 이치를 문답하였다. 능엄경이 선종에 부합하다며 탐구하고 제자들에게 익히도록 했다. 그의 제자 탄연(대감국사)은 선종의 고승이면서 명필로 칭송받았다. 이자현은 참선과 제자교육을 통해 선종을 장려함으로써, 의천의 천태종 개창으로 위기에 빠진 선종에 부활의 숨길을 불어넣었다.

김부철(김부의)은 화엄종 승려와 친밀한 형 김부식과 달리 선종 승려와 가까이 지냈는데 이자현을 위해 「문수원기」를 찬술했다. 여기에 따르면 이자현이 부귀한 배경과 뛰어난 문장실력으로 인해 쉽게 재상에 오를 수 있음에도 은거한 점이 높이 평가되었다. 10여 채의 다양한 건물을 별도로 건축해 노닐면서 채소를 먹고 기운 옷을 입어 검약하고 청정한 생활을 즐기니 시골 농부까지도 그의 덕망을 사랑하고 존경했다고 한다.

하지만 『고려사』에는 이자현이 인색해 재화를 많이 축적하고 물건과 곡식을 쌓아두니 그 지역 사람들이 괴로워했다고 되어 있다. 그의 유유자적한 은거생활에는 춘주 청평산 일대 사람들의 물적 부담과 인적 동원이 깔려 있었던 것이다. 그는 소양강과 청평산에서 노닐며 선종의 활로를 열었지만 대중을 구제하지는 못하였다.

의천이 동전주조를 건의하다

고려가 후삼국을 통일했지만 경제생활에는 여전히 쌀, 포布 등의 현물화폐가 유통되었다. 그러다가 제6대 성종 15년(996) 4월에 이르러 쇠로 주조한 철전이 처음으로 사용되고 현물화폐가 금지되었다. 하지만 아직 돈이 유통될 수 있는 경제여건이 성숙하지 않아 사람들의 원망이 심했다. 제7대 목종은 철전 사용 정책을 지속했지만 사람들의 원망이 심한 데다가 신료를 대표하는 시중 한언공이 반대하는 상소를 올리자 물러섰다. 5년(1002) 7월에 왕명을 내려 다점(찻집), 주점(술집), 음식점 등 점포들의 교역에만 철전을 사용하고 일반 백성의 사사로운 교역에는 편의대로 현물화폐 사용을 허락했다.

의천은 불교 승려이면서 다양한 분야에 정통해 경제분야에도 일가견을 지녔는데 이러한 고려의 현실을 우려했다. 그리하여 그는 동전을 주조하여 화폐로 유통해야 한다는 '주전론鑄錢論'을 저술해 숙종에게 올렸다.

군주가 돈을 주조하여 화폐를 제정한 까닭은 사람 사이에 유통이 편리한 때문입니다. 엎드려 보건대 우리 해동은 삼한 통일(후삼국 통일)

이전에는 풍속이 소박하여 예악이 먼저 발전하였고 나라 풍속이 검소하였습니다. 이런 이유로 신라의 대승통 자장이 상소하여 본국의 의복이 비루하고 누추하므로 당의 의례를 쓰자고 요청하였습니다. 신라 국왕이 허락하여 변방의 복장을 버리고 당의 의관衣冠을 숭상하여 지금에 이르도록 지극히 흥성하고 아름답습니다. … 의관을 한 번 변경하여 더욱 오래되고 더욱 새로워졌으니, 돈을 정하는 법도 어찌 이와 같지 않겠습니까? … 당연히 고쳐야 할 것을 고치지 않으면 이는 악기 금슬琴瑟이 고르지 않은데도 고치지 않는 것과 같습니다.

의천은 신라가 중국의 의관(옷과 모자)을 도입해 착용했듯이 고려가 중국의 화폐 제도를 모델로 하여 동전을 유통시키자고 주장했다. 고쳐야 할 것을 고치지 않으면 화음이 맞지 않는 악기를 연주하는 것과 같다며 기존 제도의 변경을 촉구했다.

그는 숙종의 덕이 삼왕(하 우왕, 은 탕왕, 주 문·무왕)보다 뛰어나고, 도는 이제二帝(요·순)와 같으며, 공은 한나라보다 높고 제도는 당나라를 이으니, 만국이 이곳을 향하고 백성은 안도하고 있다며 찬양했다. 그러면서 바로 이러한 이 때에 쌀 화폐의 폐단을 고치지 않으면 뒤에 장차 누구를 기대할 수 있겠는가 반문했다.

의천은 돈이 다음과 같은 네 가지 의미를 지니고 있다고 했다. 첫째, 둥근 모양은 하늘을, 속의 네모난 구멍은 땅을 형상화 한 것이다. 둘째 샘[泉]에 비유됨은 통행하여 흘러 마르지 않기 때문이다. 셋째, 포布에 비유됨은 민간에 유포되어 상하가 두루 보편적으로 사용해 영원히 막히지 않기 때문이다. 넷째, 칼[刀]에 비유됨은 유통함에 아름답게 이익을 얻어 빈부를 분할하고 날마다 사용해도 무뎌지지 않기 때문이다.

그는 동전 사용의 이점을 설파하였다. 첫째, 사람이 등에 지거나 말에 싣는 고통을 면해 주는 운반 상의 이점을 들었다. 둘째, 쌀을 화폐로 사용하지 않음으로써, 그동안 농간을 부려온 간교한 무리들을 막고 곤궁한 이들을 돌볼 수 있는 이점을 들었다. 셋째, 녹봉을 쌀로 지급함으로써 발생하는 문제들을 해결하는 이점을 들었다. 넷째, 국가의 창고에 포목과 쌀을 보관해 썩고 좀먹고 화재에 약한 보관 문제들을 해결하는 이점을 들었다.

의천의 주장은 동전의 유통에만 머무르지 않았다.

관직에 있으면서 법을 지키는 관리가 듣는 귀는 귀하게 여기고 보는 눈은 천하게 여기며, 옛날을 영광스러워하고 지금을 비루하게 여겨 이르기를, "이익이 백가지가 아니면 법을 고치지 않고, 공(효과)이 열가지가 아니면 그릇을 바꾸지 않는다"고 합니다. 이는 탄식할만한 일입니다. … 한의 조참은 나라를 다스림에 변경하는 바가 없이 한결같이 소하가 제정한 법규만 따르면서 날마다 일을 벌이지 않고 맛있는 술만 마시며 후원에 앉아 관리들과 취하여 노래만 불렀습니다. 효혜제가 듣고 꾸짖자, 조참이 "고제(고조 유방)와 소하가 제정한 법령이 밝으니 저희들은 그것을 준수하여 잃지 않는 것이 옳지 않겠습니까?"라고 대답했습니다. 그 말의 지나침이 심합니다. 맹자가 말씀하시기를, "지금의 군자들은 따르기만 할 뿐만 아니라 또한 그것에 기댄다"고 했으니, 그것은 조참과 같은 사람을 두고 한 말입니다. 이것이 양한(전한과 후한)이 끝내 주나라의 번성함에 이르지 못한 까닭인데, 진실로 마땅히 고쳐야 할 것을 고치지 않았기 때문입니다.

의천은 옛날을 영광으로 지금을 비루하게 여기며 옛날에 안주하는 관리들의 태도를 한탄했다. 또한 그는 한나라에서 소하가 제정한 법규를 준수하려고만 한 조참의 태도를 신랄하게 비판했다. 그는 동전의 유통만이 아니라 현실에 맞지 않는 기존의 제도를 대대적으로 개혁하기를 강력히 소망했던 것이니 그는 신법의 강력한 주창자였다.

그는 숙종이 영명한 지혜로 독단하여 과감하게 동전 주조를 반드시 실행하면 국가의 복이 될 뿐만 아니라 만대에 이르도록 백성의 복이 될 거라 확신하였다. 조정에 의심하거나 우려하는 자가 있으면 자신의 건의를 조정에 내려 의론에 부치어 공경대부들에게 마땅함과 마땅하지 않음을 보여주기를 요청했다. 토론을 통해서라도 조정의 반대자들을 설득시키려는 의지가 엿보인다.

그는 승려였지만 동전의 유통을 주장했고, 동전을 적절히 사용함에 따른 빈부의 격차를 인정했다. 출가자인 승려는 대중들의 보시를 받아야 수행에 정진할 수 있으므로 부유한 사람들의 도움이 필요했다. 이러한 연유로 불교는 석가모니가 교단을 창시할 때부터 장사하는 상인들과 밀접한 관계가 있었다. 어쨌거나 동전의 유통을 통한 이익의 창출을 주장한 것은 매우 진보적인 식견이었다.

윤관이 신법을 펼치다

계림공이 실권을 장악하고 그가 숙종으로 즉위하면서 그의 지지세력이 대거 정계에 포진했다. 소태보와 왕국모가 정권과 군권을 장악했다.

정변 과정에서 활약한 무장들도 요직을 차지했으니, 황중보는 상서도성의 장관인 복야에, 윤신걸은 병부상서에, 황유현은 공부상서에, 최적崔迪은 섭직(서리) 형부상서에 임명되었다.

등급을 뛰어넘어 관직을 받은 자가 수백명이었고, 공장(수공업자)과 상인商人과 천예(노비) 중에도 현달한 직책을 받은 자들이 있었다. 신진 인사들이 대거 기용되는 가운데 무신들도 적지 않게 요직을 차지했을 뿐만 아니라 평민과 노비도 상당수 관직에 진출했다. 하늘 높은 줄 모르던 왕국모의 권력은 그가 숙종 즉위년(1095) 10월에 질병으로 사망하면서 막을 내렸다. 인주 이씨는 소외당했지만, 이자의에 가담하지 않은 이오는 중용되었다.

그런데 숙종의 측근으로 새로운 실세가 떠오르고 있었으니 바로 윤관이었다. 윤관은 파평현(경기도 파주) 사람이었다. 고조 윤신달은 태조 왕건

임진강
윤관을 키운 젖줄

을 도와 삼한공신에 책봉되었지만 윤관의 조상 중에 중앙에서 벼슬하는 자가 발견되지 않는다. 윤관의 부친 윤집형이 '검교' 소부감(기술자 담당) 소감(종4품)으로 나타나나 '검교'는 산직散職(직무가 없는 관직)이라 실제로 근무한 관직은 아니었다. 그러니까 윤관은 파평 토호의 후손으로 중앙에 진출한 신진가문 출신이었던 것이다. 그는 소성(인천)의 신진가문 출신의 여성(이자연의 5촌 조카)과 결혼했다. 아들 윤언인·윤언순·윤언식·윤언이·윤언민은 관료가 되었고, 아들 둘은 승려가 되었다. 사위는 둘이었는데 정안(장흥) 출신의 임원숙(임의의 아들)이 그 중의 한 사람이었다.

윤관은 문종 때 과거에 급제해 정계에 진출하더니 숙종의 신임을 받아 중용되었다. 헌종과 숙종의 왕위 교체는 정상적인 것이 아니었기 때문에 형식적이나마 고려가 사대하는 요나라에 양해를 구해야 했다. 그래서 숙종은 즉위하자 윤관과 임의任懿를 요나라에 보내 조카 왕이 소갈증을 심히 앓아 자신에게 왕위를 양보했다는 내용의 문서를 전달하도록 했다. 윤관과 임의는 이 중요한 임무를 성공적으로 완수하고 돌아왔다.

숙종은 정권의 안정을 위해 서둘러 3년(1098) 3월에 자신의 아들(예종)을 태자에 책봉하고 태자부에 해당하는 첨사부를 두었다. 소태보 등이 태자의 스승에 임명되었는데 윤관은 태자를 직접 가르치는 동궁시강학사에 임명되었다. 또한 윤관은 숙종 3년 7월에 송나라에 파견되어 조카 왕의 질병으로 인해 숙종이 왕위를 계승했음을 알렸다. 송나라는 고려에 정치·군사적 영향력을 별로 지니지 못했지만 숙종은 요나라를 견제하면서 송의 선진 문물을 수입하기 위해 실리 외교를 펼친 것이었다. 윤관은 임무를 완수하고 숙종 4년 6월에 송에서 귀국했다.

고려는 요나라를 형식적으로 사대하면서도 송나라와 관계를 유지해 왔기 때문에 송의 문물과 상품은 고려에 지속적으로 유입되어 왔다. 특히 문종 말기 이래는 고려와 송의 외교 관계가 재개되어 양국의 교류가 더욱 활발해졌다. 문종 때 이미 성리학이 들어왔다는 견해도 있다. 윤관은 그의 아들 윤언이의 묘지명에 따르면 세 번 송을 방문했으니, 그는 문종 말엽에 이미 송에 다녀왔으리라 짐작된다.

윤관의 송 방문은 중대한 의미를 지니고 있었다. 그는 자신의 눈으로 온갖 문물이 번창하고 상공업이 발달하는 송을 견학하면서 많은 시사를 받았다. 당시 송은 정자 등의 도학(성리학)과 왕안석의 신학新學이, 사마광의 구법당과 왕안석의 신법당이 대립하고 있었다. 왕안석 세력은 실용적인 신학에 바탕한 신법을 만들어 부국강병을 지향하는 개혁을 추진하고 있었다. 윤관은 성리학에도 관심을 지녔지만 그의 마음에는 신학과 신법이 담겨 있었다. 그는 성격이 어질고 착함을 좋아하면서도 결단력과 추진력을 지녔다.

윤관과 더불어 신법新法의 강력한 주창자는 우세승통 의천이었다.※ 의천은 이미 선종 때 송에 밀항하여 송의 문물을 견학했기 때문에 신법의 필요성을 느껴 왔다. 의천과 윤관은 동전 주조에서 의기 투합했다. 의천이 '주전론'을 저술하여 동전 주조를 숙종에게 건의하자 윤관이 강력히 뒷받침했다. 숙종 또한 화폐의 유통은 물론 상업을 중시한 왕이었다. 『송사』 고려전에는 숙종이 탐욕스럽고 인색하여 상인의 이익을 빼앗기를 좋아했고, 부유한 집이 법을 어기면 오랫동안 얽어매어 봐주는 대가로 재물을 받아내, 가벼운 죄라도 몇 근의 은을 받아냈다고 되어 있다. 이는 숙종이 그만큼 상업과 이익을 중시했음을 반증한다.

마침내 숙종이 2년(1097) 12월에 결단을 내렸다.

※ 의천, 윤관, 윤언이, 정지상 등의 신법개혁운동에 대해서는 정수아의 글에서 도움을 받았다.

"옛날부터 우리 풍속은 소박했지만 문종에 이르러 문물과 예악이 융성하게 되었다. 짐이 선왕의 업적을 계승하여 민간에 큰 이익을 일으키고자 '주전관鑄錢官'을 세워 백성으로 하여금 돈을 통용시키고자 하노라."

이렇게 숙종 2년에 동전 주조를 담당하는 '주전관' 즉 주전도감이 두어져 동전 주조가 진행되었다. 이와 병행해 6년(1101)에 은 1근으로 고려의 지형을 형상화한 은병을 만들어 화폐로 유통시켰는데 그것은 '활구闊口'로 속칭되었다. 은병에 몰래 구리를 섞어 주조하는 문제가 발생하자 이 해 6월에 그것을 방지하기 위해 인식표를 새겼으며 불법 주조자를 처벌했다. 의천은 그토록 갈망하던 동전의 유통이 미처 시행되기 전인 6년 10월에 47세로 세상을 떴다. 숙종은, 대각大覺한 자는 부처님이라며 중서문하성이 반대했음에도 의천에게 대각국사를 추증했다. 의천이 사망했지만 윤관이 있었기에 동전 주조 사업은 착착 진행되었다.

드디어 숙종 7년(1102) 12월에 동전 주조가 이루어지자 왕이 '해동통보'라 명명했다. 그리고 칙령을 내려 백성을 부유하게 하고 국가를 이롭게 함에는 동전 화폐만큼 중요한 것이 없다며 우선 재추, 양반, 군인에게 하사해 시범을 보이고 민간에 유통시켰다. 또한 동전 사용을 태묘(종묘)에 고하였으며, 개경 좌우에 술 사무소를 설치하고, 개경 거리의 양쪽 곁에 존비(귀천)를 막론하고 점포를 두어 돈 사용의 이익을 일으키도록 했다. 7년 9월에는 서경 습속이 상업을 일삼지 않아 백성이 그 이익을 잃고 있다며 화폐유통을 담당하는 화천貨泉 별감 2명에게 날마다 시전을 감독하게 하여 상인으로 하여금 거래의 이익을 얻도록 하라고 했다. 지방의 경우 백성이 가난해 돈의 유통이 활발하지 않자, 9년 7월에 지방 주·현에 명령해 쌀과 곡식을 내어 주점과 음식점을 열어 백성에게 영업함을 허락해 돈 사용의 이익을 알도록 하였다.

윤관이 동전의 유통 정책을 밀고 나가자 이에 대한 보수세력의 반발도 만만치 않았다. 곽상은 선종의 측근으로 숙종의 왕위계승을 방해했지만 그의 절개를 높이 산 숙종에게 등용된 인물이었다. 그는 동전이 고려의 풍속에 적합하지 않은 것이라며 상소를 올려 강력히 반대했지만 받아들여지지 않았다.

윤관과 의천은 숙종에게 건의해 고려에 신법을 실시하였다. 이들은 왕안석의 신법을 모델로 하여 고려의 현실에 맞는 신법을 만들어 개혁을 적극적으로 추진했다. 신법에 입각한 개혁은 의천이 숙종 6년에 사망하면서 타격을 입었지만 중단되지 않았다. 윤관이 숙종 6년 6월에 국왕의 비서실장인 추밀원 지주사에 임명되면서 더욱 탄력을 받았다. 숙종과 윤관은 일체가 되어 신법을 통한 개혁을 밀어부쳤다.

신법은 무엇인가

신법新法은 숙종, 예종, 인종 무렵에 풍미했다. 그것이 무엇인지 명확하게 정의하기는 어렵다. 구법舊法 내지 구제舊制(옛 제도)는 '조종祖宗의 법'으로 불리는데 대개 태조가 남긴 정책·유훈과 문종이 완비한 제도를 의미했다. 신법은 이러한 구법 내지 구제를 현실에 맞게 고친 새로운 법규 내지 제도를 의미했다.

숙종과 의천 형제는 자신의 아버지인 문종이 만든 제도도 구법으로 인식했다. 이는 고려초기의 제도가 문종 때 완비되는 순간, 즉 문물이 절정에 도달한 순간 사회현실에 맞지 않는 모순이 발생했기 때문이었다. 그러니까 숙종, 예종, 인종 무렵에 새롭게 제정된 제도나 정책은 대개 신법으로 파악할 수 있다. 신법은 윤관의 동전 주조와 별무반 설치가 보여주듯이 부국강병 정책이었다. 문종 때 이룩한 위대한 고려가 흔들리는 조짐이 보이자 제도를 개혁해 부국강병을 달성해 위대한 고려를 재창조하려는 것이었다. 신법파는 부국을 위해 상공업 진흥 정책을, 강병을 위해 군사력 증강 정책을 폈다.

대표적인 구법론자로 최사추와 고영신이 있었다. 최사추는 최충의 손자로 급제해 숙종 때 수상인 문하시중에까지 오른 인물이었다. 그는 그의 묘지명에 따르면 입으로 비법非法의 말을 하지 않았고 몸으로 비법의 행동을 하지 않았으며, 정치를 함에 조종의 법을 가벼이 고치려 하지 않았고, 신법을 만들어 풍속을 어지럽히려 하지 않았다. 또한 그의 전기에 따르면 감히 구장舊章 즉 옛 제도를 가벼이 고치지 않았다. 고영신은 신진가문 출신으로 급제해 예종 때 고위재상인 참지정사에 오른 인물이었다. 그는 그의 전기에 따르면 공경들이 신법을 다투어 올렸지만 조종의 성헌成憲(법)이 갖추어져 있으니 고쳐서는 안되며 지켜서 잃지 않아야 된다고 했다. 구법론자의 입장에서는 신법이 '비법非法'이었고 풍속을 어지럽히는 것이었다.

고려 중기에 구법론자와 신법론자는 공존하고 있었다. 국왕은 이 두 부류를 경쟁시켜 견제하게 하면서 주도권을 쥐었다. 두 부류는 갈등을 일으켰지만 묘청 세력이 형성되기 이전까지는 송나라처럼 극심한 당파 대립은 적었다.

신법의 실시 배경으로 문종 무렵 귀족사회가 완성되어 요직을 독점하여 권력을 행사한 귀족에게 왕권이 제한당하여 모순이 발생했기 때문이라는 주장이 제기되었다. 고려가 귀족사회였느냐, 관료사회였는가 치열한 논쟁이 진행되었지만 귀족사회설이 대세를 장악해 통설처럼 받아들여져 왔다. 고려 귀족사회론과 조선 양반사회론이 지닌 심각한 문제는 골품귀족사회를 해체시키고 지방시대와 호족시대를 연 신라 말·후삼국의 역동적 변혁의 의의를 축소시킨다는 점, 고려는 폐쇄적인 사회로 인식되도록 만드는 반면 조선은 개방적인 사회로 인식되도록 만든다는 점이다.

귀족사회론자들이 주장하는 고려의 '귀족'은 신라나 서양과 같은 혈통귀족이 아니라 몇 대에 걸쳐 벼슬을 함에 따라 귀족과 유사한 위상을 지니게 된다는 관직귀족이었다. 귀족사회론자들은 고려에서 대대로 요직 역임자를 배출하면서 형성된 문벌과 5품 이상 관직자의 자손에게 관직을 주는 음서제가 존재한 것을 귀족사회의 주요 징표로 간주했다.

『고려도경』의 저자인 송나라 사람 서긍은 과거에 응시했지만 급제하지 못해 부친의 관직을 배경으로 관직에 진출했다. 그의 부친은 조청대부 직비각直祕閣까지 올랐으니 서긍에게 음서를 주도록 만든 부친의 관직 상한은 조청대부(종5품) 직비각이었다. 송나라도 고려와 비슷한 수준의 음서제를 시행했던 것이지만 송은 귀족 사회가 아니라 사대부 사회라 정의되고 있다. 조선도 고려보다 축소는 되었지만 3품 이상 관직자의 자손에게 음서가 주어졌고, 조선에도 문벌(세족)이 일부 존재해 귀족적인 일면이 보이며 과거시험이 문벌에 대단히 유리하게 운영되었다. 그런데도 조선은 양반사회라 정의되고 있다. 고려에 음서제가 시행되었다고 해서, 문벌(세족)이 일부 존재했다고 해서, 귀족적인 일면이 보인다고 해서 곧 고려가 귀족사회인 것은 아닌 것이다. 더구나 고려와 조선에서 음서로 등용되든 과거로 등용되든 지배층 안의 문제여서 평민·노비와는 별 상관이 없었다.

문종 때 문물과 제도가 완성된 것이지 귀족사회가 완성된 것이라 보기는 어렵다. 최충은 향리의 아들로, 이자연은 신진가문의 아들로 각각 장원급제하고 문종 때 문하시중에 올라 전성기를 이끌었다. 문종은 고려의 어느 왕보다도 강력하고 안정된 왕권을 행사했다. 특정 신하의 독주를 허용하지 않고 신하들의 다양한 의견을 수렴한 다음 자신이 결정해 관철시켰으며, 신진가문 출신이든 하자가 있는 가문 출신이든 능력이 있으면 등용하였다.

문종의 그러한 인사관은 다음 사례에 잘 나타난다. 문종이 경정상을 한림원의 직책에 임명하자 철장(대장장이)의 후예를 청요직淸要職*에 임명해서는 안된다며 중서성이 반대했다. 그러자 왕은, 무를 캘 때 뿌리를 따지지 않음은 쓰임을 귀하게 여기기 때문이라 역설하고, 경정상이 재주와 식견을 지녀 채용할 만하니 그 세계(집안)를 따질 필요가 없다며 뜻을 관철시켰다. 고려는 근친혼을 많이 했지만 일반인이 지나친 근친혼을 하면 당사자나 그 자손이 불이익을 받았다. 노준魯準이 과거에 급제했지만 부친이 지나친 근친혼을 해 그를 낳았기 때문에 문반 인사를 담당한 이부상서가 그를 관직에 임명하려 하지 않았다. 하지만 문종은 인재를 선발할 때 상례에 구애받으면 안 된다며 노준을 등용했다. 문종은 배경보다 능력을 중시했던 것이다.

김부식은 보수주의자로 알려져서 그런지 그를 귀족으로 취급하는 경향이 있다. 하지만 그도 귀족이 아니었다. 김근金覲은 경주 향리의 아들로 문종 때 급제해 문장실력으로 명성을 떨치며 예부시랑(정4품)까지 지냈다. 그의 아들 김부필, 김부일, 김부식이 연달아 급제하자 국가가 세 아들 급제의 포상규정에 따라 그들의 모친에게 해마다 곡식 30석을 지급했다. 이

---

* 깨끗하고 중요한 관직을 의미하는 청요직은 인사를 담당한 이부·병부의 관원, 언론을 담당한 대산, 문필을 담당한 한림원의 관원 등을 가리켰는데 가장 임명되기 어려웠다. 능력이 뛰어나도 신분·도덕의 하자가 있으면 되기 어려웠다.

어서 막내아들 김부의(김부철)가 급제하자 모친에게 10석을 더 얹어 주었다. 이들 형제들은 문장실력으로 한 때를 풍미했다. 예종은 김부일, 김부식, 김부철 형제가 문필비서로 자신을 시종하자 그들의 모친을 대부인에 책봉하고 해마다 곡식을 추가로 하사했는데 모친은 이 곡식만은 사양했다. 김근과 아들 김부필·김부일·김부식·김부철은 신진가문 출신으로 자신의 실력에 의해 출세의 길을 걸었던 것이다.

귀족사회론자들은 후삼국 시대의 주역이었던 호족이 고려의 중앙집권 정책에 따라 일부는 중앙으로 올라와 귀족이 되고, 일부는 지방에 남아 향리가 되었다고 이야기한다. 고려시대에 지방세력이 중앙의 양반관료와 지방의 향리로 변화한 것은 사실이지만 서로 단절되지는 않았다. 향리와 그 자제는 지역사회의 실질적인 지배자였을 뿐만 아니라 과거에 급제하거나 여러 가지 공로를 세워 관직에 활발히 진출했다. 중앙이 우위를 유지하면서도 지방이 강한 자율성을 지녀 서로 조화를 이루었다. 중앙집권과 지방분권이 균형과 조화를 이루었다. 지방과 토호의 힘이 후삼국 시대를 제외하면 어느 시대보다도 컸다. 향리는 지역사회의 지배자이자 지역문화의 창출자였다. 국왕·중앙·관료 중심의 시각에서 탈피해 지방과 그 주역인 향리를 제대로 평가해야 한다.

양반관료는 '사족士族'이라 부를 수 있고, 향리는 서리(관청 실무직)·경군(직업군인)과 더불어 '이족吏族'을 형성했는데, 사족과 이족은 뚜렷이 구분되지 않아 활발히 소통했다. 한 집안에도 관료와 향리·서리·경군이 공존했다. 아버지는 향리인데 아들은 양반인 경우, 형제 중에 향리와 양반이 혼재한 경우가 드물지 않았다. 고려는 사족과 이족이 소통하며 지배하는 사족과 이족의 사회였으니 양반사회라는 조선보다도 개방적이었다. 음서로 진출하더라도 말단 실무직을 거쳐야 하고 향리·서리와 그 자제가 관직에 활발하게 들어갔으므로 정책이 현실적이고 실용적이었다.

귀족사회론자들은 귀족사회의 징표로 경원(인주) 이씨의 사례를 즐겨 인용한다. 인주 이씨가 문종, 순종, 선종, 헌종, 숙종, 예종, 인종의 7대 80여 년 동안, 즉 문종 즉위년(1046)부터 이자겸이 몰락하는 인종 4년(1126)까지 정권을 오로지 했다는 것이다. 인주 이씨를 명문으로 끌어올린 이자연 자신은 사실 신진가문 출신이었다. 물론 그가 딸 셋을 문종의 배우자로 만들고 그의 손자들이 왕실과 혼인함에 따라 그의 자손대로 가면서 왕실의 외척으로서 귀족적인 면모를 보인다. 하지만 문종이 인주 이씨의 독단을 허용하지 않았으며, 이자연이 문종 15년에 59세로 세상을 뜬 후 그의 아들들의 권위는 그에게 미치지 못했다. 게다가 인주 이씨는 문종 26년에 고발된 평양공의 반역사건에 연루되면서 위축되는 모습도 보인다. 인주 이씨는 순종, 선종, 헌종 때에 외척으로서 이름은 높았지만 지지세력이 축소되어 권력을 독점하지는 못했고, 오히려 계림공 세력이 실권을 차지하더니 정변을 일으켜 숙종이 즉위했다. 숙종과 후계자들도 신진가문 출신의 인물들을 중용했으며, 특히 숙종은 관직에 소외되어 왔던 공장(장인)·상고(상인)·천예(노비)까지도 현달한 관직에 임명했다.

왕실과 인주 이씨를 대립 구도로 보는 시각이 강한데 설득력이 약하다. 사실 계림공과 그를 지지하는 의천도 이자연의 딸인 인예태후의 아들이었으니 인주 이씨 계열이었다. 인주 이씨의 대부분은 순종, 선종, 헌종으로 이어지는 왕실의 정통을 지키려는 입장인 반면 계림공과 의천은 그것을 뒤집으려는 입장이었다. 인주 이씨는 왕실 권위의 파괴세력이 아니라 왕실 정통의 수호세력이었다. 문종 사후의 정치적인 혼란은 인주 이씨 때문이 아니라 병약한 순종과 나이 어린 헌종이 계승하고 국원공(선종)과 계림공(숙종)이 도전하면서 발생했다.

신법의 등장은 고려 귀족사회의 모순으로 인한 것이라 보기는 어렵지만 고려사회의 모순과 현상으로 인한 것이라 볼 수 있다. 고려 초기의 제도는 문종 때 11세기 중~후반에 완성되었지만 그 이래의 사회변화를 담아내기에는 충분하지 못하였다. 생산력이 많이 발전하였고 그에 수반해 역동적인 사회변화가 진행되고 있었으며, 극심한 자연재해가 빈번하게 발생하고 있었다. 그로 인해 빈부 격차가 심화되고 유망(유랑)이 증가하고 있었다. 황금기를 만들고 즐기는 데 많은 비용을 지출했고, 북진정책의 추진과 그에 따른 국토의 팽창으로 군사비가 증가하고 있었다. 지출은 증가하고 있었던 반면 재정은 악화되고 있었다. 나누어줄 토지는 부족해 양반에게 지급하는 규모가 줄어들고 군인에게 제대로 지급되지 못하였다.

11세기 중반~12세기에 유랑이 많이 발생했는데, 여기에는 생산력의 발전으로 인한 이익 쟁탈, 권세가와 탐관오리의 횡포, 자연재해의 잦은 발생, 여진과의 전쟁 등이 복합적으로 작용했다. 이정호의 연구(2007)에 따르면 고려전기 자연재해의 빈도는 1010~1060년과 1100~1140년에 높았는데, 특히 12세기 전반기에 가장 높았다. 가뭄, 홍수, 태풍 등의 자연재해는 농작물 작황에 지금도 영향을 많이 주는데 전근대 사회에서는 치명적이었다. 인력으로 해결하기 어려워 비를 비는 행사 등 재해를 물리치는 온갖 종교행사가 빈번히 열렸다. 이 시기의 유랑 발생의 원인은 사회 모순으로 인한 측면보다도 자연재해로 인한 측면이 더 많았다.

고려 중기에 이러한 여러 변화에 적절히 대처하기 위해 새로운 제도와 정책을 마련한 것이 신법이었다. 부족한 토지를 마련하기 위해 고려가 지배하는 여진족 자치주에 고려인을 이주시킬 필요성도 있었으니 이는 부국강병이 전제되어야 했다. 탐관오리의 횡포와 자연재해로 인한 유랑을 방지하기 위해 중앙의 권력을 강화했는데, 특히 예종 때는 지방관이 파견되지 않았던 속현의 일부에 '감무'를 파견하기도 했다. 또한 숙종과 예종은 신진가문 출신의 능력 있는 인물들을 많이 중용해 왕조의 중흥을 이끌었다.

저울이론으로 국토를 경영하다

고려왕조의 수도는 태조 왕건이 송악을 개경으로 삼은 이래 이곳이었지만 다른 도읍도 생겨났다. 먼저 태조가 고구려 계승을 천명해 평양에 서경을 설치하면서 개경과 서경, 두 개의 경(도읍)을 지닌 양경제가 운영되

금수산 모란봉에서 본 평양
평양은 묘청 8성의 주된 구성 요소이다.

었다.

거란족 요의 소손녕 군대가 고려를 침략해 거란이 고구려 지역에서 일어난 반면 고려는 신라를 계승했다며 고려가 지배하는 고구려 땅을 자신에게 돌려달라고 요구했다. 이에 서희가 나서 고려는 고구려의 옛 지역에서 일어났고 그래서 평양에 도읍했다며 원칙으로 따지면 요나라가 지배하는 요동 지역까지 고려의 영역이라고 반박했다. 이 담판의 성공으로 서희는 고려의 서북 영역을 압록강 하류까지 넓힐 수 있었다. 이는 고려가 평양에 서경을 설치한 게 얼마나 중요한 일이었는지 알려준다.

다음으로 성종 때 경주 세력이 정권을 장악하면서 경주에 동경이 설치됨으로써 개경·서경·동경, 세 개의 경을 지닌 삼경제가 운영되었다. 위상은 개경이 가장 높고 그 다음은 서경, 그 다음은 동경이었다. 으뜸 도읍인 상경 즉 수도는 개경이었고, 서경과 동경은 버금 도읍이었다. 태조 왕건의 근거지로 후삼국 통일을 이루도록 만든 개경은 고려를 상징했고, 서경은 고구려 계승을, 동경은 신라 계승을 상징했다.

그런데 이러한 삼경제에 변화가 생겨났다. 이는 문종이 지금의 서울 지역인 양주(한양)에 남경을 설치하면서 비롯되었다. 남경은 정치적 사건과 관련되어 곧 폐지되었지만, 숙종이 서경을 중시하면서도 양주에 남경을 다시 설치했다. 숙종의 남경 설치에 이론적 근거를 제시한 인물은 김위제였다. 그는 도선이 당에 유학해 일행—行의 지리법을 배워 찬술한 비기(신비한 기록)를 배웠다고 한다.

김위제는 숙종 원년(1096)에 남경으로의 천도를 요청하면서 상소문을 올렸다. 그는 『도선기』를 인용해 고려 땅에 삼경이 있는데 송악이 중경이고, 목멱양(남산 땅; 한양)이 남경이고, 평양이 서경이니, 11·12·1·2월은 중경에, 3·4·5·6월은 남경에, 7·8·9·10월은 서경에 머물면 36국이

한강과 삼각산
서울은 고려시대에 남경이었다.

천자국에 조공한다고 했다. 또한 개국후 160여 년에 목멱양에 도읍한다고 했으니 지금이 바로 신경(남경)에 순행해 머무를 때라고 주장했다.

그는 『도선답산가』를 인용해 송성(송악)이 쇠락한 후 그 동남쪽 평양(남평양: 한양) 즉 목멱(한양)에 도읍하면 한강의 물고기와 용이 사해에 통한다고 하였다. 또한 송성은 꽃의 뿌리와 가지와 잎이 가늘고 적어 겨우 100년을 기약하니 벗어나야 하는데, 새로운 화세花勢(꽃이 활착 핀 듯한 형세)를 찾고자 한강을 건너면 헛되이 갔다가 돌아온다고 했다. 사해의 신령한 물고기가 한강에 조회하면 국가가 태평하고 백성이 평안하여 태평에 이르게 된다고 했다. 그러므로 한강의 양陽(북쪽)은 기업基業(왕조의 운수)이 길고 멀며 사해가 조회 오고 왕족이 창성하리니 실로 대명당의 땅이라고 주장했다. 현자가 한강을 넘지 않으면 만대에 떨치겠지만, 만약 한강을 넘어 황제의 도읍을 건설하면 하나의 자리가 가운데로 찢겨 한강을 사이에 두게 된다고 경고했다.

『삼각산명당기』를 인용해 임방(북방)을 등지고 병방(남방)을 향하니 바로 신선 세계인데 음양의 꽃이 3, 4겹으로 만발하다며 한양을 찬양했다. 이곳에 내외 상인이 와서 보물을 바치고 매매하며 이웃 나라의 손님이 자식처럼 오며, 사람들은 나라를 돕고 임금을 바로잡는 데에 모두 한 마음이라 했다. 삼각산에 기대어 황제 도읍을 만들면 9년째에 사해가 조회하게 된다며 이곳이 바로 현명한 왕이 왕성한 덕을 누리는 땅이라 역설했다.

또한 『신지비사』를 인용해 삼경을 저울대, 저울추, 저울그릇에 비유했는데, 송악을 저울대(몸통), 서경을 저울그릇(머리), 삼각산 남쪽의 오덕구를 저울추(꼬리)로 삼으면 70국이 항복하여 조공을 바친다고 했다. 오덕구五德丘 즉 오덕의 언덕은 한양을 가리킨 것인데, 가운데 토덕의 면악(백악; 북악산)이 있고, 북 수덕의 감악산, 남 화덕의 관악산, 동 목덕의 양주 남행산, 서 금덕의 수주(부평) 북악이 그것을 둘러싸기 때문이라 하였다. 이러한 삼경의 구도 또한 도선이 말한 삼경의 뜻에 부합한다고 주장했다.

김위제는 상소문을 마무리하면서 국가에 중경과 서경은 있으나 남경이 없다며 사직의 흥망성쇠에 관련되니 삼각산 남쪽, 목멱산의 북쪽 평원에 도성을 건립하여 때에 맞추어 순행하여 머물기를 간절히 요청했다. 그는 남경으로의 완전한 천도를 주장한 것은 아니었으니, 핵심은 저울대 · 저울그릇 · 저울추의 균형유지처럼 개경 · 서경 · 남경의 균형 경영이었고 그렇게 하면 부강해진 천자국(황제국) 고려가 36국 내지 70국 즉 온 세계를 지배하는 주인이 된다는 것이었다. 동경은 동남쪽에 치우쳐 있어 왕의 순행 권역에서 거의 배제되고 그의 저울이론에도 맞지 않아 그의 삼경론에서 언급되지 않았다.

숙종은 김위제의 상소문이 여론을 일으켜 반대론을 잠재우는 것을 기다려 4년(1099) 9월에 재상과 일관(천문지리관)에게 남경을 양주에 건설하는 것을 의논하도록 하고, 직접 양주에 행차해 도읍 자리를 돌아보았다. 도읍지를 둘러본 최사추 등이 삼각산·면악의 남쪽이 산수 형세가 옛 글과 부합하니 북쪽을 등지고 남쪽을 향하여

김위제의 저울이론

도읍 건설하기를 6년 10월에 요청하였다. 이리하여 양주에 남경을 건설하는 사업이 시작되었다. 7년 3월에는 남경의 경계를 산수의 형세에 따라 동의 대봉(낙산), 남의 사리(한강), 서의 기봉(모악; 신촌), 북의 면악(북악산)으로 정했다. 9년 5월에는 남경 궁궐이 완성되었다.

남경 건설이 5년 만에 완성되자 숙종은 9년(1104) 7월에 남경에 행차해 둘러보았다. 이처럼 남경이 부활함으로써 고려는 개경, 서경, 동경, 남경의 4경을 지니게 되었다. 서경은 여전히 개경 다음으로 높은 위상을 차지했지만 남경의 견제를 받아 이전보다는 위상이 상대적으로 하락했다. 동경은 남동쪽 모서리에 치우쳐 왕이 거의 행차하지 못하는 곳이어서 현실적인 중요성이 떨어졌다.

고려의 여러 도읍 체제는 황제국 체제의 구현이자 삼한(삼국) 계승 의식의 반영이었다. 개경은 고려왕실의 근거지로 정통성을 상징했다. 서경

은 고구려의 수도 평양에서 유래했기에 고구려 계승을, 동경은 신라의 왕경에서 유래했기에 신라 계승을 상징했다. 남경은 백제의 수도이자 고구려의 남평양에서 유래했기에 백제 내지 고구려의 계승을 상징했다.

고려 국왕은 여러 경에 행차함으로써 활동반경을 넓히고 그것들끼리의 경쟁을 유도해 영향력을 증대시킬 수 있었다. 4경은 서로 경쟁함으로써 그것들이 위치한 지역을 발전시키는 효과를 거두었다. 남경은 개경과 남쪽 지역을 연결하는 육상과 해상 교통의 요지였고, 개경에서 멀지 않고 서해와 연결되는 한강을 끼고 있어 상업과 무역이 진흥하고 있는 지역이었다.※ 그래서 김위제의 상소에서 무역의 이익이 누누이 강조되었다. 숙종과 그의 측근세력은 이러한 요소를 지닌 남경의 경영을 통해 신법 개혁에 필요한 지원과 자금을 얻으려 했다. 남경은 신법 개혁을 뒷받침하는 주요 기지였다. 개경, 서경, 남경의 균형 경영과 개발은 신법의 적용이자 구현이었다.

※ 채웅석의 글(2001)에 따르면 고려의 남경건설 배경은 중부지방 개발, 수도 배후의 복심 육성, 무역·상업 기지의 건설이었다.

제3장

여진을 정벌하다

여진족에 패배하다

　　여진족은 만주일대에 거주하며 고려를 상국으로 섬겨 왔다. 고려는 국경을 백두산 이북으로 확장하더니, 문종 무렵에는 오늘날 길림성 일대에 해당하는 광활한 땅에 진출하여 여진을 지배했다.
　　여진의 여러 부족 중에서 송화강 유역 아성阿城의 완안부完顔部의 힘이 추장 오고내烏古迺(우구나이) 이래 서서히 커져 갔다. 여진족은 서여진, 동여진(북여진 포함) 등으로 분류되었는데 완안부는 동여진으로 인식되었다. 오고내의 조상은 고려인 내지 신라인이었으니 신라말 고려초에 만주로 이주한 우리나라 사람이었다. 『금사』에는 금의 시조 '함보'가 고려로부터 왔다고 되어 있다. 고려에 살던 아고내阿古迺, 함보函普, 보활리保活里 3형제 중에서 아고내는 고려에 남고 함보와 보활리가 여진으로 왔는데 '함보'가 바로 금의 시조가 되었다는 것이다.
　　『고려사』에는 우리나라 평주(송악 북쪽)의 승려 금준今俊이 달아나 여진 아지고촌阿之古村 즉 아성에 들어가 금나라의 선조가 되었다고 한다. 또한 평주 승려 金幸(김행 혹은 금행)의 아들 극수克守가 여진 아지고촌에 들어가 여진 여자와 결혼해 '고을古乙' 태사太師를 낳았다고 한다. '고을'이 '활라活羅' 태사를 낳았고, 활라는 많은 아들을 낳았는데 장남이 핵리발劾里鉢(세조), 막내아들이 영가盈歌였다.
　　오고내(활라)의 아들 영가盈歌(목종)는 더욱 세력을 확대해 상당수의 여진부족을 통합했다. 동여진이 1102년(숙종 7) 이래 정주定州의 관문 밖에 와서 주둔하며 도전했지만, 영가는 고려에 순종해 사절을 파견해 숙송에게 조회했다.

그런데 영가의 조카이자 핵리발의 장자인 오아속烏雅束(강종)이 추장이 되어 완안부를 이끌면서 고려에 본격적으로 반항하기 시작했다. 그가 고려에 귀화한 여진 부족을 고려 숙종 9년(1104) 정월에 토벌하면서 그의 기병이 정주 관문 밖에 주둔하였다. 내시※ 임언林彦이 동여진을 토벌하기를 요청했다. 안성 출신의 역사편찬 실무진인 직사관直史館 이영李永이 출병 반대의 의견을 냈다. 숙종이 임언의 요청을 수용해 여진을 토벌하기로 결정하고 편전인 선정전에 행차하여 중서문하성 고위재상인 평장사 임간林幹으로 판동북면행영병마사를 삼았다. 그리고 군대 지휘권을 상징하는 도끼 부월鈇鉞을 내려 정주 일대의 전선으로 파견해 대비하게 했다. 임간과 임언은 근친일 가능성이 있다.

임간은 공로를 탐내어 병력을 이끌고 깊숙이 진격했다가 적의 반격을 받아 대패해 고려군의 태반이 사망했다. 퇴각하는 고려군을 여진군이 추격하니 고려군은 전멸당할 위기에 처했다. 이 때 구세주가 나타났으니 하급관리인 척준경이었다. 그가 갑옷 입힌 말에 탄 채 적진을 향해 돌격하여 적장 한 명을 베고는 포로로 잡힌 고려병사 두 명을 구출했다. 그리고 달려온 장교 두 명과 힘을 합쳐 적을 향해 화살을 쏘아 몇 명을 죽이니 적이 조금 퇴각했다. 척준경이 돌아오려 하자 적의 기병 100명이 추격했다. 화살을 쏘아 적장 둘을 죽이니 적이 진격하지 못했다. 이 틈을 타서 고려

※ 고려의 내시는 조선의 내시와 다르다. 고려시대에는 왕의 공적인 비서로 승선이, 사적인 비서로 내시와 환관이 있었다. 내시는 정상적인 남성으로 출세의 지름길이라 선망의 대상인 반면 환관은 비정상적인 남성이었다. 고려는 중국과 달리 남성을 거세시키는 형벌이 없었으므로 환관이 적었는데, 몽골족 원의 간접 지배기에 수요의 폭증에 따라 환관의 수가 폭증해 그들이 내시의 업무를 잠식해 들어갔다. 그 결과 조선시대에 내시와 환관이 동일시되게 된다.

군은 겨우 성안으로 되돌아올 수 있었다. 하지만 여진군은 승기를 타서 정주의 선덕 관성關城에 쳐들어와 닥치는 대로 고려군을 살륙했다.

이에 숙종이 임간을 해임하고 편전인 중광전에 행차해 추밀원의 재상인 윤관에게 부월을 내려 동북면 행영도통으로 삼아 파견했다. 윤관의 고려군은 여진족 30여 명의 머리를 베는 전과를 올리기도 했지만 절반이 넘게 죽거나 부상당해 사기가 떨어졌다. 비긴 것으로 볼 수도 있지만 사실상의 패배였다. 윤관은 부득이 여진과 강화 조약을 체결하고 돌아왔다. 고려의 자존심에 심각한 타격을 입힌 갑신년(1104)의 치욕이었다.

숙종의 맹세와 별무반의 창설

숙종은 고려군이 여진과의 전투에서 연이어 패배하자 충격을 받았다. 조카를 몰아내 왕위에 오른 그는 부왕 문종이 이룩한 위대한 고려를 더욱 강대하게 만들려 했는데, 그 계획에 차질이 빚어져 더욱 그러했다. 분노한 숙종은 천지신명에게 고하여 맹세했다.

"신명의 도움을 받아 적의 땅을 소탕하기를 원합니다. 그리하면 그곳에 절을 짓겠습니다." 숙종은 여진과 일단 화해조약을 체결했지만 군사력을 키우며 복수를 꿈꾸었다. 중서문하성의 재상이 된 윤관이 아뢰었다.

"신이 적의 형세를 보건대 측량하기 어려울 정도로 강성하니 군사를 휴식시키며 후일을 기약해야 합니다. 신이 패한 이유는 적군은 기병이고 아군은 보병이라 대적하기 어려웠기 때문입니다."

윤관은 고려군이 패배를 면치 못한 이유를 날랜 기병 위주로 편성된 여진족의 산발적인 침략에 대응하기 어려웠던 데에서 찾았다. 그는 고려군의 패배원인을 보병위주의 편성에서 찾고 기병을 강화한 특수군단 창설을 건의했다. 이리하여 탄생한 것이 바로 '별무반'이었다.

별무반은 농민은 물론 양반(직책이 없는 경우), 서리, 상인, 노예, 승도까지 포함하는 거국적인 구성이었으니 20세 이상 장정은 과거 응시자가 아니면 누구나 징발되었다. 말을 소유한 자는 기병인 신기군에, 말이 없는 자는 보병인 신보군과 포병인 화살부대·화기부대 등에, 승도는 항마군에 배속되었다. 윤관은 별무반을 훈련시키며 여진족에게 설욕하기 위한 준비를 착착 진행하였다.

숙종은 10년(1105) 8월에 서경(평양)에 행차했는데, 여진족을 격퇴하겠다는 강력한 의지의 표시이기도 하였다. 서경 황성에 도착한 그는 태조 왕건의 초상을 모신 감진전感眞殿을 알현한 다음 장락전에 나아가 백관의 인사를 받았다. 그런데 9월에 모후 인예태후의 기일 법회를 장경사에서 베푼 후 병이 나서 급히 서경을 출발했다. 10월에 금교역을 거쳐 밤중에 개경 황성의 장평문에 이르렀지만 수레 안에서 52세로 붕어했다. 다음날 새벽에 영구가 궁성의 서화문에 도착하니, 태자(예종)와 여러 신하들이 통곡하였다. 숙종은 여진정벌의 꿈을 실현하지 못하고 한을 품은 채 개경성 밖 동쪽 송림현의 영릉에 묻혔다.

여진을 응징하다

숙종이 세상을 뜨자 장자인 태자가 편전인 중광전에서 즉위하니 그가 바로 16대 예종이다. 그는 부왕의 국상을 치르면서 부왕의 원찰인 천수사를 완공시키는 데 애를 썼다. 그에게 당면한 가장 큰 문제는 역시 여진족에 대한 대책이었다. 윤관은 붕어한 숙종을 위해 한편으로 천수사 공역을 감독했고, 한편으로 여진정벌을 위한 군사훈련에 매진했다. 예종과 윤관은 때를 기다리고 있었다.

예종 2년(1107) 윤10월에 여진이 고려의 국경 요새를 침략하더니 그 추장이 여진의 여러 부락들을 선동해 고려와 전면전을 하려는 움직임이 감지되었다. 이를 보고 받은 예종은 편전인 중광전의 부처 모신 곳에 소장된 부왕의 맹세문을 꺼내어 재상들에게 보여 주었다. 재상들이 읽고는 눈물을 흘리면서 말했다.

"숙종께서 남긴 뜻이 이처럼 심히 간절하니 가히 잊어버릴 수 있겠습니까!"

가슴이 매인 재상들이 상소를 올려 선왕의 뜻을 이어 여진 정벌하기를 요청하였다. 이에 역대 왕들의 신주가 모셔진 대묘(太廟)에서 점을 치고 드디어 출정하기로 결정하였다.

그리하여 예종이 중서문하성의 고위재상인 평장사 윤관을 원수로, 해주 출신의 추밀원 재상인 지추밀원사 오연총을 부원수로 하는 정벌군을 편성하였다. 윤관이 왕에게 아뢰었다.

"신이 일찍이 숙종의 비밀명령을 받들었고 지금 또 왕명을 받드나니, 감히 삼군三軍을 거느리고 적의 요새를 격파해 우리 강토를 개척하여 국가의 치욕을 설욕하지 않으리까."

성공할는지 의심이 든 오연총이 윤관에게 소곤거리니 윤관이 개탄하며 말했다.

"그대와 내기 아니면 누가 만 번 죽을 땅에 나아가 국가의 치욕을 갚을 수 있으리오. 계책이 이미 결정되었는데 또 무엇을 의심한단 말이오."

오연총은 침묵했다. 11월에 정벌군이 개경을 출발하자 예종이 11월 24일에 군대를 전송하러 친히 서경까지 행차했다. 왕이 12월 1일에 도끼 부월을 윤관에게 하사하여 출정을 명령했다. 『동문선』에 실린 임언林彦의 표문에 따르면, 이날 네 길로 나누어 출정한 고려군은 13일에 정주定州 지경에 도착했다. 이곳까지 아무런 전투도 치르지 않고 갔는데 13일이나 걸렸으니, 이 정주가 함경도 정평이 아니라 백두산 북쪽에 위치했음을 뒷받침한다.

고려군은 예종 2년 12월 13일에 동계(동북면) 정주 지경의 장춘역에 결집해 14일 새벽부터 작전을 개시했다. 그 수는 대략 17만 명이었는데 20만 대군이라 불렀다. 윤관의 명령을 받은 병마판관 최홍정과 황군상이 정주와 장주로 들어가 여진족 추장들을 그곳으로 들어오도록 속임수로 유인해 술을 먹여 취한 틈을 타서 많이 살해했다.

이에 고무된 고려군은 본격적으로 정벌에 나섰다. 윤관이 5만 3천을 직접 이끌었다. 상서도성의 좌복야 김한충이 중군병마사로서 3만 6천 7백을, 간관인 좌상시 문관文冠이 좌군병마사로서 3만 3천 9백을, 병부상서 김덕진이 우군병마사로서 4만 3천 8백을, 선병별감인 양유송 등이 선병(수군) 2천 6백을 이끌었다. 또한 병마부사 장군 이관진, 병마영할 임언林彦, 병마판관 최홍정·김부필·왕자지, 병마녹사 척준경·허재·이준양, 낭장 척준신 등이 일선에서 부대를 지휘했다. 임언은 왕명을 받들어 군대를 감찰하는 임무도 맡았다.

고려군은 여러 부대로 나뉘어 전투를 수행하기도 하고 합쳐서 대규모 전투를 수행하기도 하였다. 문내니촌에 이르자 적이 동음성에 들어가 방어하니 윤관이 병마영할 임언과 병마판관 최홍정에게 군사를 주어 보내 깨뜨렸다. 고려군은 이어서 석성石城을 공격했지만 여진이 화살과 돌을 비오듯 퍼부으니 진격할 수가 없었다.

이에 윤관이 척준경에게 말하였다.

"날은 저물고 일은 급하니 그대가 장군 이관진과 함께 공격해 볼지어다."

"제가 일찍이 장주에서 근무할 때 과오로 죄를 지었는데 공께서 저를 장사로 여겨 조정에 요청해 용서해 주셨으니, 금일은 척준경이 몸을 죽여 보답할 때입니다."

드디어 척준경이 갑옷을 입고 방패를 들고는 석성 아래로 나아가 적의 한가운데로 돌격하여 추장 수명을 격살하였다. 이를 본 고려군이 한꺼번에 돌격하여 죽기로 싸워 적을 섬멸하고 성을 함락하였다. 윤관은 최홍정과 김부필과 병마녹사 이준양을 파견해 이위동伊位洞을 공격해 점령했다. 중군은 고사한촌 등 35촌을, 우군은 광탄촌 등 32촌을, 좌군은 심곤촌 등 31촌을 격파했다. 윤관의 직할 군단은 대내파지촌으로 시작해 37촌을 격파했다.

9성을 쌓다

윤관은 곧 여러 장수들을 나누어 파견해 동쪽으로 화곶령, 북쪽으로 궁한이령(궁한령), 서쪽으로 몽라골령에 이르는 새로운 경계를 그어 정했다. 화곶령 아래에 성을 쌓아 '웅주'라 하고, 궁한이촌(궁한촌)에 성을 쌓아 '길주'라 하고, 몽라골령 아래에 성을 쌓아 '영주'라 하고, 오림금촌에 성을 쌓아 '복주'라 하였다.

특히 윤관은 영주성 안에 호국인왕사護國仁王寺와 진동보제사鎭東普濟寺라는 두 절을 지어 숙종의 맹세를 실천하였다. 호국인왕사는 나라를 보호하는 인왕경의 세계를 구현하고 불교 수호신 인왕이 국경을 지킨다는 의미를, 진동보제사는 동쪽(동북쪽)을 진무하고 세상을 두루 구제한다는 의미를 담고 있었다. 이러한 절을 개척지에 지어 부처의 은혜에 보답하고 앞으로도 부처의 도움을 받아 여진을 물리쳐 국경이 편안해지기를 소원했던 것이다. 이 때가 예종 2년(1107) 12월 말이었다. 태조 왕건이 충청도 황산에서 후백제군의 항복을 받아 거기에 개태사를 지은 것과 맥락이 통한다. 또한 수도 개경에 있는 법왕사·천왕사·보제사 등의 분신이 개척지에 건립되었다고 생각할 수 있다.

윤관의 고려군은 심각한 위기를 여러 번 겪으면서도 끈질긴 공격을 진행한 끝에 여진족을 깊숙이 몰아부쳐 여진평정을 완료하였다. 이미 쌓은 4개의 성을 보강하고 함주 및 공험진에도 성을 쌓았으며, 가장 북쪽에 위치한 공험진의 선춘령에 영토의 경계를 알리는 비석을 세웠다. 이 때가 예종 3년(1108) 2월이었으니 대단히 빠르고 눈부신 성과였다.

윤관은 아들 윤언순을 개경으로 보내 왕에게 축하를 드렸다.

생각컨대 동여진은 깊숙한 구역에 잠복하여 번성한 추잡한 무리입니다. 그들은 먼 옛날 선조 이래 대대로 우리 조정의 은혜를 입어 왔는데, 이리처럼 탐욕스러워 반역하는 마음을 점차 기르고 국경 밖에서 빈번히 개처럼 짖어대더니 우리의 국경 요새를 침략해 군사와 백성을 약탈했습니다. … 선황先皇(숙종)께서 분노해서 정벌하고자 하셨고, 폐하께서 바야흐로 계승하여 도모하고자 했습니다. … 신이 명령을 받들어 출정하니 사기가 군에 진동하여 위엄이 적에게 가해졌습니다. …포로로 잡은 적병은 오천이 넘고, 목을 벤 적병은 오천에 가깝습니다. 적병은 물건을 마을 거리에 흘린 채 달아나느라 도로에서 우왕좌왕 했습니다. 산천이 험해 성곽과 연못이 높고 깊으며 들판이 비옥하여 밭을 경작하고 우물을 만들 수 있습니다. 옛적에 우리나라 사람들이 구하여도 얻지 못했는데 지금 이 하늘이 주어서 이미 취했으니, 위로 종묘의 하늘 혼령에 감사드리고 아래로 조정의 수년간 수치를 설욕할 만합니다.

윤관의 가슴은 여진의 배반과 국경 침략에 대한 응징 성공으로 고려인의 복수를 하고 숙종의 한을 풀고 국경을 넓혀 비옥한 땅을 얻어 벅차올랐다. 윤관은 도영할都鈐轄인 좌부승선 예부낭중 임언을 시켜 여진정벌 과정과 6개 성곽의 신설 성과를 영주 청사의 벽에 다음과 같이 쓰게 했다.

여진은 국가(고려)와 비교해 강하고 약함과 많고 적음이 그 형세상 현저히 다른데 국경을 엿보아 숙종 10년(숙종 9)에 틈을 타서 난을 일으켜 우리 백성을 많이 살해하거나 노예로 끌고 갔다. 숙종이 성내어 군대를 정비해 장차 대의大義에 기대어 토벌하려 했는데 애석하게 뜻을 이루지 못한 채 돌아가셨다. 지금 임금께서 왕위를 이어 삼년상을 마치고는 좌우 신하들에게 말씀하셨다. "여진은 본래 구고려(고구려)의 부락으로 개마산(백두산맥) 동쪽에 모여 살면서 대대로 조공을 바치며 우리 조종祖宗의 은택을 깊이 입어 왔는데 하루아침에 무도無道하게 배반하니 선왕께서 심히 분노하셨도다. 듣건대 큰 효도는 부모의 뜻을 계승하는 것이라고 옛 사람이 말했다. 짐은 지금 다행히 삼년상을 끝내비로소 정사를 보게 되었으니 어찌 의로운 깃발을 들어 무도無道한 무

제3장 여진을 정벌하다 77

리를 정벌하여 선왕의 치욕을 씻지 않으리오." 이에 중서시랑평장사 윤관을 행영대원수로 삼고, 지추밀원사 한림학사승지 오연총을 부원수로 삼아 정예병 30만을 이끌고 정벌하도록 명령하셨다. … 삼군이 적의 머리를 6천 남짓 베니, 활과 화살을 싣고 우리 진영에 와서 항복한 자가 5만 남짓이었고, 멀리서 바라보고는 혼비백산하여 북쪽으로 도주한 자는 이루 다 셀 수 없다. 오호라! 여진의 완고하고 어리석음이여. 강하고 약함과 많고 적음의 형세를 헤아리지 못해 이처럼 멸망을 스스로 취했도다. 그 개척한 땅은 사방 삼백리씩인데, 동쪽으로 대해大海에 이르고, 서북으로 개마산(백두산맥)에 끼이고, 남쪽으로 장주와 정주에 접한다. 산천이 수려하고 토지가 비옥해 가히 우리 백성을 거처하게 할만하다. 본래 구고려(고구려)의 소유여서 그 옛 비석과 유적이 남아 있으니, 대저 구고려가 이전에 잃은 것을 지금 임금께서 뒤에 얻었으니 어찌 천명이 아닌가. 이에 여섯 성을 새로 설치하나니, 첫째는 진동군鎭東軍 함주대도독부로 병사와 백성이 1,948정호丁戶(장정의 호)이고, 둘째는 안령군安嶺軍 영주방어사로 병사와 백성이 1,238정호이고, 셋째는 영해군寧海軍 웅주방어사로 병사와 백성이 1,436정호이고, 넷째는 길주 방어사로 병사와 백성이 680정호이고, 다섯째는 복주방어사로 병사와 백성이 632정호이고, 여섯째는 공험진방어사로 병사와 백성이 532정호이다.

20~30만의 고려 대군이 여진족을 대파해 6천여 명의 목을 베고 5만여 명을 포로로 잡는 거대한 성과를 거두었음을 밝혔다. 그리고 개척한 지역에 함주, 영주, 웅주, 길주, 복주, 공험진의 6성을 설치하고 병사와 백성을 주둔시켜 고려인이 거주하는 영역임을 선포하였다. 비옥하여 사람이 거

주하기 좋은 이 지역이 원래 고구려의 소유였으니 이제 그것을 되찾는 것이라며 정당성을 부여했다.

고려군은 이어서 의주宜州, 통태진, 평융진에도 성을 쌓았다. 함주, 웅주, 길주, 영주, 복주, 공험진의 6성과 의주, 통태진, 평융진의 3성, 즉 9성이 완성된 것인데, 윤관은 이곳에 남쪽 사람들을 이주시켜 이 지역이 고려의 영토임을 확실히 하였다. 이 때가 예종 3년 3월이었으니, 고려의 새로운 역사가 열리는 감격적인 순간이었다. 9성의 중심지는 길주와 함주여서 여기에 각각 도독부가 설치되었다. 길주의 다른 이름은 '중성中城'이었는데, 동쪽 웅주, 서쪽 영주, 북쪽 공험진 등으로 둘러싸였기 때문에 그렇게 불려졌던 것이다.

윤관이 처음 6성을 쌓을 때 그곳으로 이주시킨 고려인은 6,466정호丁戶였다. 남쪽 지역 고려인의 9성 지역에의 최종적인 이주 규모는 고려 말 민지閔漬가 편찬한 『강목』에 따르면, 함주에 1만 3천 호戶, 영주와 웅주에 각기 1만 호, 복주·길주·의주에 각기 7천 호, 공험진·통태진·평융진에 각기 5천 호였다. 총 6만 9천 호인데, 1호당 3명으로 잡으면 20만 7천 명, 1호당 5명으로 잡으면 34만 5천 명에 이르는 대규모 이주였다.

고려가 만주를 점유하다

윤관이 개척한 9성의 위치는 어디였을까? 9성의 위치는 논란이 많다.※

※ 9성의 위치에 대한 논쟁은 방동인의 글 「윤관구성 재고」와 김구진의 글 「공험진과 선춘령비」(1976)의 도움을 받았다.

조선 중기에 편찬된 『동국여지승람』은 공험진을 제외한 8성의 위치를 함경도에 비정하고, 의주를 덕원(현재 문천·원산), 함주를 함흥, 복주를 단천(함흥의 북동쪽), 길주를 길성현(현재 함경북도 길주)에 해당시켰다. 웅주와 영주는 구체적인 곳이 언급되지 않았다. 공험진과 선춘령에 대해서는 『고려사』 지리지와 『세종실록』 지리지를 따랐다. 9성에서 길주(궁한촌)는 북쪽 경계, 웅주는 동쪽 경계, 영주는 서쪽 경계였으므로 그 위치가 중요한 의미를 지닌다. 공험진은 북쪽 경계의 끝이었으므로 길주 소속으로 파악된다.

이렇게 파악하면 윤관이 왜 9성의 하나로 의주宜州에 성을 쌓았는지 납득하기 어렵다. 함흥의 남쪽에 정평이 있고, 정평의 남쪽에 영흥이 있고, 영흥의 남쪽에 덕원이 있다. 윤관의 정벌 이전에 함흥과 그 이북이 여진 땅이었다고 하더라도 정평과 그 이남은 이미 고려 땅이기 때문이다. 『고려사』 지리지는 정주定州를 정평으로 파악하면서 의주의 땅은 정주 이남에 있었기 때문에 여진을 몰아낸 후에 설치할 필요가 없었다고 전제했다. 그리고는 이 때에 이르러 성곽을 축조했기 때문에 9성에 포함된 것이 아닌가 하는 궁색한 설명을 했다. 9성 중의 8성이 과연 함경도 지역에 위치했는지 따져볼 필요가 있다.

특히 6성 중에서 여진과의 경계가 되는 공험진과 비석이 세워진 선춘령의 위치가 논란이 많아 왔는데 과연 어디였을까? 조선 초에 편찬된 『세종실록』 지리지에는 두만강 유역의 경원도호부를 공주孔州 혹은 광주匡州라고도 했는데 윤관이 여진을 몰아내 공험진 방어사를 둔 곳이라 하였다. 조선초에 이곳의 성을 수리하기 위해 땅을 파다가 '광주 방어의 도장'이라는 의미를 지닌 '광주방어지인匡州防禦之印'이라 새겨진 도장을 얻었다고 하였다. 두만강 유역 경원도호부는 북쪽으로 공험진과 700리, 동북쪽으로 선춘현(선춘령)과 700리 남짓 떨어져 있다고 했다. 두만강 북동 방면

윤관의 영토개척비 건립
조선 후기 그림. 고려대 박물관 소장. '고려지경高麗之境' 비석을 선춘령에 세우고 있다.
종성(두만강 유역) 직북 700리라는 설명이 보인다.

의 수빈강愁濱江 유역에 윤관이 비석을 세운 선춘현(선춘령)이 있고, 그 서쪽에 윤관의 공험진이 있다고 소개했다. 선춘현의 윤관 비석을 여진족이 글자를 삭제했지만 땅에 묻힌 부분에 '고려의 지경'이라는 '고려지경高麗之境' 네 글자가 남아 있었다고 한다.

조선초에 편찬된 『고려사』 지리지에는 공험진을 공주孔州 혹은 광주匡州라고도 한다면서 그것이 선춘령의 동남, 백두산의 동북에 혹은 소하강변에 위치했다고 되어 있다. 백두산 천지에서 동쪽으로 흐르면 두만강, 북쪽으로 흐르면 소하강(송화강의 지류인 목단강의 상류), 서남쪽으로 흐르면 압록강이다.

『세종실록』 지리지와 『고려사』 지리지에서 공험진公嶮鎭을 공주孔州와 같은 곳으로 본 것은 음이 비슷하기 때문에 생겨난 착각이었다. 그래서 두 개의 공험진이 존재한 것처럼 기재되었다. 공험진은 두만강 유역의 공주(光州) 즉 경원도호부와 다른 곳으로 백두산의 동북, 두만강의 북쪽, 소하강 변에 위치했으며, 윤관이 국경비석을 세운 선춘령은 그 동쪽의 수빈강 즉 수분하綏芬河에 위치했다. 이 공험진과 선춘령비가 있는 곳이 바로 윤관이 개척한 북단이었던 것이다.

그런데 조선 후기 실학자들이 이러한 9성의 위치에 대해 의문을 제기했다. 정약용은 윤관이 길주를 한 발자국도 벗어나지 못했다면서 경원부나 선춘령 아래, 송화강 변에 갔다는 것은 믿을 수 없다고 했다. 또한 임언의 글(영주 청사 기문)에 9성 지역이 불과 삼백 리라 했으니 남쪽 함흥부터 북쪽 길주까지가 한계임이 분명한데 어찌 유독 공험성만이 멀리 2천 리 밖에 위치했을 수 있는가 반문했다. 공험진은 길주의 서남쪽, 영주·웅주와 불과 수십리의 지역이라 주장했다. 그 근거로 왕자지가 공험진으로부터 영주에 가다가 중간에 적을 만나자 척준경이 웅주로부터 급히 그를 구원했고, 오연총이 군대를 이끌고 길주를 구원하러 공험진에 이르렀다가 적을 만나 대패한 일을 제시했다.

한백겸이 고려군의 진로에서 유추하여 공험진을 마천령 내지 마운령으로 추정한 바 있었는데, 이것이 정약용 등 실학자들에게 많은 영향을 준 것이었다. 한백겸이 공험진을 마운령에 비정한 데에는 마운령에 있던 옛 비석을 윤관의 비석으로 오인했기 때문이기도 했다. 훗날 마운령의 비는 진흥왕의 순수비로 밝혀진다.

실학자의 이러한 비판은 언뜻 일리가 있어 보이지만 임언의 기록과 고려군의 이동로를 자의적으로 해석하고 조선 초기의 기록을 면밀히 검토하지 않은 데에서 비롯한 오류였다. 임언의 글에 언급된 '사방 삼백리'는 김구진의 연구에 따르면 6성 전체의 영역이 아니라, 1성 하나마다의 영역이었다. 오연총이 길주를 구원하러 가면서 공험진에 이르렀다고 해서 공험진이 남쪽에, 길주가 그 북쪽에 있었다고 할 수는 없다. 훗날 김부식 군대가 서경성(평양)을 바로 공격하지 않고 동쪽으로 우회해 그 북쪽 안북도호부를 접수한 다음 남하해 서경성을 포위한다. 그렇다고 서경성이 안북도호부의 북쪽에 위치하지는 않았다. 오연총의 고려군은 우회해서 북쪽 공험진을 들러서 전력을 증가하고 적을 교란시키며 길주 방면으로 진격해 내려와 적을 격퇴시키려 했던 것으로 보이는데 적이 알아채 실패했다. 실학자들이 인식한 길주도 남쪽으로 축소된 이후의 길주였다. 원래의 길주는 백두산 동쪽 일대로 보아야 한다. 9성의 위치에 대한 실학자들의 고증을 빙자한 잘못된 비판은 후대에 심각한 악영향을 미쳤다.

특히 일제시대 일본인 학자들이 실학자들의 비판을 응용하고 자신들의 논리를 더해 9성의 영역을 축소시켰다. 그들은 9성을 함흥 일대에 비정했다. 공험진의 위치를 함흥 북동쪽 인근의 홍원 혹은 북청으로 설정하거나 일부 9성의 위치보다 남쪽에 설정했다. 일본인 학자들의 이러한 9성 영역 비정은 지금까지 많은 영향을 미쳐 다수의 개설서나 교과서에 마치 통설처럼 버젓이 서술되어 있다.

일본인 학자들은 소하강 변의 공험진을 '거짓 공험진'이라 몰아부쳤다. 고려시대나 조선 초기에 누가 무슨 이유로 가짜 공험진을 만들어냈단 말인가. 일본인 학자들이 함흥 일대의 성곽을 조사해 9성을 일일이 이곳 성곽에 비정하는 어처구니없는 일까지 벌어졌다. 우리나라는 성곽의 나라여서 어느 곳이나 쉽사리 성곽이 발견됨을 상기할 필요가 있다. 고려가 겨우 함흥 일대를 차지하기 위해 20~30만의 대군을 일으켰단 말인가. 개척한 땅이 너무 넓고 9성이 서로 많이 떨어져 있어 지키기 어려웠다고 기록되어 있으니 함흥 일대일 수가 없다.

윤관과 오연총이 중성中城 대도독부에서 장수들의 회의를 소집하자 왕자지가 공험성으로부터 도독부로 향하다가 적을 만난 일이 있었다. 일본인 학자들은 이 중성 대도독부를 함주 대도독부에 비정해 공험성이 함주(함흥)에서 멀리 떨어진 곳이 결코 아니라고 했지만, 중성 대도독부는 『고려사』지리지와 김구진의 연구에 따르면 함주가 아니라 길주였다.

『세종실록』지리지와『고려사』지리지의 공험진 관련 기록은 조선의 개창자인 이성계의 집안과 관련이 깊다는 점에서 믿을 만하다. 무신정변을 주도해 집권한 이의방의 동생 이린이 이성계의 조상이었다. 그런데 이의방이 암살당하자 이린 계통은 도망해 동북면 지역으로 흘러들어가 정착했다.

원 제국 시절에 이성계의 고조 이안사는 두만강 유역의 알동斡東, 남경 등의 곳에 여진족과 섞여 살다가 그의 아내와 더불어 공주성(경원) 부근에 묻혀 훗날 덕릉과 안릉이라 불려졌다. 두 무덤은 조선 태종 때 함흥으로 옮겨진다. 이안사로부터 이성계에 이르기까지 이 집안은 원의 군 지휘자 천호와 감찰관 다루가치를 지내며 원의 앞잡이 노릇을 하다가 이자춘과 이성계 부자가 공민왕에게 귀부해 고려의 영토 수복에 협조한다.

이러했으니 조선의 태조 이성계와 태종 이방원은 동북면과 두만강 일대의 사정에 대해 익숙하게 알고 있었고 그것이 조선 초기 공험진 관련 기록에 반영되었다. 조선 초기 공험진 관련 기록은 약간의 착오가 보일지라도 사실을 담고 있었다.

9성의 위치에 대해 일본인 학자들이 주장한 함흥 설은 도저히 성립될 수 없다. 실학자들이 주장한 함경도 길주 이남 설도 믿기 어렵다.『신증동국여지승람』의 기사를 신빙한다고 하더라도 길주가 현재 함경북도 길주 일대가 되니, 웅주는 그 동쪽 회령 일대·두만강 유역, 영주는 그 서쪽

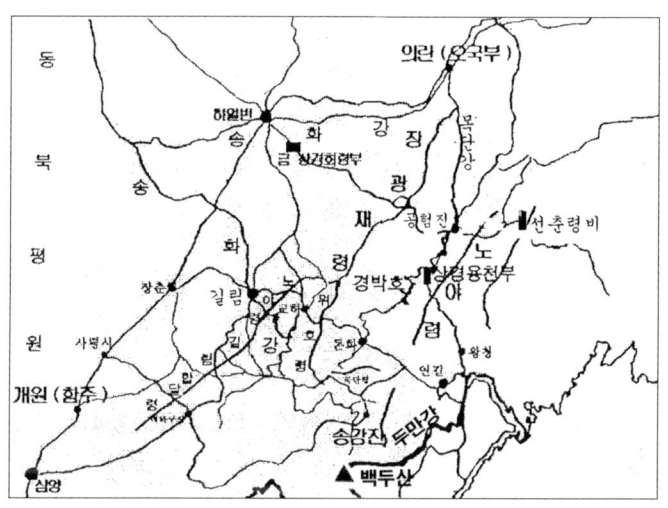
공험진과 선춘령비

갑산 일대·압록강 유역이 되어야 하며, 또한 길주는 9성 중에서 북쪽에 위치했으므로 무산 일대·두만강 일대를 포함해야 한다. 조선 초기와 중기 기록에 따른다면 윤관 9성의 영역은 함경도와 간도(두만강 이북 700리) 일대였다. 일단 이것이 윤관 9성의 최소한의 범위이다. 그러니까 아무리 양보해도 이 정도까지는 윤관이 개척한 영역이었다. 조선을 침략한 통감부의 간도 파출소가 해란하(해란강)의 지류에 수몰된 비석을 발견했는데 글자가 대부분 마멸되었지만 '무자년 구월'이 남아 있었다. 무자년(1108)은 고려 예종 3년으로 윤관이 공험진에 비를 세운 해였다. 이 무자년 비석은 바로 고려군이 세운 여러 비석의 하나였으니 이 비석이 서 있었던 지역은 고려의 영역이었음이 분명하다.

그런데 동북면의 행정구역과 9성의 행정구역은 위치와 명칭이 몽골의 고려 침략 이후로 변화가 무쌍했기 때문에 조선 초기에 정해진 위치와 명칭을 그대로 믿을 수 있는가 하는 문제가 있다. 몽골이 평양에 동녕부를 두어 고려의 서북면을 지배하다가 고려의 요구로 평양과 서북면을 돌려주고 동녕부를 요동으로 옮겼던 일을 상기할 필요가 있다. 행정구역의 위치와 명칭이 옮겨가는 경우가 종종 있었던 것이다.

고려의 북쪽 관문인 정주定州가 함경도 함흥 이남의 정평이 아니라 백두산 너머 송강진 지역에 있었으며, 9성의 위치 또한 만주에 있었다는 허인욱의 견해에 귀를 기울일 필요가 있다. 그가 주목한 기록은 다음과 같다.

윤관과 오연총이 정주로부터 병사를 이끌고 길주로 나아가다가 나복기촌에 이르렀다. 함주의 사록 유원서가 말을 달려 보고했다. 그 내용은 여진의 지도자 요불·사현 등이 함주의 성문을 두드리며, "우리들이 어제 아지고촌阿之古村(아성)에 이르니 태사 오아속烏雅束이 화해를 요청하고자 우리들로 하여금 그 뜻을 고려 병마사에게 전달하라고 했소. 하지만 교전 중이라 감히 관문으로 들어갈 수 없으니 청컨대 사람을 우리의 장소로 보내시오. 그러면 태사가 말한 바를 자세히 사실대로 전달하겠소."라고 말한 것이었다. 윤관 등이 듣고 성(정주 혹은 함주)으로 돌아와 다음날 병마기사 이관중을 적의 장소로 보내 여진 장수 오사吳舍에게 말하기를, "강화는 병마사가 마음대로 할 수 있는 것이 아니니, 대표자들을 파견해 천정天庭(고려의 황제 대궐)에 들어가 아뢰시오." 했다. 오사가 크게 기뻐했다.

아지고촌 즉 아성은 금의 상경 회령부가 되는 곳으로 지금의 하얼빈 인근이다. 이 기사를 보면 정주에서 함주까지와 함주에서 아지고촌까지가 각각 하루 정도의 거리이고, 정주에서 아지고촌까지가 하루이틀 거리가 되니 정주와 함주가 정평과 함흥이 될 수 없다는 것이다. 정주와 함주는 아성 가까이에 위치해야 하는데 정주는 백두산 북쪽의 교통의 요지인 송강진 부근에 비정된다는 것이다.

공험진과 선춘령비가 두만강 북쪽 700리에 있었다는 기록은 존중되어야 한다. 조선 초의 경세가 양성지도 장백산(백두산)이 선춘령의 남쪽에 있다고 그의 글에서 서술했다. 윤관이 개척한 9성은 최소한으로 잡아도 백두산 북쪽 일대와 두만강 북쪽 일대(간도 지역)에 걸친 광활한 땅이었고, 여진족과의 경계는 백두산 동북, 두만강 북쪽의 수분하 유역이었다. 9성은 새로운 시각에서 보면 현재의 길림 지역까지도 포함될 수 있다. 문종 때의 지배 영역을 온전히 보존했는지는 아직 확인하기 어렵지만 실속은 문종 때보다 더 컸다. 문종 때는 고려가 여진족의 거주를 인정하면서 거기에 여러 귀순주를 설치해 자치권을 부여하는 방식이 강했던 반면 윤관의 개척 영역은 여진족을 몰아내 고려인을 이주시켜 완전히 지배했기 때문이다. 고려의 영역이 서북은 고구려의 영역에 미치지 못했지만 동북은 고구려의 영역을 초월했다는 『고려사』 지리지의 기록은 빈 말이 아니었다.

위대한 영웅 윤관과 척준경

대원수 윤관은 과거에 급제한 서생으로 학문을 좋아해 손에서 책을 놓지 않는 독서광이어서 장상將相이 되어서도, 군대를 지휘할 때에도 항상 5경을 휴대하고 다녔다. 전략에는 밝았지만 직접적인 전투에는 익숙하지 않았으므로 9성을 건설하는 여진정벌 과정에서 곤욕을 당하는 경우가 이따금 발생했다.

예종 3년(1108) 새해가 밝아온 어느 날 윤관과 오연총이 이끄는 고려의 정예병 8000명이 가한촌의 좁은 병목길을 지나가고 있었다. 이 때 매복해 있던 여진군이 기습했다. 고려군은 궤멸하여 겨우 10여 명만 남는 참패를 당하였다. 수겹으로 둘러싼 여진군이 포위망을 좁혀 왔다. 고려군 대원수가 바야흐로 사로잡힐 절대절명의 위급한 순간이었다. 더구나 부원수 오연총은 화살에 맞아 사경을 헤매고 있었다. 윤언이가 부친 윤관을 엄호하며 활로를 찾으려 분투하고 있었다.

바로 이 때 구하러 달려오는 사람이 보였으니 바로 석성전투의 영웅 척준경이었다. 그가 돌진하려 하자 동생인 낭장(정6품 무반) 척준신이 만류했다.

"적의 진영이 요새처럼 견고해 깨뜨릴 수 없어 헛되이 죽기만 하리니 무슨 이익이 있겠습니까."

척준경이 대답했다.

"너는 돌아가 늙으신 아버지를 봉양해라. 나는 몸을 국가에 바쳤으니 의리상 그만둘 수가 없다."

척준경이 용사 10여 명을 이끌고 크게 소리치며 돌진해 순식간에 10여 명을 격살하였다. 마침 병마판관 최홍정과 장군 이관진 등이 골짜기에서 군대를 이끌고 달려와 구원했다. 이에 여진군은 포위를 풀고 도망했다. 살아서 영주성으로 돌아온 윤관은 눈물을 흘리면서 척준경의 손을 잡고 말했다.

"지금부터 내가 그대 보기를 자식처럼 할 것이니 그대도 나 보기를 아버지처럼 하오."

이렇게 감사해 마지않은 윤관은 왕의 허락을 받아 척준경을 합문지후(정7품이지만 요직)에 임명했다.

이윽고 여진군 2만 명이 영주성에 몰려와 도전하였다. 윤관은 "적은 많고 우리는 적으므로 형세상 대적할 수 없으니 마땅히 굳게 지켜야 할 뿐이다" 하였다. 새로 개척한 광활한 지역의 여기저기에 여러 성을 쌓고 군대를 주둔시켰기 때문에 총사령관이 머문 영주성에도 군대가 많지 않았던 것이다. 윤관의 수성守城 작전에 대해 척준경은 시일이 흐를수록 적의 수가 늘어나고 성안의 식량이 떨어지게 되는데 원병이 이르지 않으면 어찌 하겠느냐고 반문하였다. 이를 보면 척준경은 단순한 용장이 아니라 형세판단을 할 줄 아는 지략도 갖추었음을 알 수 있다.

척준경은 자신의 생각을 행동으로 보여주었다.

"저번의 승리를 여러 공께서 보지 못한 분이 계실 터, 금일 또한 출정하여 사력을 다해 싸울 터이니 청컨대 여러 공께서는 성에 올라 지켜보시라."

이렇게 말하고는 죽을 각오가 선 용사들을 이끌고 성을 나가 돌격하여 적의 목을 마구 베었다. 적은 패주하고 척준경은 의기양양하게 개선하였다. 윤관 등이 망루를 내려와 영접하며 손을 잡고 절하니 척준경도 절하였다.

윤관과 오연총이 여러 장수들을 거느리고 중성中城 대도독부(길주)에서 회합했다. 여기에 참여하려고 임시 승선 왕자지가 공험성으로부터 군대를 이끌고 대도독부를 향해 오다가 여진군과 조우해 싸웠는데 패배할 위기에 처했다. 이 때 척준경이 군센 병졸을 이끌고 가서 적병을 물리치고 왕자지 군대를 구원해 돌아왔다.

여진군 수만 명이 쳐들어와 웅주성을 포위했다. 최홍정이 병사들을 독려해 사방의 문을 열고 일제히 출격해 적을 격퇴했다. 웅주성의 성주가 마침 이곳에 와 있던 척준경에게 밀했다. "성을 지킴이 오래 되어 군량이 떨어지려 하고 밖에서 원군이 이르지 않으니, 공이 성을 나가 원군을 데리고 와서 구원하지 않으면 성중의 병졸이 살아날 수 없소."

척준경이 찢어진 병졸복장을 하고 밤중에 밧줄을 타고 성을 빠져나갔다. 정주로 돌아가 통태진에서 군대를 정비해 야등포로부터 길주에 이르러 여진군과 조우해 싸워 대승을 거두니 길주성과 웅주성의 사람들이 감격하여 울었다.

이를 보면 척준경은 용맹과 지략을 겸비한 불세출의 인물이었음이 분명하다. 숙종 때부터 여진정벌에 참여하였으며 예종 때 여진정벌을 승리로 이끌어 9성을 쌓도록 만든 진정한 영웅이 그였던 것이다. 하급관원인 병마녹사에 불과하던 척준경은 여러 차례의 혁혁한 공훈과 윤관의 배려로 병마판관으로 승진하고 출세의 가도를 달리게 된다. 물론 현장전투에는 서툴지만 숙종 이래 여진정벌을 기획하고 실천한 뛰어난 전략가는 윤관이었다. 윤관은 여진정벌의 총설계사요 총지휘자였다면 척준경은 그것을 현장에서 구현해냈다고 할 수 있다. 윤관과 척준경은 원래 숙종이 키운 측근이었으므로 손발이 잘 맞았다. 환상의 파트너인 윤관과 척준경 두 영웅의 시대가 바야흐로 도래한 것이었다.

9성의 반환

9성을 개척한 공으로 예종 3년(1108) 4월 전장에서 윤관은 수상인 문하시중 판이부사에, 오연총은 중서문하성의 재상인 참지정사에 임명되는 영광을 누린다. 윤관은 왕권의 대행을 의미하는 지군국중사知軍國重事까지

띠어 권력이 정점에 이르렀다. 드디어 윤관과 오연총이 개선하여 돌아오자 왕은 군악대와 의장대를 갖추고 성대하게 맞이하였다. 윤관과 오연총은 조종(祖宗)의 영정이 모셔진 경령전에 나아가 승리를 보고하고 신표용 도끼인 부월을 반납하니 왕이 문덕전에 나아가 윤관과 오연총, 그리고 재상들을 모아놓고 변방의 일을 물어 보았다. 그리고 대묘(태묘)에 친히 제사 지내고 대사면령을 내렸다.

하지만 고려가 맛본 승리의 달콤함은 잠깐만에 끝나고 다시 국경지대는 전란에 휩싸인다. 쫓겨난 여진족이 빼앗긴 땅을 찾기 위해 9성에 대한 파상 공세를 단행하였기 때문이다. 위급하다는 보고를 받은 고려조정은 오연총을 보내고 다시 윤관을 보내는 방식으로 구원군을 보냈다. 하지만 개척한 땅이 너무 넓고 9성이 서로 많이 떨어져 있어 효과를 보기가 힘들었다.

특히 여진의 집중 공격을 받은 곳은 여진 소굴에 가까운 공험진, 영주, 웅주, 길주였다. 공험진과 길주가 여진경계에 가장 가까웠는데, 병마부사 장군 이관진과 병마녹사 허재가 이끄는 고려군이 길주성을 지켰다. 여진군이 길주성을 수개월 동안 협공해 성이 거의 함락당할 지경이었지만 이관진과 허재가 원군이 오지 못하는 상황에서 군사를 독려해 이중 성벽을 쌓아 막으니 적이 물러갔다. 허재는 이 공로로 병마판관으로 승진했다.

예종 3년 5월에 도지병마영할사 임언(林彦)과 도순검사 최홍정이 방어하는 웅주가 여진군에게 포위당해 분투한지 27일이나 되자 사람도 지치고 말도 지쳐 함락당할 위기에 처했다. 부원수 오연총이 문관(文冠), 김준, 왕자지에게 명령해 정예군 1만 명을 이끌고 사방에서 수륙으로 진격하도록 해 적을 대파해 웅주를 구했다.

웅주 전투가 얼마나 치열했는지 보여주는 사례가 전해진다. 의술을 공부하는 학생 이탄지가 있었다. 여진 징벌에 그의 부친 이연후가 시휘관의 보좌인 비장裨將으로 참여하고 있었고, 또한 두 형과 두 조카가 종군하고 있었다. 부친이 지키고 있던 웅주성이 고립된 채 오랫동안 포위당해 위기에 처했다.

이탄지가 개경에서 이 소식을 듣고 정주진으로 달려가 형을 만나 아버지의 안부를 물으니 아버지가 질병을 앓아 위독하다고 했다. 원흥진에서 배를 빌려 타고 화도花島를 돌아 방두포에 이르러 배에서 내려 웅주성으로 들어갔다. 위독한 아버지가 험난한 먼 길을 헤쳐온 아들과 감격적인 상봉을 하였다.

"너의 두 형과 두 조카가 정주에 있음에도 한 번도 찾아와 만날 수 없었다. 나의 막내 아들이 혈혈단신으로 가시 덩쿨을 헤치고 호랑이 굴을 지나와 나를 만날 줄은 생각지 못했구나."

아버지는 막내의 품에서 편안히 숨을 거두었다. 이러한 사정을 보고받은 행영도통(윤관)이 물품과 군졸을 보내 장례식을 돕도록 했다. 이탄지는 아버지의 시신을 화장하여 유해를 상자에 담아 등에 지고 웅주성을 나서려 했다. 마침 적이 공세를 가하여 개미처럼 성에 달라붙자 빠져나오기 힘들었다. 겨우 탈출해 강가를 따라 도림포에 이르렀고 개경으로 돌아와 부친의 유해를 개경성 밖의 북쪽에 안장했다.

이탄지 가족의 사례는 당시 여진과의 전쟁이 대거 고려 장정이 동원된 국운을 건 대사업이었음과 전투가 치열했음을 말해준다. 윤관 집안의 경우도 아들 윤언순과 윤언이가 종군했다. 이는 여진의 경우도 마찬가지였다. 동아시아의 주도권을 놓고 벌인 대전쟁이었다.

예종 3년 8월에는 병마판관 왕자지와 척준경이 함주와 영주에서 여진군을 격파했다. 길주에서는 장군 송충宋忠과 병마판관 유익庾翼이 여진군과 싸우다가 전사했지만 길주성은 무사했다. 9월에는 왕자지와 척준경이 사지령에서 여진군을 격파했다. 4년 3월에는 개경에 돌아와 있던 병마별감 승선 임언(林彦), 시랑(정4품 문반) 왕자지, 원외랑(정6품 문반) 척준경이 왕과 작별하고 전장으로 향했다. 이 때 병마판관 허재와 김의원은 길주 관문 밖에서 여진군을 격파했다. 이렇게 고려군은 여진과 힘든 전투를 벌이면서 승리를 지켜내고 있었다.

그런데 길주를 수개월 동안 포위한 여진군이 예종 4년 5월에 맹공을 퍼부으니 성이 거의 함락당할 위기에 처했다. 병마부사 이관진과 병마판관 허재 등이 군졸을 독려해 이중 성벽을 쌓아 방어하며 싸웠지만 사상자가 심히 많았다. 길주의 고려군 2천여 명은 130여 일 동안 포위한 여진족 6만 명과 사력을 다해 싸워 성을 가까스로 지켰다. 부원수 오연총이 병력을 이끌고 구원하러 달려갔는데 공험진에 이르렀을 때 여진군이 갑자기 나타나 공격했다. 고려군은 대패해 수많은 사상자를 남긴 채 뿔뿔이 흩어져 여러 성으로 들어갔다.

경령전 축대
궁성내 북서쪽에 위치한 경령전은 중대사를 고하는 곳

고려의 예종과 조정은 여진이 이전부터 고려에 사절을 파견해서 화해와 9성 반환을 간절히 요구해 오던 차에 오연총의 대패를 보고 받자 흔들렸다. 4년 6월에 원수 윤관과 부원수 오연총이 병력을 재정비하여 길주를 구원하러 가다가 동여진의 강화 사절단을 만나 정주로 돌아왔다.

개경에서는 재상, 대간, 6부가 모여 9성 반환을 놓고 회의를 하고 있었는데 평장사 최홍사 등 대부분이 찬성했고, 예부낭중(정5품) 박승중 등 몇 명이 반대했다. 동여진의 사절단이 다시 개경에 와서 조회하기를 요청했다. 예종이 편전 선정전의 남문에 행차해 만나 그들이 온 이유를 물으니 그들이 대답했다.

> 옛적에 우리의 태사太師 영가盈歌가 말하기를, 우리 조상이 대방大邦(고려)으로부터 유래했다고 했습니다. 그래서 자손에 이르도록 의리로써 대국(고려)에 귀부해 왔고, 지금 태사 오아속烏雅束도 대방을 부모의 나라로 여기고 있습니다. 갑신년 간에 궁한촌 사람들이 태사의 지휘를 따르지 않는 자를 군대를 일으켜 징벌했는데, 우리가 국경을 침범한 것으로 국조(고려)가 여겨 출병하여 정벌했지만 다시 교류를 허락했기 때문에 우리가 믿고 끊임없이 조공을 바쳤습니다. 그런데 지난해에 국조가 크게 군대를 일으켜 쳐들어와 우리의 노인과 아이까지 죽이고 9성을 설치하니 우리가 유랑하여 돌아갈 곳이 없습니다. 이러한 때문에 태사가 우리를 보내서 옛 땅을 요청하도록 한 것입니다. 만약 9성을 돌려주어 생업에 편안히 종사하게 해주신다면, 우리들은 하늘에 고하여 맹세하건대 자손 대대로 조공을 바칠 것이며 기왓장 하나 돌 하나라도 감히 국경에 던지지 않겠습니다.

여진 사절단의 맹세를 들은 예종은 치세 4년(1109) 7월에 재추, 대성(대간), 지제고(문필비서), 시종관, 병마판관 이상, 3품 이상 관직자를 선정전에 소집해 9성 반환의 가부를 물으니 모두 찬성했다. 회의 분위기나 책임 회피를 위해서나 참석자들은 반대하기 어려웠다. 예종도 이미 찬성에 기울어져 있었다. 윤관과 오연총의 출정군이 전장에서 분투하고 있는데 벌어진 일이었다.

예종은 신하들의 여론을 따르는 모양새를 갖추어 9성 반환을 결정했다. 그리하여 선정전 남문에 나아가 여진 사절단을 만나고는 9성 반환을 허락했다. 그들은 너무 감격한 나머지 울면서 감사의 절을 올렸다. 왕은 출정군에게 사람을 보내 전쟁 종식을 알리고 9성 반환을 명령했다. 물론 9성 반환의 배경으로 전쟁비용의 증가, 사망자와 부상자의 속출, 그로 인한 민생의 고초 등도 작용했다.

병마별감 승선 최홍정과 병마사 이부상서 문관文冠이 9성의 파괴와 출정군의 귀환을 지휘했는데, 여진 추장들에게 9성을 돌려 받으려면 하늘에 맹세하라고 요구했다. 여진 추장들이 함주 문밖에 제단을 설치해 하늘에 맹세했다.

"지금부터 나쁜 마음을 지니지 않고 대대로 조공을 바치겠나이다. 이 맹세를 어긴다면 번토蕃土(제후의 땅)가 멸망하리라."

이에 최홍정과 문관이 9성을 철거해 여진에게 돌려주고 적절히 조치하자 고려군이 더 이상 한 사람도 다치지 않고 돌아올 수 있었다.

윤관이 설치한 9성과 고려가 돌려준 9성이 일부 일치하지 않아 논란이 되어 왔다. 윤관은 9성을 설치한 후에도 몇 개의 성을 더 설치하였으니 실제로는 더 많았다. 윤관의 9성은 영주, 웅주, 복주, 길주, 함주, 공험진, 의주, 통태진, 평융진이었다. 고려가 돌려준 성은 숭녕진, 통태진, 신양진, 영주, 복주, 함주, 웅주, 선화진의 8성이었고, 후에 길주까지 돌려주면서 9성이었다. 원래의 9성에서 의주, 공험진, 평융진이 빠진 반면 숭녕진 · 진양진 · 선화진이 새로이 추가되었다.

고려의 9성 반환은 이주민을 철수시켜 그 지역에 대한 직접 지배를 거둔 것을 의미했으니 자치권을 부여하며 간접 지배를 관철하였다. 그래서 공험진 등을 남겨 여진의 동태를 감시하면서 여진을 신하로 지배하고 있음을 보여주었다. 여진도 고려를 사대하는 마음을 보여주기 위해 공험진 등의 존재를 수용했다. 하지만 여진 지역에 잔존한 고려의 요새들도 훗날 완안부 여진이 강성해져 금을 건국하면서 그 세력권으로 편입되어 간다.

윤관의 정벌은 실패했는가

군대 지휘권을 박탈당한 윤관과 오연총은 뒤숭숭한 마음을 추스르며 개경으로 향했지만 여진정벌 실패의 책임을 물어야 한다는 정적들의 공격에 시달렸다. 평장사 최홍사와 김경용, 참지정사 임의(任懿), 추밀원사 이위(李瑋)가 선정전에 들어가 윤관과 오연총의 패군 죄를 다스리기를 극렬하게 요구했다. 이에 왕이 승선을 보내 중도에서 신표인 부월(도끼)을 거두니 윤관과 오연총은 왕에게 보고도 하지 못한 채 집으로 가야 했다.

예종 4년(1109) 11월 건덕전 조회 때에는 간의대부 이재 · 김연, 어사대부 최계방 등이 윤관, 오연총, 임언(林彦)의 패군 죄를 다스리기를 요청했다. 이어서 재상 최홍사 · 이오 · 임의 등이 대간과 함께 동일한 요청을 고집했다. 이에 왕은 윤관과 오연총의 관직을 해임하고 공신호를 삭제했다. 이오는 중도적인 시각을 지녔지만 분위기에 휩싸여 탄핵에 가담했다. 임의와 김연(김인존)이 9성 철거를 지휘·감독하러 동북면으로 떠났다. 윤관, 오연총, 임언이 주된 탄핵 대상인 점으로 보아 이 세 명이 여진 정벌의 핵심 지휘자였는데 윤관과 임언이 숙종 이래 여진에 대한 강경파였다.

윤관과 오연총은 예종 5년 12월에 복권되었다. 하지만 윤관은 문하시중이면서 의례히 겸하는 판이부사가 아닌 판병부사를 겸한 반면 평장사 최홍사가 판이부사를 겸하였다. 윤관은 여전히 견제를 받고 있었고, 게다가 관직을 계속 사양하고 왕은 계속 윤허하지 않는 식이어서 권력을 그리 행사하지는 못했다. 그러다가 윤관은 예종 6년(1111) 5월에 세상을 뜨고 만다. 부국강병과 여진정벌을 통해 천하제패를 시도했던 영웅은 이렇게 아쉬움을 품은 채 사라졌다. 임언은 예종 7년 3월에 동지공거(부고시관)로서 지공거(고시관) 오연총을 도와 정지원(정지상) 등을 급제자로 선발하고 4월에 예부시랑 우간의대부에 임명된 기사를 끝으로 기록에서 사라진다.

그러면 여진 정벌과 9성 개척은 9성이 반환됨으로써 실패한 것일까? 결코 그렇지 않다. 숙종 말기 이래 여진이 고려의 지배에서 벗어나며 고려의 국경을 침범했고 이에 분노한 숙종의 명령을 받은 임간과 윤관의 여진 정벌이 실패했었다. 여기에서 물러섰다면 여진은 고려를 만만히 보아 공세를 더욱 강화했을 터이니 그럴수록 고려는 방어하기 어려웠을 터였다. 예종 때 윤관의 고려군이 다시 강력하게 응징했기 때문에 여진은 화해 성립 후에 더 이상 고려를 건드리지 않은 것이다. 평화는 싸워서 얻어지는 것이지 가만히 앉아 공짜로 얻어지는 것이 아니었다.

신채호는 예종을 화랑사상을 가진 임금으로, 여진정벌을 화랑사상의 실행으로 보았다. 여진을 정벌했을 뿐만 아니라 김유신을 숭배한 윤관을

윤관의 무덤
경기도 파주에 자리잡음

화랑의 계승자로, 윤관의 아들 윤언이를 낭가(화랑)의 계통으로 보았다. 여기의 화랑은 꼭 신라의 화랑만이 아니라 고구려의 조의선인皁衣仙人 등을 포함한 우리 고유의 선랑仙郞 계통을 의미했다. 신채호는 여진족이 세운 금나라가 한 번도 고려를 침입한 일이 없었으니 이는 윤관 전쟁의 공로라고 지적했는데 정곡을 찌른 평가이다. 그는 예종이 처음의 뜻을 굳건히 지켜 일시의 곤란을 잊고 윤관을 오로지 신임했더라면 고려의 국세가 더욱 흥하여, 후세에 외국의 정복을 당하는 치욕을 면할 뿐 아니라 거란에 대신하여 흥한 자가 금이 아니라 고려일지 몰랐을 것이라며 아쉬워했다.

윤관의 9성 개척은 부여·고구려·발해의 옛 땅을 백두산·두만강의 북쪽 멀리까지 실질적으로 수복했던 소중한 경험을 안겼다. 묘청 등 서경세력의 북진운동도 문종 때의 팽창과 윤관의 9성 개척 경험에 바탕한 것이었다. 고려와 조선은 9성 지역을 우리의 영토로 인식해 회복하려 했다. 몽골족 원에게 빼앗긴 동북면 일대를 공민왕이 무력으로 수복하는 원동력을 제공했다. 원을 중국에서 몰아낸 명의 주원장이 원이 지배했던 철령 이북을 달라고 요구하자, 고려는 이 지역이 원래 고려의 영토임을 주장하는 근거로 윤관의 9성을 내세웠다. 그래도 명이 철령위 설치를 강행하려 하자 우왕과 최영이 요동정벌을 단행했다. 요동정벌은 이성계가 배신해 위화도에서 회군하면서 이루어지지 못했다. 하지만 고려가 군사행동을 통해 강력한 힘을 보여주었기 때문에 주원장은 철령위 설치를 포기했고 9성 지역이 고려의 영토임을 인정했다.

고려말 조선초의 북동쪽 방면을 향한 영토 수복 운동은 바로 9성의 회복 운동이었고, 공험진 지역까지를 목표로 삼았다. 명이 눈을 감아준다고 해도 여진족이 거주하고 있었으므로 쉽지 않았다. 그래도 애를 쓴 결과 비록 아쉬움은 남지만 두만강까지는 수복할 수 있었다. 문종의 만주 경영과 윤관의 9성은 중국의 동북공정에 대항하는 논리를 제공한다. 그리고 언젠가 공험진 지역, 아니 더 나아가 만주 전체로 뻗어나갈 기회가 생긴다면 문종의 만주 경영과 더불어 윤관의 9성 개척, 특히 공험진 경영과 선춘령비가 크게 활용될 것이다.

묘청의 정변은 신채호가 조선 역사상 일천년래 제일 대사건으로 정의했을 만큼 대단히 중요한 의미를 지닌다. 윤관의 9성 개척이야말로 문종의 여진족 지배와 더불어 조선 역사상 일천년래 제일 대사건이 아닐까? 묘청의 운동도 문종의 여진족 지배와 윤관의 9성 개척에서 파생된 측면이 강하다. 문종의 여진족 지배와 윤관의 9성 개척과 묘청의 운동을 합쳐 조선 역사상 일천년래 제일 대사건이라 정의하는 것은 어떨까?

제4장
이상향으로 도피하다

천수사의 완성과 진경산수화

　예종은 즉위하자 모친 연덕궁주 유씨柳氏를 태후로 높였다. 원년(1106) 정월에는 예부의 건의에 따라 북계와 동계의 양계兩界, 3경, 3도호부, 8목 즉 전국이 설날과 동지 및 태후의 생신인 지원절을 맞이할 때마다 태후의 전殿인 곤성전에 표문을 올려 축하하게 하였는데 이는 상례가 된다. 그리고 새 왕의 생신은 함녕절로 정하였다.
　예종은 원년 10월에 부왕 숙종의 영정을 개경성 밖 남동쪽의 개국사에 옮겨 안치하였다. 이 달 부왕의 소상일에는 개국사에 가서 영정을 참배하고 다음에는 부왕이 공사를 일으킨 천수사에 행차하여 진행상황을 감독하였다. 왕은 돌아오는 도중에 부왕이 그리워 오랫동안 울며 눈물을 흘렸다.
　그런데 윤관이 세상을 뜨면서 이상한 일이 벌어졌다. 영통사의 대각국사비가 땅의 형세에 좋지 않다 하여 근처의 다른 곳으로 옮겨졌으며, 천수사 공사도 같은 이유로 일단 중단되었다. 이는 대각국사비가 윤관에 의해 찬술되었고 천수사 공사가 윤관이 감독했음을 보건대 당시에 벌어진 윤관 격하운동과 관계가 깊었다. 전쟁을 애초부터 좋아하지 않았던 나약한 문사들은 9성이 반환되자 기다렸다는 듯이 윤관을 공격하였다.
　숙종 때의 신법 개혁과 왕권강화 정책을 뒷받침한 인물이 의천과 윤관이었는데 의천과 숙종은 먼저 세상을 떴다. 홀로 남은 윤관은 여진정벌 실패로 공격받는 신세가 되었고, 의천이 유산으로 남긴 천태종도 예전의 힘을 유지하지는 못했다. 이러한 상황에서 윤관마저 저 세상으로 가자 정적들이 그가 관여했던 사업들을 훼손시키거나 중단시키려 했던 것이다.

윤관이 땅에 묻힌 뒤 몇 달도 안된 예종 6년 8월에, 음양관이 "선왕이 창건한 천수사의 지세地勢가 이롭지 않으니 청컨대 약사원藥師院을 허물어 거기로 옮기십시오." 하는 상소를 올린다. 천수사는 숙종 때 윤관의 주관하에 창건되기 시작한 절이었음을 상기할 때 정치적인 냄새가 나는 상소였다. 11월에는 담당관이, 7년 2월에는 간관(언론관)이 천수사 창건을 정지하기를 요청하니 왕도 일단 따랐다. 이러한 운동이 진행되는 동안 왕은 약사원에 행차하여 천수사의 새 터를 살펴보기도 했다.

왕의 모후인 명의태후 유씨가 예종 7년(1112) 7월에 세상을 떴다. 예종은 그 일년 뒤인 8년 7월에 모후의 진영을 개국사 부왕의 진전眞殿에 봉안

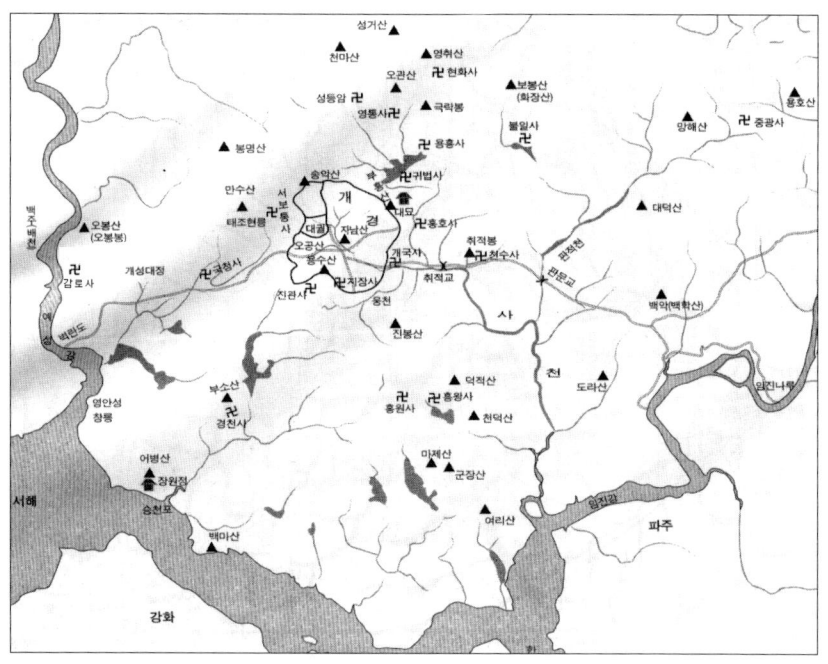

개경 일대의 사원

하였다. 효성이 지극한 그는 7월이 되면 모후를 찾아, 10월이 되면 부왕을 찾아 개국사에 행차하여 향을 드렸다. 개국사에 숙종 부부의 영정이 안치된 것은 천수사가 아직 완공되지 못하였기 때문이었다.

신하들의 반대로 천수사의 공사는 중단되었지만, 효성이 지극한 예종은 부왕의 원찰인 이 절을 포기할 수 없었다. 예종은 결국 공역을 강행해 11년(1116) 3월에 완공시킨다. 먼저 부왕 숙종 및 모후 명의태후의 영정을 천수사에 봉안하였다. 4일 후에 왕이 천수사에 행차하여 완공기념 도량을 베풀어 정식으로 낙성하니 도로를 따라 화려한 비단으로 꾸민 무대가 연이어 설치되어 창기(기녀)가 3일 동안 공연하였다. 낙성식 다음날에는 절 문 밖에서 신하들과 연회를 벌이고 새벽이 되어서야 파하였다.

예종은 그 다음날 환궁하여 사면령을 내리고 감독관리와 기술자와 일꾼들에게 상을 내렸다. 제왕諸王(친왕)과 재상이 술잔을 드려 축수하였지만, 돌아가신 부왕과 모후가 생각나 흘린 왕의 눈물이 옷을 적시니 좌우가 오열하였다 한다. 참으로 효성이 지극한 왕이었다. 이후 천태종의 천수사는 왕이 자주 찾는 중요한 장소가 된다. 인예태후의 원찰인 국청사와 숙종의 원찰인 천수사가 천태종의 양대 사찰이었다.

천수사는 도성 밖 동쪽 취적봉 근처에 위치하였다. 이곳은 개경과 남쪽 지방을 왕래하는 사람들이 쉬어가는 교통의 요지였다. 벼슬아치들, 상인들이 쉬어가거나 친구 내지 손님들을 맞이하거나 전송하느라 북적대었다. 산과 물이 조화를 이룬 주변의 경치도 절경이었다. 고려의 유명한 화가 이영李寧은 예종 때 바로 이곳의 정경을 그린 '천수사 남문도南門圖'를 송나라 상인에게 선물하였다. 이영은 또한 다음 왕인 인종 때 고려의 사신을 따라 송나라에 갔다가 예술에 심취한 휘종의 명령을 받고 '예성강도'를 그리기도 하였다. 휘종은 이 그림을 보고 감탄하여 선물까지 주었다 한다.

　이영의 '천수사 남문도'와 '예성강도'는 아쉽게도 남아 있지 않지만 각각 천수사와 예성강의 정경을 있는 그대로 그렸다고 여겨진다. 우리는 조선시대에 중국의 산천을 모방해 그리다가 조선의 산천을 사실적으로 그린 18세기의 화풍을 '진경산수화'라 하며 야단법석을 떤다. 하지만 고려의 이영은 12세기에 이미 우리의 산천을 있는 그대로 그리기를 즐겼다. 12세기의 '이영'이 18세기에 가서야 '정선'으로 부활한 셈이니 왠지 씁쓸하다.

안화사에 깃든 사랑

　여진과의 전쟁이 끝나 평화가 도래하고 부모의 원찰인 천수사가 완공되자 예종은 자신을 위해 복을 빌어줄 자신의 원찰을 갖고 싶었다. 화엄종 승려 의천이 선종적인 특색을 지닌 천태종을 개창하면서 선종이 존립 위기를 맞았는데, 예종은 불교종파의 균형을 위해 선종을 부흥시키려 했다. 그리하여 예종이, 후백제에 인질로 갔다가 죽임을 당한 왕신(왕건의 사촌동생)을 위해 태조 왕건이 창건한 안화선원安和禪院을 중수하도록 하여 자신의 원찰로 삼으니 바로 안화사安和寺이다.

　안화사의 수리 내지 증축은 새로 창건하는 것과 다름없는 대규모 공사여서 반대하는 신하들도 꽤 있었지만 왕은 기술자들에게 상을 주며 독려하였다. 그 결과 13년(1118) 4월에 완성되자 왕은 축하도량을 5일 동안 베풀도록 하였다. 낙성식이 열리는 날 왕은 친히 행차하여 구경했다. 이에 휘장과 장막이 연달아 뻗치고 음악을 공연하는 기녀가 길을 채우니 남녀가 구름처럼 몰려들었다고 한다.

　안화사는 지극히 사치스럽고 화려하게 치장되어 증축비용이 엄청나게 들었다. 또한 송에 간 사신에게 절의 편액에 쓸 명필을 구해오도록 하였다. 송나라의 휘종이 듣고서 석가 불전佛殿의 편액을 '능인지전能仁之殿'이라 친히 쓰고, 왕안석 계열의 신법당으로 원로대신인 태사 채경蔡京에게 절문의 편액을 '정국안화지사靖國安和之寺' 라 쓰도록 하고, 이와 아울러 흙으로 빚은 16나한의 소상塑像까지 보내 주었다. 북방민족의 침략으로 전전긍긍하던 송나라는 고려의 환심을 사보려 애를 썼던 것이다. 하지만 얼마 없어 송나라는 금나라의 공격을 받아 멸망하고 휘종은 금나라로 잡혀가는 신세가 되니 참으로 안쓰럽다. 물론 남쪽으로 도망한 한족이 남송을 세우기는 하지만. 어쨌거나 안화사는 고려에 왔던 송의 사신 서긍이 고려 절 중에서 최고라고 할 만큼 아름답고 규모가 크며 주변경치와 잘 어울리는 절이었다.

　안화사는 도교적 분위기가 가미된 선종사찰이었는데 개경 일대에서 가장 빼어난 경치를 자랑하는 송악산 기슭 자하동紫霞洞에 자리잡았다. 단청과 건물짜임새의 교묘함이 해동에서 제일이며, 절문을 나서면 대궐의 정원인 어화원御花園에 이르기까지 거의 6~7리인데 경치가 아주 빼어났다고 한다. 대궐에서 멀지도 않아 예종은 황성의 북문을 나가 귀산사를 거쳐 아름다운 경치를 즐기면서 자하동으로 들어가면 금방 안화사에 들어설 수 있어 자주 안화사를 방문한다. 이후 황성에서 귀산사를 거쳐 안화사로 갔다가 돌아오는 코스가 왕들의 중요한 산책길로 자리잡았다. 대궐 황성 너머 북쪽에 위치한 귀산사·안화사 등은 대궐의 정원처럼 이용되었던 것이다.

　안화사가 예종에게 더욱 의미있는 곳이 된 이유는 왕비 연덕궁주 이씨 때문이었다. 그녀는 이자겸의 둘째 딸이었다. 이자연이 문종에게 딸을 셋이나 바쳐 왕비로 만든 이래 왕들은 인주(경원, 인천) 이씨 집안의 딸과 대대로 혼인하는 것이 하나의 전통이었다. 단, 계림공(숙종)은 정주 유씨와 혼인했다. 인주 이씨 집안은 세력이 약화되었지만 이자의와 직접 관련된 인물들 위주로 숙청당했기 때문에 어느 정도 위상을 유지하였다. 예종은 지지기반을 넓히기 위해 인주 이씨와의 타협을 모색했다. 그리하여 원년 6월에 연화궁주 이씨와 결혼했고, 3년 정월에는 이자겸의 딸과 결혼해 그녀를 연덕궁주에 책봉했다.

연화궁주 이씨는 선종(숙종의 형)이 이자겸의 5촌 이예의 딸(정신현비)과 혼인해 낳은 딸이었는데 외가의 성을 따라 이씨가 되었다. 그녀는 사숙태후의 실각 후 내지 사후에 사숙태후의 연화궁을 차지하여 연화궁주라 불리게 되었다. 왕비 연화궁주(시호 경화왕후)는 자태가 맑고 고와 예종의 총애를 듬뿍 받았다. 사숙태후의 신위가 태묘(종묘)에 남편 선종과 함께 모셔져 있었다. 예종은 부왕 숙종의 정적이었던 사숙태후의 신위를 몰아내고 그가 사랑하는 연화궁주의 모친인 정신현비의 신위를 선종 곁에 봉안하려 했다. 하지만 선종의 배우자 중에서 사숙태후가 정통성을 지닌다며 신하들이 반대하자 뜻을 이루지 못했다.

이자겸은 이자연의 손자이자 이자의의 4촌이었다. 장경궁주 이씨가, 남편 순종(선종의 형)이 즉위한 지 몇 달 만에 붕어하자, 청상과부의 외로움을 견디지 못해 노예와 사통하였다가 폐비된 사건이 있었다. 그녀의 오빠인 이자겸은 이 사건에 연좌되어 면직되었는데 딸이 예종의 배우자가 되면서 갑자기 귀해져 출세했다.

예종의 총애를 받던 연화궁주가 왕의 치세 4년(1109) 7월에 31세로 요절하고 말았다. 이후 이자겸의 딸 연덕궁주 이씨가 왕의 다른 여자들을 물리치고 왕의 사랑을 독차지했다. 그녀가 예종 4년 10월에 원자(인종)를 낳자 왕은 선물을 듬뿍 하사했으며 이자겸을 재상에 임명했다. 그녀는 예종 9년에 왕비에 책봉되었으며, 이자겸은 예종 13년 3월에 평장사로서 판이부사를 겸해 수상에 올랐고 4월에 안화사가 낙성되었다.

이처럼 이자겸이 딸인 왕비 연덕궁주를 배경으로 하여 권력자로 떠올랐지만, 예종은 한안인(한교여) 등 신진세력을 등용하여 그를 견제할 수 있었다. 예종은 후계자인 원자를 보호하기 위해서 이자겸의 도움이 필요했다. 그는 외척인 이자겸 세력과 측근인 한안인 세력이 균형을 유지하도록 적절히 조절하며 자신의 왕권을 안정시킬 수 있었다.※

예종의 왕비 연덕궁주 이씨에 대한 사랑은 지극하였다. 그녀가 왕의 치세 13년(1118)에 아파 위독하자 왕이 친히 약을 달여 먹였다. 하지만 그녀는 그 해 9월에 세상을 뜨고 말았다. 왕은 체면을 벗어던지고 누차 빈소에 들러 곡을 하였다. 전례가 없다며 언관이 말렸음에도 불구하고 왕이 장례일에 친히 구정(대궐의 광장)의 신봉문 밖에서 제를 지내 영구를 전송하였다. 또한 왕후·왕비의 릉을 방문한 왕은 없었다는 언관의 비판에도 불구하고 예종은 궁주가 잠든 수릉綏陵을 찾아 대화를 나누었다.

그런데 왕은 그녀의 영정을 바로 자신이 중창한 안화사에 안치하였던 것이다. 예종은 연덕궁주를 안화사로 찾아가 영정을 보면서 눈물을 흘리곤 하였다. 순덕왕후(문경태후)를 시호로 받은 그녀는 저 세상으로 떠났지만 사랑하는 남편이 자주 와주어 외롭지 않았으리라.

왕비 연덕궁주와 사별한 때문이었을까? 예종은 노래를 잘하는 기녀 '영롱'과 '알운'에게 빠져들어 누차 선물을 내렸다. 국자감 학생 고효충

※ 한안인 일파에 대한 개념은 서양학자인 E.J. Shultz(1983)가 정립했다.

안화사
예종의 이상향

이 그것을 풍자하는 시를 지으니 간관 정극영이 왕에게 아뢰자 왕이 기뻐하지 않았다. 마침 과거시험이 실시되어 고효충이 응시하자 왕이 그를 쫓아내었을 뿐만 아니라 하옥시켰다. 송나라 출신으로 고려에 귀화한 호종단은 박학하고 문장에 빼어나고 도술에 능해 왕의 총애를 받았는데, 그가 구원해준 덕분에 고효충은 풀려날 수 있었다. 고효충은 예종이 붕어한 후인 인종 2년(1124)에야 과거에 응시해 급제할 수 있었다.

도교에 심취하다

예종은 15년(1120) 6월에 복원궁福源宮에서 친히 도교 제사인 재초齋醮를 지내고 안화사에 있는 죽은 아내 순덕왕후(연덕궁주)의 진당眞堂에 행차하여 잔을 올리다가 눈물을 흘렸다. 12월에도 복원궁에서 친히 재초를 지내고 안화사로 갔다. 복원궁은 복원관福源觀이라고도 불리는 도교의 도관이었다.

복원궁은 도교에 심취한 예종의 명령에 의해 건립되었으며, 도교를 좋아한 송나라 휘종이 도사를 파견해 도움을 주었다. 예종 2년(1107) 윤10월에 처음으로 도교의 최고신인 원시천존元始天尊을 궁성 후원의 옥촉정玉燭亭에 안치하고 달마다 재초(초재)를 지내게 한 사실도 복원궁의 건립과 어떤 연관이 있을 것이다. 무신정권 때 인물인 임춘이 쓴「일재기」에는 예종이 도교 경전『황정경』에 심취한 이중약李仲若의 건의에 따라 복원궁을 건립한 과정이 서술되어 있다. 이에 따르면 경주 출신의 이중약(한안인의 사위)이 휘종 치하의 송나라에 가서 도교를 배워 귀국하고는 도관 설치를 상소하여 이루어지게 되었다고 한다.

황성대궐 북쪽에 위치한 복원궁은 황성의 북문 근처에 위치하였다. 그래서 복원궁에서 초재를 지내고 나서면 안화사로 쉽게 갈 수 있었다. 안화사로 가는 중간에는 아홉 개의 별에 제사지내 도교와 관련되는 구요당九曜堂이 귀산사 근처에 태조 때부터 존재해 왔다. 예종이 8년 4월에 구요당에서 3일 동안 비를 비는 기도회를 행한 적도 있었다. 16년 12월에는 복원궁에 행차하고 바로 그 다음에 귀산사로, 그 다음에 안화사로 행차하고 옥잠정玉岑亭에 이동하여 시종관들에게 연회를 베푼다. 복원궁, 귀산사, 안화사의 코스가 마련된 셈인데 이처럼 복원궁과 안화사는 밀접한 관련을 맺고 있었다.

예종의 도교정책과 밀접한 인물은 복원궁의 건립을 건의한 이중약 외에 청주 출신의 곽여郭輿가 유명하다. 곽상의 아들인 그는 복원궁의 건립을 전후해서 예종과 아주 친밀한 관계를 맺는다. 곽여는 원래 과거급제 출신이지만 도교·불교·의약醫藥·음양설에 정통하였으며, 활쏘기와 말달리기, 금琴의 연주와 바둑 두기에도 일가견이 있는 만능인이었다. 예종은 즉위하자 그를 초빙하여 궁성 안 순복전純福殿의 청심대淸心臺에 두고 '선생'이라 호칭하였다. 곽여는 항상 왕의 좌우에서 담론하고 시를 주고받았는데 당시 사람들이 그를 '금문우객金門羽客' 즉 신선이라 불렀다. 왕은 그가 혹시 나가 놀고 싶은 마음이 생길까 봐 궁성의 서화문 밖에 별장을 하사하기도 하였다.

그래도 곽여가 굳이 퇴거하려 하자 개경성 밖의 동쪽에 있는 약두산若頭山 즉 보봉산의 한 봉우리를 하사하여 집을 꾸며 거처하게 하고 '동산처사東山處士'라 호칭하였다. 그리고 그 당을 허정당, 그 재를 양지재養志齋라 하고 친히 편액을 써서 하사하였다. 이 곽여의 산재山齋를 후일에는 보통 '동산재東山齋'라 부른다. 그가 인종 8년에 72세로 졸하자 인종은 그에게 '진정眞靜'이라는 시호를 하사하는 한편 서경 출신의 문필비서인 정지상에게 명하여 산재기山齋記를 짓고 돌을 세우게 하였다.

곽여는 종신토록 처를 두지 않았다. 하지만 여자는 밝혔으니 홍주에서 한 기녀와 사통한 적이 있었다. 개경으로 돌아갈 때가 되자 그녀에게 약을 마시게 하고는 '선녀가 되어 올라갔다' 거짓말하고 몰래 개경에 데려와 동거하였다고 한다. 그녀는 미색이 쇠해지자 버림받아 돌려보내진다. 곽여는 여자 없이는 못견디는 사람인지 산재에 항상 비첩婢妾을 두어 시중을 들게 하였다. 신선의 도를 터득한 그였기에 방중술에도 뛰어났음이 분명하며 이를 통해 불로장생을 추구하였던 것으로 여겨진다. 72세는 당시로서는 장수한 것이니 효험을 보았다고나 할까.

청연각 정치의 명암

예종은 불교와 도교 외에 유학에도 관심이 많았다. 4년(1109) 7월에는 사학 12도에 밀리고 있는 관학을 장려하기 위해 최충의 9재齋를 본떠 국자감에 7종의 전문강좌인 국학 7재를 마련하였다. 7재에서 6재는 유학재였고, 1재는 무학武學을 공부하는 강예재였다. 강예재의 설치는 여진정벌 분위기의 산물이었다. 9년 8월에는 친히 국학에 나아가 역대 왕들이 별로 찾지 않는 문묘文廟에 들어가 공자에게 술을 올리기도 하였다. 14년 7월에는 국자감의 운영을 지원하는 장학재단인 양현고養賢庫를 설치하였다.

이처럼 예종이 적극적으로 관학진흥정책을 펴고 국자감 학생에게 과거시험 응시에 편의를 제공하자 관학이 진흥하고 사학이 위축된다. 어쨌든 예종의 관학진흥정책은 국가가 유학을 상당히 장려하고 있다는 점을 부각시켜 유학이 발달하는 데 공헌하였다.

무엇보다도 유학의 발달에 큰 역할을 한 것은 왕과 문사들의 학문과 정치의

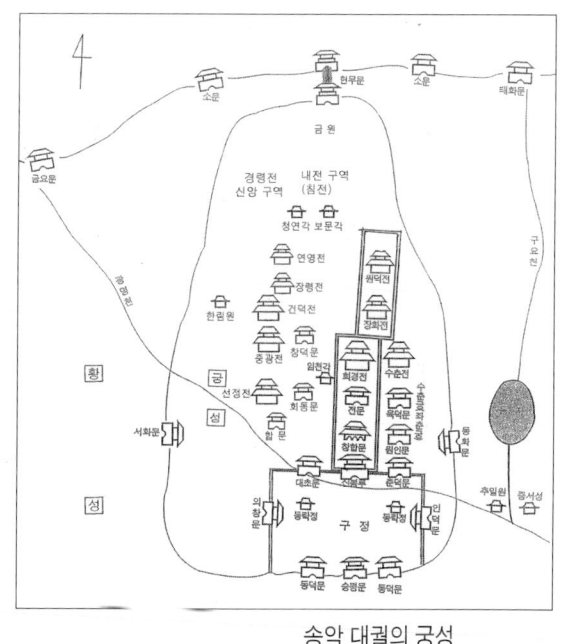

송악 대궐의 궁성

토론장인 경연을 활성화하기 위해 내전 구역 깊숙한 곳의 서쪽에 청연각淸讌閣과 동쪽에 보문각寶文閣이 건축된 점이었다. 예종은 11년(1116) 8월에 청연각을 지어 학사들을 선발하여 두고 아침과 저녁으로 경적經籍을 강론하게 하였으며, 청연각이 궁중 깊숙이 위치해 학사들의 숙직과 출입이 불편하자 곧 그 옆에 별도로 보문각을 지었던 것이다. 또한 그 근처에 있는 홍루紅樓 아래의 남쪽 회랑을 수리하여 '정의당精義堂'이라 하고 학사들이 모여 강론하는 곳으로 삼았다. 이들 건물에는 수많은 서적이 구비되어 연구에 활용할 수 있었다.

청연각, 보문각, 정의당은 왕과 학사들을 위한 도서관, 연구실, 토론실이었으며 나아가 휴식과 연회의 장소로 사용되었다. 예종 12년 6월에 평장사 김연(김인존)이 짓고 보문각학사 홍관이 돌에 쓴 「청연각기」의 내용이 『고려사』에 실려 그러한 사연을 전해준다. 인종초에 고려를 방문한 송사신 서긍도 청연각기를 보고 감탄하여 그의 여행기 『고려도경』에 적어 놓았다. 물론 이전에는 문덕전과 연영전이 학술토론장으로 제공되었지만 아무래도 왕이 거처하는 전殿이어서 불편했기 때문에 청연각과 보문각을 새로 지었던 것이라 볼 수 있다. 조선의 규장각과 같은 내각의 시작이라고나 할까.

청연각, 보문각, 정의당이 마련되면서 학사들은 보문각과 정의당에서 충분한 준비를 한 끝에 청연각에서 왕, 재상 등과 더불어 학술과 정책을 토론하였다. 왕은 수시로 청연각에 나아가 학사나 측근들과 만나 토론도 하고 연회도 했다. 이곳에서는 유학만이 아니라 다양한 학문과 당면한 정책이 토론되었고 아름답고 화려한 시가 낭송되었다. 청연각은 단순한 학술용 건물이 아니라 정치가 이루어지는 핵심장소로 변모해 갔다. 예종 말기는 가히 청연각의 시대라고 해도 과언이 아니었다. 하지만 청연각 정치는 9성 반환 이후의 지나친 문치주의와 맞물려 있었으니 훗날 무신정변의 씨앗이 된다.

사상의 조화를 이루다

예종 때에 천수사가 완성되고 안화사가 중수되면서 개국이래 개경 일대에 계속 진행되어 온 사원의 건립은 대략 마무리되었다. 물론 이 이후에도 사원이 이따금 건축되지만 중요한 의미를 띠는 것은 드물었다. 그러니까 고려시대의 웬만한 사원들은 예종 때까지 대부분 모습을 드러내었던 것이다.

물론 고려의 개창자인 태조 왕건 때 법왕사, 왕륜사, 천선원(대선원) 등 수많은 절이 건축되어 불국토의 기초가 마련되었다. 그리고 광종 때에도 봉은사, 귀법사 등 많은 절이 건축되었다. 태조 무렵에는 선종 계열이 우세하였지만 광종이 화엄종 귀법사를 창건하면서 교종 계열이 부상해갔다. 광종 때까지 사원 건립 제1단계는 대략 마무리되었다. 태조의 영정이 모셔진 봉은사는 황성 밖 남쪽에 위치했는데 연등회 때 왕이 행차하는 절이었다. 화엄종 법왕사는 황성 안 동쪽에 위치했는데 팔관회 때 왕이 행차했다. 개경 도심에 자리잡은 선종 보제사(대선원)는 나한신앙의 중심지였고, 선을 담론하는 담선대회가 열리는 곳이었다. 황성 밖 북동쪽에 자리잡은 해동종 왕륜사는 원효를 모시는 절이었다.

그런데 목종 때 화엄종의 진관사, 유가종(법상종)의 숭교사 등이 창건되면서 절의 건립 열기가 다시 후끈 달아오른다. 그 후 현종이 불행하게 세상을 뜬 부모를 위해 유가종 본찰인 현화사를 창건하면서 교종의 우위가 굳어졌다. 문종이 새로운 화엄종의 본찰인 흥왕사를 창건하면서 교종이 더욱 번창하였다. 이로써 교종 중심의 세계가 완성되었고, 현화사와 흥왕사가 교종의 전성기를 상징하는 절이었다. 숙종 때 천태종의 본찰인 국청사가 건축되었고, 천태종 제2 대사찰인 천수사가 건립되기 시작하여 예종 때 완성되었다. 천태종은 선종과 교종의 일치를 추구하는 법안종 계열의 선종을 바탕으로 성립하여 선종을 흡수하다시피 했다.

이에 따라 선종은 약세를 면치 못하여 위기에 빠졌다. 예종이 선종사찰인 안화사를 중수한 것은 바로 이러한 분위기에 대한 반성에서 비롯되었다. 개경의 도심에 선종을 대표하는 보제사(대선원)가 여전히 중요한 역할을 수행하였지만 힘이 부치고 있는 상황이었다. 예종은 지나치게 교종이 비대해지고 선종이 위축된 것을 우려하여 선종계열의 안화사를 마치 새로 창건되는 것처럼 장엄하게 중수하였다. 안화사가 완공되면서 목종 이래 진행되어온 제2단계의 사찰건립은 일단락되었다.

예종대에도 신앙의 중심은 어디까지나 불교였다. 그렇지만 한편으로는 도관이 건립될 정도로 도교가 중시되었으며, 국자감의 부흥과 청연각·보문각의 건립에서 보이듯이 유학이 진흥하였다. 불佛·유儒·도道(仙) 세 분야가 각기 자신의 위상을 지니면서 하나로 합일되는 시대였다. 물론 불교시대이므로 불교가 우세를 차지하였다. 불교와 도교에는 우리의 전통신앙이 녹아 있었다.

고려의 도교에는 고유의 신선신앙이 포함되어 있었다. 신선 신앙은 고조선 이래 우리 민간신앙의 핵심으로 하늘과 땅, 산과 물에 대한 신앙이 사람과 상호작용하여 생겨난 것이다. 특히 그 중의 핵심은 하늘님, 하느님이라는 하늘에 대한 제사였다. 우리 고유의 신선신앙은 중국의 도교 혹은 신선신앙이 들어오면서 더욱 풍부해졌다. 송악산은 8선仙이 머무는 곳으로 여겨졌으며, 태조 왕건의 자손들을 용의 자손이라 하는 것도 신선의 다른 표현이었다.

 왕건은 훈요 10조에서 부처를 섬기는 연등회와 천령(하늘신)·5악岳·명산·대천·용신을 제사하는 팔관회, 바로 이 두 개의 행사를 준수하도록 신신당부하였다. 팔관회는 천지의 신령에 올리는 제사이자 신선을 맞아들여 노는 축제로 연등회와 더불어 국가의 가장 중요한 행사였다. 팔관회 때는 신라의 전통을 따라 사선四仙 악부樂部 즉 4명의 신선이 이끄는 악대가 등장하고 용·봉鳳·코끼리·말·수레·선박이 마련되었다. 예종은 11년 4월에 서경에서, "근래 벼슬하는 길이 많이 열려서 국선國仙의 일을 구하는 자가 없으니 마땅히 대관大官의 자손으로 하여금 행하게 하도록 하겠다."고 명령할 만큼 신선도의 계승에 노력하였다. 다음 왕인 인종 초기에 고려를 방문한 서긍도 심부름하는 미혼의 귀족 자제들을 선랑仙郎이라 칭한다고 하였다. '사선', '국선', '선랑'은 바로 신라의 화랑을 계승한 것으로 신채호가 이야기한 낭가였다.

이상향의 도래

 불교와 신선신앙의 일치는 고려 이전부터의 고유한 전통이었으며 이는 예종이 개축한 안화사에도 엿보인다. 원래 송악산 기슭에는 쌍폭동, 재하동, 부산동, 자하동 등 계곡의 물이 흘러내리는 명승지가 많아 8선仙이 머무는 곳으로 여겨졌던 것이며 신선으로 자처하는 자들이 이곳에 거처를 정하기도 하였다. 이중에서도 자하동이 더욱 빼어나 그곳에 걸린 다리를 선인교仙人橋라고 할만큼 신선이 사는 곳으로 여겨졌다. 이 자하동에 안화사가 위치했다.

예종은 안화사에 행차하고 그 다음 옥잠정으로 이동해 잔치를 베푼 적이 있는데, 이 정자는 도교적인 색채를 띠었다. 자하동의 안화사는 도교취향의 예종에 어울리는 절이었고 그렇게 개조되었다. 사실 선종의 선禪과 도교의 선仙은 통하는 면이 있었다. 예종은 교종불교의 지나친 교세 확장을 우려하여 선종불교와 도교를 키워 교종을 견제하려 한 것은 아닐까. 그렇다고 중국측 기록에서처럼 예종이 도교를 국교로 삼아 불교를 대체하려 했다고는 생각되지 않는다. 고려 이전부터 불佛과 선仙은 하나라는 인식이 있어 왔으니 예종은 안화사의 불국토를 신선세계와 다름없다고 본 것이었다.

불교와 신선사상은 하나로 융화되었으며 그것과 관련된 행사는 국가적으로나 대중적으로나 중요시되었다. 유교의례는 성종 때 주로 도입되었지만 역대 왕들의 신주를 모시는 태묘 말고는 그리 중시되지 않았다. 유교는 고려사회에서 신앙이기보다 사상 내지 정치이념의 측면이 강했으니 유학이라는 표현

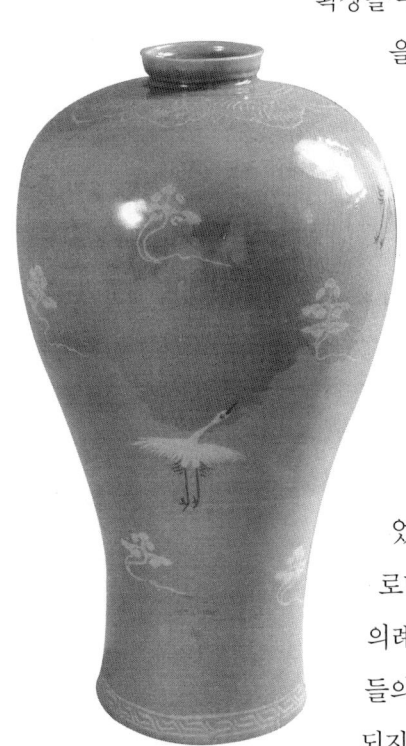

청자 매병
북한 소장. 고려인의 이상향이 담겨 있다.

이 더 어울린다. 유학은 상하의 신분질서를 만들어주는 도덕원리로, 행정을 조직하는 정치원리로 이용되었다.

청연각의 설치로 유학이 진흥했는데, 이곳에서 꼭 유교경전만 강론된 것은 아니어서 도교경전인 '노자老子'가 강론되기도 하였다. '청연淸讌'은 '청담淸談'과 비슷한 말이니 청연각이란 맑은 이야기를 나누는 곳이 된다. 청연각이라는 명칭 속에 이미 노장 사상 내지 신선 신앙이 깃들어 있는 것이다. 유학적인 담론이 이루어지는 청연각도 어찌보면 신선세계의 범주에 포함된다 하겠다. 불교의 각종 도량과 도교의 재초가 대궐황성의 곳곳에서, 그것도 유학경전이 자주 강론되었던 문덕전에서 자주 행해졌다.

원래 산호山呼는 중국 천자가 산에서 하늘에 제사지내자 사람들이 만세를 부른 것에서 유래한 말로 유교적이었다. 고려의 궁성 내전구역에 산호정山呼亭이 있었는데 이곳에서는 도교의 재초와 기우제가 자주 행해졌다. 특히 예종 15년 5월에는 외제석원에 두었던 송나라 황제가 보내온 부처의 이빨과 두골을 산호정에 두었다. 유교적 제천의식과 관련된 산호정도 도교와 불교의 색깔을 짙게 풍기게 되었다. 이는 불교, 유학, 도교가 서로 혼합되는 고려인의 신앙과 사상을 보여주는 징표이다.

예종대는 불교의 불국토, 도교의 신선세계, 유학의 태평성대가 구현되어 불교·도교·유학의 삼 세계가 조화를 이룬 진정한 이상향 내지 이상세계가 열렸다. 물론 여기에는 풍수지리와 음양오행설도 중요한 작용을 하였다. 전쟁은 사라지고 평화가 유지되었다. 고려는 여진의 힘이 커지고 거란이 쇠퇴하자 거란족 요를 멀리하고 송과 더욱 밀접한 관계를 유지했다.

하지만 이 이상향 속에는 뭔가 불길한 기운이 숨어 있었다. 고려를 부모의 나라로 섬기던 여진족이 고려로부터 9성을 돌려받아 힘이 커지더니 1115년(고려 예종 10) 정월에 오아속의 동생 아골타(阿骨打)(태조)가 황제를 칭하고 금金을 세웠다. 금의 압박이 거세지자 거란족 요나라가 여진을 토벌하고자 고려 예종 10년 8월에 사신을 보내와 군대 파견을 요청했다.

예종이 재추, 시종관, 도병마판관, 대장군 이상을 소집해 의논하니 대부분 찬성했다. 하지만 위위시(무기 담당 관청)의 소경(차관) 척준경, 예부낭중 김부일(김부식의 형), 호부원외랑(정6품) 한충韓冲, 우사간(간관) 김부식 등은 국가가 정해년(예종 2)·무자년(예종 3)의 병란 후에 군인과 백성이 겨우 어깨를 쉬게 되었으니 지금 타국을 위해 군대를 파견함은 화를 스스로 부르는 것이고 장래에 이로울지 해로울지 예측하기 어렵다며 반대했다. 왕은 신하들에게 두세 번 의견을 물었지만 끝내 결론을 얻지 못했다. 여진 정벌의 주역인 척준경이 김부일·김부식 형제처럼 대단히 현실적인 시각을 지니고 있었다니 놀라울 따름이다. 이 때 군대를 파견해 요와 연합해 금을 토벌했으면 어떻게 되었을까?

요나라는 금의 공격에다 발해인의 부흥 운동으로 휘청거렸다. 이에 고려는 예종 11년 4월에 그동안 사용해 오던 요의 연호 사용을 중단하고 간지만 쓰기로 했다. 12년 3월에 요의 장수가 내원성과 포주성을 버리고 도망하자 고려군이 접수했다. 왕이 기뻐해 포주를 의주義州라 개칭했다. 고려가 그토록 소망하던 압록강 하구를 온전히 지배하게 된 것이었다.

그런데 같은 달에 금의 임금 아골타(아구타)가 사절을 보내 서신을 전달했다.

"형 대여진 금국황제가 동생 '고려국황제'에게 서신을 보내오. 우리 조상들은 한 지역에 끼어 살면서 거란을 대국이라 여기고, 고려를 부모의 나라라 여겨 마음을 다해 섬겨 왔소. 그런데 거란이 무도無道하게 우리 강토를 유린하고 우리 인민을 노예로 삼기 위해 누차 명분 없는 침략을 가하니, 우리들이 부득이 저항해 하늘의 도움을 입어 섬멸하였소. 오직 '고려국황제'는 우리에게 화친을 허락했으니, 형제를 맺어 대대토록 무궁한 우호를 이룹시다."※

고려 조정은 발칵 뒤집혔다. 고려를 사대해 오던 여진족 금이 자신을 형이라 하고, 고려를 동생이라 하다니. 고려의 자존심이 상했다. 재상들이 금과 화친하지 말기를 극렬히 요청했다. 반면 어사대의 중승(종4품) 김부철은 생각이 달랐다.

"금국 사람들이 요국을 새로이 격파해 사신을 보내 우리에게 형제국이 되어 영원토록 화친하는 계책을 이루기를 요청했는데 우리 조정은 허락하지 않았습니다. 제가 보건대, 한이 흉노에게, 당이 돌궐에게 간혹 신하를 칭하거나 공주를 시집보내며 화친할 수 있으면 무엇이든 했습니다. 지금 송국도 거란과 서로 백부·숙부 내지 형제가 되어 대대토록 화친하고 있습니다. 천자의 존귀함은 천하에 대등할 자가 없음에도 오랑캐 나라에 굽혀서 섬김은 이른바 성인이 임시방편으로 국가를 보전하는 좋은 책략입니다. 옛적에 성종의 치세에 변방 대책을 제대로 마련하지 못해 요국 사람들의 침략을 받은 일을 진실로 거울삼아야 합니다. 왕성한 조

※ 『고려사』에 실린 내용인데, 단 '고려국황제' 부분은 '고려국왕'과 '왕'으로 되어 있다. 이승휴는 그의 저서 『제왕운기』에서, 금이 선조인 대사大史 오고랄烏古剌이 고려의 평주 출신이었기 때문에 고려와 형제를 맺었다면서, 자신이 식목도감(법률제정 기구)에서 집사執事로 일할 때 그곳의 문서를 열람하다가 금국 황제의 친서 2통을 보았는데 모두 "대금국황제가 고려국황제에게 서신을 부치오"라고 적혀 있었다고 한다. 그러니까 제후국 체제를 추구한 조선시대에 『고려사』를 편찬할 때 이 외교문서에 적힌 '고려국황제'라는 표현을 용납하지 못해서 '고려국왕'이라 고쳐 버렸던 것이다. 이러한 난도질을 당한 결과 『고려사』와 『고려사절요』에서 '황제', '천자', '황후' 등의 표현을 찾아보기 어렵게 되었지만 고려 당시의 문집, 금석문에는 그러한 표현이 빈번히 발견된다.

정에서 길고 먼 대책을 생각하여 국가를 보전해 후회가 없도록 하기를 바랍니다."

김부철은 중국이 오랑캐를 섬긴 일을 일일이 들면서 고려도 금과 형제 관계를 맺어 국가를 보전하기를 주장했다. 그의 이 발언에 대해 재추는 비웃지 않는 자가 없었고 그의 발언을 배척했다. 고려 관료들은 거의 다 금과 형제 관계조차 맺는 것을 받아들일 수 없었다.

9성의 반환으로 상징되는 여진정책의 실패, 그로 인한 윤관의 실각과 문치주의파의 득세, 금의 외교적 압력은 정치적 변란을 배태하고 있었다. 청연각에서 왕과 문사들이 날마다 유교경전을 강론하고 시를 주고받으며 술잔을 기울이자 윤관을 따라 피를 흘리며 싸웠던 장수와 병사들은 대개 설 자리를 잃어 갔다. 예종이 이룩한 이상세계는 완벽한 듯 보였지만 그 안에 이미 불행의 씨가 자라고 있었다.

제5장
십팔자가 집권하다

이자겸과 한안인의 대결

고려에 이상향을 건설하고 불로장생을 추구하였던 예종도 17년(1122) 3월 말에 그만 등에 종기가 생겨 앓기 시작하였다. 전라도 탐진 출신의 대의(궁중 의사) 최사전이 치료를 담당했지만 차도가 없었다. 신하들이 천지와 산천에 제사하고 각종 도량을 베풀어도 효과가 없었다. 결국 4월 7일에 45세의 아직은 창창한 나이에 세상을 떠 개경 밖 남쪽의 유릉(裕陵)에 묻혔다.

예종이 붕어했을 때 태자의 나이는 14살에 불과하여 예종의 여러 동생들 즉 태자의 숙부들이 왕위를 노리고 있었다. 이 때 어린 태자를 구한 자는 다름아닌 태자의 외조부 이자겸이었다. 당시 수상이었던 이자겸은 예종의 유명을 앞세워 외손인 태자를 편전인 중광전에서 즉위시켰으니 바로 제17대 인종이다. 이런 연유로 이자겸이 권력을 움켜쥐게 되었다. 당시 고려는 16세 이상이 성인이었으므로 인종은 아직 미성년자였다. 이자겸의 딸인 인종의 모후가 생존했다면 그녀가 섭정할 수 있었는데, 이자겸이 이미 사망한 그녀를 대신해 사실상 섭정한 셈이었다.

인종은 역대 왕들의 영정이 모셔진 궁성의 경령전에 나아가 친히 즉위를 고하였으며, 역대 왕들의 신주를 모신 대묘(太廟)와 역대 왕들의 무덤인 9릉에는 사신을 파견하여 고하였다. 그런데 한안인과 문공미가 최사전이 예종의 종기를 심각하게 생각하지 않아 치료를 제대로 하지 않아 붕어하게 되었다며 탄핵해 그를 처벌하도록 만들었다. 최사전은 이로 말미암아 그들에 대해 잉심을 품었으니 이는 분란의 씨로 작용한다.

그런데 인종을 옹립한 이자겸의 세력과 예종의 측근이었던 한안인의 세력이 대립했다. 이자겸은 인종 즉위년(1122) 5월에 신하로서의 최고직인 중서령과 제왕(親王)의 반열인 소성후에 임명되고, 10월에 중서령 한양공으로 승진했다. 이는 이자겸을 대단히 높인 조치였지만 한안인 세력의 계략이 숨어 있었다. 중서령·상서령, 공작·후작은 주로 왕자에게 주어졌고 때로 공훈이 있는 신하들에게도 주어졌는데 대개 명예칭호였다. 숙종이 왕위에 오르기 전에 정변을 일으켰을 때 계림공 중서령으로서 권력을 행사한 적이 있었지만 예외적인 경우였다. 한안인 세력은 이자겸의 힘이 너무 커져 자신들이 위축되자 그를 중서령 내지 한양공으로 높이는 척하면서 그의 권력을 빼앗으려 하였다.

이러한 과정에서 이자겸 세력과 한안인 세력의 갈등은 깊어갔다. 이자겸 세력은 인주(仁川) 출신 이자겸, 그의 동생 이자량, 사촌 이자덕, 아들 이지미 등, 광양 출신 김의원, 곡주(谷山) 출신 척준경·척준신 형제, 무안 출신 박승중, 경주 출신의 김인규, 공암(限陽) 출신의 허재, 출신지 미상의 최식 등이었다. 한안인 세력은 단주(長湍) 출신 한안인, 남평 출신 문공미(文公仁)·문공유 형제, 대흥(禮山) 출신 한유충(漢州), 한안인의 형 한안중, 사촌동생 한충, 김포 출신의 외사촌동생 정극영, 경주 출신의 사위 이중약, 안성 출신의 매부 이영, 처남 임존, 그리고 정극영의 매부 최거린(崔其雨)과 정안(長興) 출신의 인척 임원준 등이었다.

서해도(黃海道)의 곡주 향리의 후손인 척준경은 가난해 학문할 수 없어 떠돌이들과 어울리다가 말단 실무직인 서리가 되기를 구했지만 되지 못하자, 계림공(肅宗) 부저(府邸)의 종자를 거쳐 서리로 진출하고는 혁혁한 군공을 세워 출세한 인물이었다. 전라도 남평 사람인 문공미는 집안이 한미했지만 미끈하고 훤칠하게 잘 생겨 해주 출신의 귀족(世族)인 시중 최사추(崔忠

의 손자)의 딸과 혼인해 호화롭고 사치스러운 생활을 마음껏 했다고 한다. 이자겸도 최사추의 사위였다. 그러니까 이자겸과 문공미는 동서끼리 격돌한 것이었다.

한안인 세력이 이자겸의 뇌물 수수 의혹을 제기하자 이자겸이 검찰에 해당하는 어사대에 진위 여부를 가려달라고 요구했다. 위기를 느낀 한안인이 휴가를 얻어 두문불출하는 가운데 문공미, 정극영, 이영 등이 찾아와 회합하여 대책을 논의하였고 예종의 동생인 대방공 왕보와도 연락을 통하였다. 원한을 품어 온 최사전이 이들의 동태를 감시하다가 이들이 이자겸을 제거하려 한다고 이자량과 최홍재에게 말하였다. 이에 이자겸이 인종을 만나 한안인 등이 반역한다고 아뢰어 체포했다.

대방공, 한안인, 문공미, 문공유, 한주, 이영, 정극영, 최거린, 한안중, 한충, 임존, 이중약, 한안인의 아들 4명 등이 유배당했다. 한안인은 승주(순천)의 섬으로 유배되는 도중에 바다에 빠뜨려져 살해당했고, 이중약은 의술에 능해 의심받아 역시 물에 던져져 살해당했다. 인종 즉위년(1122) 12월의 참사였다.

인종 원년에 고려에 사신으로 왔던 송의 서긍은 그의 저술 『고려도경』에서 다음과 같이 서술했다. "이자겸이 인종을 국왕으로 옹립하자 인종의 숙부인 대방공 왕보가 왕위를 빼앗고자 문하시랑평장사 한교여(한안인), 추밀사 문공미와 함께 반역을 도모하니, 예부상서 이영, 이부시랑 정극영, 병부시랑 임존 등 10여 명이 내응했다. 하지만 거사하기 전에 모의가 누설되어 체포되었다. 이자겸이 국왕을 움직여 대방공을 섬으로 추방하고 여러 악한 무리를 죽이고 일당 수백 명을 처벌했다."

한안인 세력이 인종의 즉위 자체를 반대했는지는 확실하지 않지만, 이자겸이 국왕 인종을 내세워 자신들을 압박하자 대방공과 연계해 반격을 모의한 것으로 보인다. 이자겸은 왕권과 자신에게 도전하는 대방공(인종의 숙부)과 한안인 세력을 숙청하여 권력을 확고히 장악하였다.

인종이 왕명을 내려 외조인 이자겸의 예우를 백관과 같이 할 수 없다며 재상, 문필비서, 시종관에게 회의하여 아뢰라고 했다. 회의가 열리자 보문각 학사 정극영과 어사대 잡단 최유崔濡가 주장했다.

"천자에게 신하가 아닌 자가 셋이 있는데 황후의 부모가 그 하나입니다. 지금 이자겸은 표문을 올릴 때 신하를 칭하지 말아야 합니다. 또한 임금과 신하의 연회에서 백관과 더불어 뜰에서 축하하는 의례를 행하지 말고 곧바로 임금에게 나아가 절하면 임금도 절하고 그런 후에 그에게 임금 곁에 앉도록 하십시오."

그들은 이자겸이 왕에게 올리는 글에서 '신臣'을 칭하지 말고, 연회에서 백관과 더불어 뜰에서 축하하는 의례를 행하지 말기를 주장한 것이었다. 참석자들이 이러한 주장에 동의했지만, 보문각 대제 김부식이 홀로 반박했다.

한 고조(유방)가 천하를 평정한 초기에 5일에 1번 부친인 태공에게 문안인사를 했는데, 태공의 가령(집사)이 태공을 설득하며 말했습니다. "하늘에는 두 해가 없고 땅에는 두 왕이 없습니다. 황제가 비록 아들이지만 군주이고, 태공이 비록 아버지이지만 신하입니다. 어찌하여 군주로 하여금 신하에게 절하도록 하십니까?" 고조가 가령의 말을 옳다 여기고 명령을 내렸습니다. "사람의 근친 중에서 아버지와 아들보다 친한 자가 없다. 때문에 아버지가 천하를 가지면 아들에게 전하며, 아들이 천하를 가지면 아버지를 높이나니, 이는 사람 도리의 지극함이라. 지금 왕후王侯, 경·대부들이 이미 짐을 황제로 높였으나 태공은 존호를 가지지 못했다. 지금 태공에게 존호를 올려 '태상황太上皇'이라 하노라." 이로써 논하건대, 비록 천자의 아버지라도 존호가 없으면 군주로 하여금 절하도록 해서는 안되었습니다.

김부식은 중국의 사례를 들며 천자의 부친도 존호가 없다면 신하의 예를 취했고, 존호를 올림으로써 문제를 해결했다고 했다. 조선시대 대원군과 아들 고종의 관계가 떠오른다. 대원군은 왕의 아버지이면서도 왕호를 얻지 못해서 아들의 신하가 되어야 하는 어정쩡한 위상을 지닌다. 그렇다고 김부식이 왕의 부친이 아닌 외조부에게 존호를 올려 해결하자는 것은 결코 아니었다. 그는 다음과 같이 결론을 내렸다.

> 비록 지극한 근친인 부자 관계의 예절도 이와 같으니, 외조의 경우는 더 이상 말할 필요도 없습니다. 어머니의 부모가 돌아가면 『의례』의 상복 제도를 보건대 5개월 동안 상복을 입는다고 했다시피 자기 부모의 친함과 거리가 머니, 어찌 임금과 서로 맞먹는 예절을 행할 수 있습니까? 마땅히 표문에서 신하를 칭해야 하며 궁정에서는 군신(임금과 신하)의 예절을 행해야 합니다. 내전에서는 가인家人(가족)의 예절을 행해도 좋습니다. 이리하면 공적인 의리와 사적인 마음이 서로 순조로워집니다.

고려는 여성의 지위가 조선보다 높아 친가와 외가와 처가의 위상이 비슷한 사회였다. 하지만 김부식은 중국 의례의 영향을 많이 받아 남계를 우위에 두고 여계를 하위에 두는 인식을 지니고 있었다. 그러하니 외조부가 부친이나 친조부와 동일한 위상을 지니는 데 찬성하지 않았다. 김부식은 『삼국사기』에서 신라의 여왕인 선덕여왕을 비판했다.

"하늘로 말하면 양은 강하고 음은 부드러우며, 사람으로 말하면 남자는 높고 여자는 낮거늘, 어찌 늙은 여자로 하여금 규방에서 나와 국가의 정사를 재단케 하도록 하리요. 신라는 여자를 일으켜 왕위에 처하게 했는데 진실로 난세의 일이며, 나라가 망하지 않은 것이 다행이라. 『서경』에 암탉이 우는 새벽이라 하고, 『주역』에 암퇘지가 껑충껑충 뛴다고 했으니, 이 어찌 경계할 일이 아니랴."

김부식은 남존여비 인식을 강하게 지녀 여성이 집안에서 나와 정치에 참여함을 증오했다. 그래서 신라에 여왕이 즉위했던 사실을 암탉이 새벽에 울고, 암퇘지가 껑충거렸다며 조롱했고, 신라가 여왕으로 인해 망하지 않은 것이 다행이라며 신랄하게 비난했다. 이러한 그로서는 이자겸이 외손자인 국왕에게 신하의 예를 하지 않는 것을 참을 수 없었다.

재상이 두 의견을 인종에게 보고하니, 왕이 측근을 이자겸에게 보내 물었다. 이자겸이 대답했다.

"신臣이 비록 무지하나 지금 김부식의 의견을 보건대 실로 천하의 공론입니다. 이 사람이 아니라면 여러 공公들이 노신老臣을 불의에 빠뜨릴 뻔했습니다. 원컨대 의심하지 마시고 김부식의 의견을 따르십시오."

이자겸은 자신의 입장을 지지하는 의견이 다수라 할지라도 반대론이 제기된 상황에서 받아들이기 껄끄러웠다. 그에게 선택하라며 왕이 떠넘긴 상황이라 더욱 그러했다. 왕은 이자겸의 동의를 얻는 형식을 취해 김부식의 의견을 따랐다. 남성주의자 김부식이 초를 치는 바람에 이자겸의 체면이 조금 구겨졌다. 김부식이 정계에서 화려하게 떠오르는 순간이었다. 그렇다고 그가 이자겸에 적극적으로 대항한 것은 아니었으니 그는 중도적 입장에 서서 형세를 관망하였다.

고려도경 속에 비친 고려

　송의 사신 서긍 일행은 인종 원년(1123) 6월에 고려의 개경에 와서 대략 1개월 동안 머물다가 7월에 돌아갔다. 이 사신단의 정사는 노윤적路允迪, 부사는 부묵경傅墨卿이었고, 서긍徐兢은 그 밑에서 선박과 예물을 관할하고 행위를 기록하는 일을 맡은 관원이었다. 이들은 예성강의 항구 벽란도

대명궁(순천관)
고려 말~조선 성균관. 북한 고려박물관

에 내려 선의문(서대문)을 통해 개경에 들어와 동북쪽 대명궁을 개조한 숙소 순천관에 머물렀다. 이곳은 고려말에 성균관으로 개조되었고 지금 북한에서는 고려박물관으로 사용되고 있다. 서긍은 사신단의 출발부터 귀국까지 벌어진 일들을 메모하고는 귀국해서 보충하여 그 다음해에 책으로 엮어서 송의 황제에게 바쳤는데 이것이 바로 『고려도경』이었다.

『고려도경』에는 고려의 건국, 왕의 계보, 영역, 형세, 성곽, 시장, 궁전, 관부, 종교시설, 의복, 인물, 의례 용품, 의장대, 깃발, 수레, 일상생활, 풍속, 연회, 숙소, 그릇, 선박, 바닷길 등 고려에 관한 정보가 풍부하게 들어 있다. 이는 한 달 동안의 여행으로는 자세히 알기 어려운 것이지만 기존의 정보를 활용하였기에 가능했다. 잘못된 정보와 시각으로 인한 오류도 꽤 보이지만 고려 전기에 작성된 기록이 별로 남아 있지 않기에 매우 소중한 자료이다. 고려에 대한 외국인의 시각을 엿볼 수 있기에 더욱 그러하다.

고려 예종 무렵까지 동아시아는 요, 송, 고려가 삼각의 세력균형을 유지하는 형국이었다. 고려가 송 혹은 요에게 조공을 바치며 사대했다고 해서 그들이 고려에 영향력을 행사할 수 있었던 것은 아니었다. 고려는 요가 부당한 요구를 하면 끝까지 거절했다. 그래서 요가 고려를 몇 차례 침략했지만 고려는 물리쳐냈다. 요가 얻어낸 것은 송에 사대하던 고려를 자신에게 사대하도록 만든 것 정도였다. 여기에서 사대는 외교적인 형식에 불과했다. 중국조차도 때때로 북방 강국을 사대했으며, 특히 송은 주변 강국에게 평화를 얻는 조건으로 거금을 바쳐야 했다. 송은 경제력은 엄청났지만 문치주의로 인해 군사력은 상대적으로 약했기 때문이었다.

이러한 송이지만 중화 종족이라는 자부심은 남아 있어 『고려도경』에는 문화 우월주의 시각, 고려를 자신의 제후국으로 보는 시각이 곳곳에서 발견된다. 고려의 황성을 '왕부'로, 고려의 태자를 세자로 표현했다. 개경의 나성(외성)이 낮고 허술해 외적을 막아낼지 모르겠다며 깔보았지만 서긍이 고려를 다녀간 지 몇 년 후에 그의 조국 송(북송)은 금에게 멸망당한다.

요즘 중국은 동북공정의 일환으로 고구려사를 자신의 것으로 만들기 위해 고려가 신라의 후예였다고 선전하는 데 열을 올리고 있다. 그런데 『고려도경』에는 고려가 고구려에서 유래했다고 일관되게 서술되어 있으니, 우리가 동북공정을 극복하는 데 오히려 많은 도움을 준다.

송의 사절단이 고려 국왕을 만나는 과정을 서긍의 눈으로 따라가 보자.

> 순천관에서 나와 왕부내성(황성대궐)에 이르렀다. 동쪽에 위치한 정문인 광화문을 들어와 서쪽으로 나아갔다. 남쪽에 위치한 궁성정문인 승평문을 들어서니 좌우에 동락정이 보였다. 그 북쪽에 장대하고 화려한 신봉문이 우뚝 서 있었다. 신봉문의 서쪽에는 국왕의 거처로 통하는 태초문이, 신봉문의 동쪽에는 세자궁(태자궁)으로 통하는 춘덕문이 있었다. 신봉문을 통과해 창합문으로 올라가니 산세가 좀 험해졌다. 고려 국왕과 관료들이 이곳에서 황제의 친서를 영접했다. 산 중턱에 돌로 된 층계를 오르니 정전의 문인 회경전문을 만났다. 창날 24개가 꽂혀 있었고 갑옷과 투구를 착용한 많은 군사들이 수비하고 있었다. 북쪽으로 나아가니 규모가 장대하고 화려한 정전 회경전이 높은 기단 위에 우뚝 서 있었다. 이곳에서 의례와 연회가 행해졌다.

황성의 정문 광화문은 대궐 출입의 공식적인 통로였고 그 안팎으로 주요 관청들이 자리잡았다. 우월의식에 젖은 서긍도 궁성의 정문 승평문을 들어서서 거대한 신봉문(신봉루)을 보고는 놀란 듯하며, 회경전문으로 올라가는 가파르고 높은 돌계단을 보고는 위압감을 느꼈을 것이다. 궁궐이 평지에 자리잡는 중국과 달리 언덕에 자리잡았기에 더욱 그러했을 것이다. 동락정은 격구를 하는 뜰인 '구정毬庭'에 자리잡은 정자였다. 구정은 신봉루와 승평문 사이의 광장이었는데 여기에서 격구 등의 군사훈련은 물론 팔관회 등 주요 행사가 열렸고 임금은 신봉루에 행차해 명령하거나 구경했다. 송 사절단은 회경전의 서쪽 건덕전 구역도 방문했다. 건덕전은 제2의 정전이었고 그 주변에 편전, 침전, 청연각 등이 자리잡았다.

황제의 궁궐은 정전 앞에 5개의 문을 지녔고, 제후의 궁궐은 정전 앞에 3개의 문을 지녔다. 고려의 대궐은 황성과 그 안의 궁성으로 이루어져

회경전 구역 모형
북한 제작. 앞에서 1번은 신봉루, 2번 창합문, 3번 계단, 4번 회경전문, 5번 회경전

회경전 전문의 계단

광화문廣化門(황성의 정문·동문東門)→승평문(궁성의 정문·남문)→신봉문루→창합문→회경전문을 거쳐 제1정전인 회경전에 이르는 구조를 지녔다. 반면 조선의 정궁인 경복궁은 황성 없이 궁성만 지녀 정문·남문 광화문光化門→홍례문→근정문을 거쳐 정전인 근정전에 이르는 구조였다. 고려는 황제국의 궁궐체제를, 조선은 제후국의 궁궐체제를 운영했던 것이다.

　서긍은 고려의 국왕을 만났고 여러 관료들과 어울릴 기회를 가졌다. 이를 바탕으로 인종, 이자겸, 윤언식(윤관의 아들), 김부식, 김인규(이자겸의 사돈), 이지미(이자겸의 아들) 등 몇몇 인물에 대한 평가를 기록했다. 인종에 대해서는 눈썹이 성기고 수려하며, 신체가 짧으나 체격이 살져 살이 뼈를 이기는 듯하며, 성품이 총명하고 박학하여 엄정하고 밝다고 했다. 또한 춘궁(동궁)에 있을 적에 그 소속 관원이 과오를 저지르면 반드시 질책했고, 즉위함에 비록 어렸지만 관료들이 두려워하고 꺼렸으며 의례를 행함에 성인(성년)의 풍모가 있었다고 했다. 인종은 짧달막한 비만 체형이었고 성품이 총명하고 엄격했다고 보여진다. 인종이 관대한 도량을 지녔다는 김부식의 회고와는 좀 다르다.

이자겸에 대해서는 모습이 조용하고 온화하며 현명하고 선함을 좋아하며, 비록 정권을 잡았지만 왕씨를 높일 줄 알아 왕실을 도우니 현명한 신하라고 높이 평가했다. 그러면서도 참소를 믿고 이익을 좋아하며, 토지와 저택을 대규모로 경영하며, 사방에서 뇌물을 받아 보관 중에 썩은 고기가 수만 근이라서 나라 사람들이 그를 인색하다고 여기니 애석하다고 했다. 훗날 그의 이자겸에 대한 긍정적인 평가는 인정받지 못하고 부정적인 평가만 부각된다.

예부시랑 김부식에 대해서는 모습이 풍채가 크고 얼굴이 검고 눈이 튀어나왔지만 글을 잘 짓고 고금을 알아 학사들로부터 인정을 받아 그보다 뛰어난 자가 없었다며 극찬했다. 그 동생 김부철 또한 당시 이름이 높았다고 소개했다. 그리고 그 형제에게 이름지은 뜻을 비밀리에 물으니 앙모하는 바가 있었다고 했는데, 이는 그들의 이름이 송의 문장가 소식蘇軾과 소철蘇轍 형제에서 유래했음을 의미했다. 서긍의 이러한 소개로 인해 김부식은 중국에서도 유명해졌다.

서긍은 고려의 풍속에 대해서도 주목되는 기록을 남겼다. 고려인이 모두 청결함을 좋아해 몸에 때가 많은 중국인을 매양 비웃는다면서, 새벽에 일어나면 반드시 먼저 목욕한 후에 외출하며, 여름철에는 하루에 두 번 목욕한다고 소개했다. 또한 고려인은 시냇물에서 남녀 구별 없이 벌거벗은 채 목욕하고 헤엄치면서도 괴이하게 여기지 않는다고 이상해했다. 고려의 결혼에 대해 남녀가 가벼이 결합하고 쉽게 헤어진다며 비판했다. 이를 통해 고려 사람들이 목욕을 좋아했고 남녀가 스스럼없이 만나 교제했으며, 남녀의 결혼이 자유롭게 이루어지고 이혼이 쉬웠음을 알 수 있다.

원래 『고려도경』은 글과 그림으로 되어 있어서 도경圖經이라 한 것이었다. 그림은 서긍이 고려에서 본 주요 장면과 인물을 직접 그린 것인데, 금이 송의 수도를 함락하는 난리통에 사라져 버렸다. 그것이 남아 있었다면 개경의 시설은 물론 이자겸과 김부식의 모습도 알 수 있었을 텐데 아쉽기만 하다. 어느 날 나타난다면 얼마나 좋을까.

단군의 후예를 칭하다

이자겸의 권력이 커지자 그의 다음 서열인 김연(김인존)이 인종 원년 4월에 재상직에서 물러났다. 반면 이자겸의 사돈인 추밀재상 척준경은 이해 12월에 이부상서 참지정사에 임명되어 중서문하성 재상으로 진입했다. 평장사 최홍재는 임의의 아들 임원후(임원애)와 사돈 사이였는데, 이자겸 편에 서서 한안인 세력을 숙청하는 데 앞장섰던 인물이었다. 하지만 그가 많은 사람들의 마음을 복종시켜 권세를 떨치자 이자겸과 척준경이 위협을 느껴 그와 아들들을 인종 2년 2월에 유배보냈다.

인종은 2년(1124) 7월에 이자겸을 '중서령 영문하사 영상서도성사 판이부사 판병부사 판서경유수사 조선국공' 에 임명했다. 또한 그를 위해 '숭덕부崇德府'를 설치해 소속 관원을 배치하고, 그의 거처를 '의친궁懿親宮' 이라 이름하였다. 인종이 이러한 인사명령을 정전인 건덕전 밖에서 선포하자 백관이 건덕전 뜰에 모여 축하한 후 이자겸의 집으로 가서 축하했다. 이자겸이 모친의 상복을 벗고 재상관부인 중서성에 앉으니, 상참관(대개 6품 이상)은 계단 위에서, 7품 이하는 계단 아래에서 축하 인사를 올렸다.

이자겸은 중서령 조선국공이면서 영문하사로서 재상부인 중서문하성을, 영상서도성사로서 행정부인 상서도성을, 판이부사와 판병부사로서 행정부의 문무반 인사권을 지배했다. 당시 개경은 중앙 정부의 직할이었으니 자동적으로 이자겸의 영향력 하에 있었으며, 판서경유수사로서 서경(평양)에까지 영향력을 미칠 수 있었다. '부府'는 대개 태후와 왕자를 위해 설치되는 관부였지만, 공훈이 아주 뛰어난 신하를 위해서 설치되기도 하는데 이자겸의 숭덕부가 그러한 경우였다. 궁은 국왕 외에도 왕자, 공주, 부마, 국왕·왕자의 주요 배우자의 거처를 일컫는 칭호였는데 이자겸의 거처도 이에 준하여 의친궁이라 한 것이었다.

또한 이자겸은 '지군국사知軍國事'를 자칭하며 숭덕부의 관원을 송에 사절로 보내기도 했다. '지군국사'는

대궐의 제2정전 건덕전(대관전) 터

왕권 혹은 왕권의 대행을 의미했으니 자신이 사실상 섭정하고 있음을 과시한 것이었다. 그는 정식으로 '지군국사'가 되고자 자신의 저택에 왕이 행차해 그러한 조치를 취해 달라며 날짜까지 강요하다시피 잡아놓았다. 이 일은 왕의 반발로 이루어지지 않았지만 왕이 이자겸을 미워하게 되었다.

이자겸의 작위 조선국공朝鮮國公에는 많은 비밀이 숨어 있다. 우리는 '조선' 하면 단군조선을 떠올리지만 단군조선이 기록에서 처음 확인되는 것은 고려말 원간섭기에 일연 스님이 지은 『삼국유사』이다. 김부식이 묘청을 이긴 후 저술한 『삼국사기』에는 다음과 같이 기술되어 있다. "고구려 동천왕이 환도성에는 난리를 겪어 다시 도읍할 수 없다며 평양성을 쌓아 백성과 종묘·사직을 그곳으로 옮겼다. 평양은 본래 선인仙人 왕검의 땅인데 혹은 왕의 도읍 왕험성이라고도 한다." 여기의 평양이 어디인지 논란이 많지만 단군으로 추정되는 선인 왕검이 언급되었다는 점에서 의미가 크다. 왕건의 부친 용건(왕륭)이 궁예에게 조선, 숙신(말갈), 변한의 왕이 되려면 송악에 성을 쌓아 도읍하기를 권한 적이 있는데, 여기의 조선이 어느 조선에 해당하는지 알 수 없다. 고려 서경(평양)에는 주몽성제를 제사하는 동명사당이 있었다.

그런데 경상도 초계현 출신의 급제유학자 정문鄭文이 숙종 7년(1102)에 왕을 따라 서경에 갔을 때 예부와 함께 아뢰어, 우리나라 교화와 예의가 기자로부터 시작되었다며 무덤을 찾아 사당을 세우기를 요청했다. 이에 따라 서경에 기자사당이 건립되었다. 평양에서 단군이 제사지내지거나 사당이 세워지는 것은 이성계의 조선건국 이후였는데, 황해도 구월산 삼성사당의 단군상이 평양으로 옮겨지니 구월산 주변 사람들이 반발하기도 했다.

이자겸이 조선국공에 책봉된 것은 그의 조상 고향과 관련이 있었다. 그의 조상은 서해도(황해도)의 신주에 살다가 소성(인천)으로 이주했다. 그러니까 그는 그의 조상이 구월산을 지닌 신주에 거주한 적이 있었기 때문에 조선국공에 책봉된 것이었으니 구월산은 단군조선과 관련이 깊은 곳이었음이 드러난다. 고구려의 평양 천도에 따라 시조 주몽의 사당이 평양에 마련되면서 단군사당이 구월산 지역으로 밀려났을 가능성, 고조선의 세력교체로 단군조선이 구월산 지역으로 밀려났을 가능성 등이 있다.

이자겸이 조선국공을 칭한 것은 당시에 구월산 지역에서 단군이 숭배되었고 이 지역이 단군의 조선국 땅이라고 인식되었음을 시사한다. 이자겸은 단군 내지 조선의 후예로서의 칭호를 지님에 따라 더욱 권위를 지니게 되었다.

두 이모와 결혼하다

이자겸이 전권을 행사하는 동안 어린 인종은 원년(1123) 4월에 부왕의 소상을 맞아, 9월에는 모후의 기일을 맞아 안화사에 가서 향을 드린다. 예종이 중수한 안화사는 그의 아내만이 아니라 그 자신의 영정이 안치된 진전(眞殿)이 조영되어 있었다. 예종의 초상화가 그가 그토록 사랑하던 왕후의 초상화 옆에 놓이게 되었으니 예종도 자신의 죽음을 마냥 슬퍼하지는 않았으리라. 효성이 지극한 인종이 부왕과 모후(문경태후)를 대면하기 위해 안화사를 자주 찾았으니 더욱 위안이 되었을 것이다.

인종은 부왕이 돌아가신 2주기가 되는 2년 4월에는 안화사에 가 부왕에게 인사하였으며, 며칠 후에는 부왕의 영정을 궁성의 경령전에 봉안하는 한편 부왕의 신주를 대묘(太廟)에 봉안하여 제사지냈다. 부왕에 대한 모든 장례 절차가 끝난 것이다. 고려의 왕은 즉위하면 곧 상복을 벗고 정상적인 정무를 수행하면서 그러한 예를 행하는 점이 조선의 왕과는 다르다. 6월에는 왕실이 유래한 오관산의 유서 깊은 화엄사찰 영통사에 행차해 숭복원崇福院을 수리하도록 하는데 이 공사가 3년 3월에 끝나자 흥성사興聖寺라 개칭하였다. 영통사 내지 흥성사는 인종의 원찰이었던 것이다.

이자겸은 다른 성씨가 왕비가 됨으로써 권세와 총애가 나뉠 것을 두려워해 인종에게 강요하다시피 요청해 2년(1124) 8월에 셋째딸을, 3년 정월에 넷째딸을 왕의 배우자로 들였다. 셋째딸은 이미 사망한 시어머니이자 언니인 문경태후의 뒤를 이어 연덕궁주에 책봉되었다. 그런데 이 결혼 과정에는 복잡한 술수와 권력투쟁이 숨어 있었다.

정안(장흥) 출신 임원애(임원후)와 수주(부평) 출신 이위李瑋의 딸이 결혼했다. 둘 사이에서 딸이 태어날 때 그녀의 외조부 이위가 그 집 중문에 꽂힌 황색 큰 깃발이 선경전 치미까지 뻗쳐 휘날리는 꿈을 꾸었다. 그녀는 성장해 김인규의 아들 김지효와 결혼하기로 약속했다. 결혼일 저녁에 신랑이 신부집 문에 이르자 신부가 갑자기 죽을 지경으로 아팠다. 이에 신부집에서 사죄하며 신랑을 돌려보내 파혼하였다. 점쟁이에게 점을 쳤더니 걱정하지 말라며 그녀가 장차 반드시 국모가 된다고 예언했다. 이미 두 딸을 인종에게 들인 이자겸이 듣고서 미워해 임원애를 좌천시켰다. 이렇게『고려사』는 전하고 있지만 달리 해석할 여지가 많다.

이숙(이위의 형)의 아내가 김인규의 누이였고 경주 사람인 김인규는 이자겸의 아들 이지언의 장인이었다. 임원애의 딸과 김인규의 아들의 약혼은 이숙 혹은 이자겸이 주선하거나 이자겸이 사주했을 것이다. 추론컨대,

대궐의 제1정전 회경전(선경전) 터

임원애가 문하시중을 지낸 장인 이위의 협력을 얻어 딸을 인종과 결혼시키려 했고, 인종도 이자겸을 견제하기 위해 동의했다. 하지만 권력자 이자겸이 이를 차단해 자신의 딸을 인종과 결혼시키더니, 후환을 없애기 위해 김인규의 아들을 임원애의 딸과 결혼하도록 만들었다. 이에 반발해 임원애와 이위가 신부의 위독을 핑계로 파혼시켰다. 이렇게 해석되는 임씨任氏의 결혼 사건에는 복잡한 정치권력의 향배가 담겨 있었다.

인종은 이자겸의 셋째딸 및 넷째딸과 결혼했으니 이모 둘을 배우자로 맞이한 것이었고, 이자겸은 왕에게 외조부이자 장인이 된 것이었다. 당시는 근친혼이 많이 이루어졌으므로 도덕적으로는 별 문제가 없었지만, 정치적으로는 인종이 외조부·장인과 두 이모 사이에 끼여 꼼짝 못하는 형국이었다. 그래도 아내인 두 이모는 왕을 따뜻하게 어루만져 주었다.

이자겸의 권세는 하늘 높은 줄 모르고 치솟았다. 인종은 이자겸을 다른 신하처럼 대우할 수 없다며 그의 이름을 부르지도, '경卿'이라 부르지도 않았다. 이자겸의 생일은 박승중의 건의에 따라 '인수절仁壽節'이라 칭해졌는데, 태자의 예우에 준한 것이었다. 생일에 '절節'을 붙일 수 있는 경우는 태후, 천자 혹은 천자로서의 국왕, 태자뿐이었다. 김부식이 신하로서 생일을 '절'이라 칭한 경우를 들어본 적이 없다며 반대했을 정도로 파격적인 예우였다.

이자겸의 아들 이지미가 추밀재상에 올랐고, 다른 아들 이공의·이지언·이지보·이지윤·이지원도 관직에 진출했으며, 아들인 현화사 승려 의장은 고위승직인 수좌首座에 올랐다. 친인척들도 관직에 대거 진출해 요직을 차지했다.

이자겸의 어머니는 탐욕스럽고 인색해 시장 상인들의 물품을 억지로 사들여 값을 제대로 치르지 않거나 노비를 보내 횡포를 부리니, 그녀가 죽자 상인들이 서로 축하했다고 한다. 이자겸의 아들들은 대규모 저택을 곳곳에 경영했다. 사방에서 뇌물을 이자겸 집안에 공공연히 바치니 보관한 고기 수만 근이 그냥 썩기도 했다. 이자겸 집안이 남의 토지를 강탈하고 노예를 시켜 수레와 말을 빼앗아 물건을 실어나르니 화가 난 서민들이 수레를 부수고 소와 말을 팔아버리기도 했다.

'이자겸의 난'과 불타는 황궁

이자겸은 아들을 여진정벌의 영웅인 척준경의 딸과 혼인시켜 그와 사돈을 맺었다. 이자겸은 척준경이 장악한 군권이 필요하고, 척준경은 이자겸이 장악한 권력이 필요해서 이루어진 것이었다. 척준경은 고위재상인 평장사로, 그의 동생인 척준신은 병부상서(국방부 제2장관)로 군권을 장악하여 이자겸 정권을 뒷받침하였다.

이자겸의 권력독점은 어린 인종의 마음에도 썩 유쾌하지 않았다. 왕의 불편한 심기를 알아챈 내시 김찬(김안)·안보린 등 측근들이 권력자 이자겸과 군권을 장악하고 있던 척준경을 축출하기 위해 움직였다. 우리가 보통 '이자겸의 난'이라 부르는 사건이 시작된 셈이지만 사실은 왕의 측근들이 일으킨 친위 쿠데타였다.

왕의 측근들은 추밀재상 지록연과 공모하여 상장군 최탁崔卓과 오탁吳卓 등을 끌어들였다. 서해도 봉주 출신의 지록연은, 거란이 고려를 침략했을 때 피난길에 오른 현종(문종의 부왕)을 끝까지 보호해 상장군 복야(상서도성의 장관)에 올랐던 무신 지채문의 증손자였다. 최탁과 오탁은 척준경의 동생 척준신이 자신들보다 하위에 있었다가 상위로 뛰어올라 병부상서에 임명된 것에 불만이 많았기에 동조했다.

인종은 김찬을 강릉 출신의 원로 김연(김인존)과 인주 출신의 원로 이수(이공수: 이예의 아들)에게 보내 이자겸의 권한을 빼앗으려 하는데 어떠냐고 묻게 했다. 그들은 주상이 외가에서 태어나고 자라서 은혜를 끊을 수 없고 이자겸의 당파가 조정에 가득 차 가벼이 움직일 수 없다며 틈새가 생기기를 기다릴 것을 요청했다. 하지만 인종이 이를 받아들이지 않아 정변이 일어났다고 하니 왕도 이자겸 축출 거사를 사주하거나 그에 동의했던 것이다.

마침내 김찬 등이 인종 4년(1126) 2월 하순의 신유일 이른 밤에 거사했다. 상장군 최탁과 오탁 등이 군대를 동원해 궁성 안에 숙직하고 있던 척준신과 척순(척준경의 아들) 등을 살해하여 시체를 궁성 밖으로 던졌다. 이자겸 세력인 박승중의 아들 박심조가 내시로 숙직하다가 이 변란에 직면하자 급한 김에 궁궐의 변소에 숨어 피했다. 그가 똥물을 흠뻑 뒤집어 쓴 채 지름길로 이자겸의 집으로 달려가 알리니 이자겸이 옷을 주어 위로했다. 급보를 들은 이자겸과 척준경은 이자겸의 집에 모였지만 당황하여 어찌 할 바를 몰랐다 한다. 이를 보아도 이자겸 쪽에서는 별로 대비하지 못했음을 알 수 있는데, 이자겸은 외손이자 사위인 왕이 자신을 배신하리라고는 생각하지 못했던 것이다.

이러한 급박한 상황에서도 먼저 행동을 취한 자는 역시 전장에서 잔뼈가 굵은 척준경이었다. 그는 사태가 급박하니 앉아서 기다릴 수는 없다면서 곧바로 동원 가능한 수십인을 거느리고 나왔다. 대궐 황성에 도착하여 남문인 주작문을 돌파하더니 궁성의 저지선도 뚫고 큰 뜰인 구정의 신봉문에 도달하여 고함을 질러댔다. 여기에도 척준경의 지략이 돋보였으니 마치 수많은 군대가 쳐들어온 것처럼 착각하게 만들었던 것이다. 이 고함소리를 들은 친위쿠데타 세력은 이자겸군이 많이 모인 것으로 생각해 사기가 떨어져 나와 싸우려 하지 않았다.

정변 둘째 날인 임술일에 날이 밝아오자 척준경은 일단 궁성 밖으로 나와 군졸들을 불러 모으고 군기고의 무기를 분배하여 무장시켰다. 그리고 다시 진격하여 궁성의 정문인 승평문을 포위하였다. 이 때 부친 이자겸으로부터 급보를 받은 승려 의장義莊이 현화사로부터 승려 300여 명을 이끌고 달려와 궁성 밖에 이르렀다. 척준경과 의장은 곧 승평문을 돌파하여 다시 구정에 진을 쳤다.

이처럼 위험한 상황에 돌입하자 인종이 신봉문에 행차하였다. 아직 어린 티가 나는 왕이었지만 숨어 있거나 도망치지 않고 의연히 대처하였다. 황색 일산이 펼쳐지고 왕이 좌정하자 척준경의 군졸들은 황공하여 절하고 좋아서 만세를 불렀다. 왕이 침착하게 오늘의 사태가 별일이 아니라고 군졸들을 설득하니 그들은 갑옷을 벗고 무기를 버렸다. 사태가 싱겁게 수습될 찰나였다. 상황이 묘하게 전개되자 척준경이 노해서 검을 뽑아들어 군졸들에게 다시 갑옷을 입고 무기를 들라고 명령하였다. 다시 전투가 벌어졌는데 심지어 왕을 향해서 화살이 날아가기도 하였다. 의장이 거느린 승려들은 도끼로 신봉문의 기둥을 찍어댔다. 이자겸은 사람을 왕에게 보내 난을 일으킨 주도자들을 내놓으라고 협박하였지만 왕은 침묵을 지켰다.

날이 저물어가자 조급해진 척준경은 궁문을 불태워 주동자들을 체포하기로 하고 장작을 동쪽문인 동화문의 회랑에 쌓아놓고 불을 질렀다. 삽시간에 불은 바람을 타고 회랑과 건물들을 따라 번져 내침內寢까지 연소되니 궁인들이 모두 놀라 도망하고 숨었다. 척준경의 군대는 동궁으로 가는 춘덕문을 통과하고 정전으로 통하는 좌액문左掖門에서 왕의 금위병과 대처하였다. 밤이 되자 왕은 걸어서 궁성의 후원에 있는 산호정으로 피했는데 임경청 등 10여 명의 측근들만이 수행하였다. 자포자기한 왕은 이자겸에게 왕위를 물려주려 하였지만 이수(이공수) 등 재상들이 반대하자 이자겸이 사양했다.

정변 셋째 날인 계해일에 날이 밝아오고 불타는 화염이 덮치려 하자 왕은 궁

건덕전의 불탄 흔적
이자겸 정변의 흔적일 수도 있다.

성을 나오기로 결심하
였다. 이자겸도 왕에게
사람을 보내 남궁으로
나가기를 위협해 강요
하였다. 왕은 걸어서
경령전에 이르러 측근
에게 조종(祖宗)의 영정
을 내제석원의 마른 우
물 속에 넣도록 하고
궁성의 서문인 서화문
을 나왔다. 왕을 수행
한 홍관이 서화문 밖에

홍관 추모각
홍관이 살해당한 서화문 밖에 건립됨

서 살해당했다. 왕은 말을 타고 황성을 빠져 나와 남궁인 연덕궁에 이르렀
다. 연덕궁은 이자겸의 셋째 딸로 인종의 왕비인 연덕궁주의 궁으로 자남
산 기슭에 위치하였다.

척준경은 부하를 시켜 왕을 인도하던 오탁을 살해했다. 또한 군사를
파견해 최탁, 안보린 등을 살해했다. 왕의 수행원만이 아니라 왕의 편에
선 수많은 병사들이 이자겸·척준경의 병력에 의해 살해당했다. 이로써
왕의 측근들이 이자겸 일파를 숙청하려고 일으킨 정변은 실패했다. 정변
넷째 날인 갑자일에는 이자겸이 지록연과 김찬을 멀리 유배했다. 지록연
은 이자겸의 아들 이지보에 의해 체포되어 순천관(대명궁)에서 거의 죽을
지경으로 고문을 심하게 받은 상태여서 충주에 이르자 더 이상 움직일 수
가 없었다. 이자겸 일당으로 그를 호송하던 윤한(尹翰)이 아직 숨이 멎지 않
은 그의 사지를 잘라 길옆에 묻었다. 왕의 측근세력은 몰락했고 이자겸과

척준경의 권력은 더욱 커졌다.

여진 금을 사대하다

이자겸은 다음달인 3월 정묘일 초하룻날(정변 7일째) 왕을 협박하여 그의 개인저택인 중흥택重興宅으로 옮겼다. 이 저택은 이자겸의 선조들이 이자연 이래 살아 온 개명택開明宅이었는데, 인종이 수리하도록 명령해 중흥택이라 명명하고 이자겸에게 거주하도록 한 곳이었다. 그 위치는 대궐 밖의 남쪽 유암산 기슭의 불은사 고개였다.

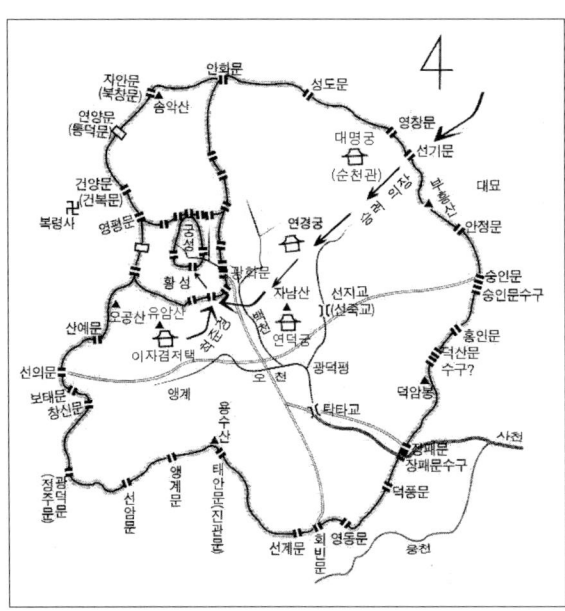

이자겸파의 진격로

이자겸 부부가 손으로 땅을 치며 통곡하면서 왕에게 말했다.

"황후가 왕궁에 들어간 이후로 태자(인종)를 낳기를 기원했어요. 성인(인종)이 탄생하자 생명이 영원하기를 온갖 방법으로 하늘에 기도했어요. 천지의 귀신이 거울처럼 우리의 정성을 증명해요. 금일에 오히려 역적을 믿어 골육을 해치려 할 줄은 꿈에도 생각하지 못했어요."

왕은 부끄러워 대답하지 못했다. 이자겸의 둘째 딸이 예종과 결혼해 왕을 낳았고 왕이 이자겸 덕분에 왕위에 오른 것은 사실이었다. 이자겸의 권력이 너무 커지자 왕이 그를 미워한 것도 사실이었다. 권력 때문에 가족끼리 싸운 것이었다.

그런데 중흥택에서 중요한 결정이 내려진다. 당시 이미 거란족 요나라를 1125년(고려 인종 3)에 멸망시켜 강성해진 금나라가 고려에 압박을 가해 자신을 사대事大하라고 요구하고 있었다. 3월 25일(신묘일)에 왕이 백관을 소집해 금을 사대할 것인가 말 것인가를 의논하도록 했다. 백관은 여진의 형제 관계 요구도 거절해 왔기에, 군신(임금과 신하) 관계 요구를 대하니 기가 막힐 노릇이었다. 그래서 모두 불가하다고 목소리를 높였다.

특히 윤언이는 신하를 칭하라는 금의 요구에 격렬히 반대했다.

"우리 임금이 근심하고 신하가 모욕을 당하니 저는 감히 죽음을 두려워하지 않습니다. 여진은 본래 우리나라 사람의 자손이기 때문에 신하가 되어 연이어 천자국(고려)에 조회하여 왔으며, 국경 부근의 여진인은 모두 우리나라의 호적에 속한 지 오래되었습니다. 우리나라가 어찌 반대로 신하가 될 수 있단 말입니까?"

그의 발언에는 참으로 여진정벌의 영웅 윤관의 아들다운 기개가 넘친다. 금방이라도 군대를 이끌고 여진을 향해 돌격할 태세였다. 하지만 유독 이자겸과 척준경이 다른 논리를 폈다.

"금은 옛날에는 소국으로 요 및 우리를 섬겼습니다. 하지만 지금은 이미 흥성하여 송과 연합해 요를 멸망시켰으며, 정치가 잘 이루어지고 군사가 강하여 날마다 강대해지고 있습니다. 또한 우리와 국경을 접하고 있습니다. 형세상 사대하지 않을 수 없습니다. 소국이 대국을 섬김은 선왕의 법도입니다. 마땅히 먼저 사절을 파견해 조회하여 안부를 물어야 합니다."

이자겸과 척준경이 금나라를 사대하는 것을 찬성하며 내세운 논리는 금나라가 옛날에는 소국이어서 요나라와 고려를 섬겨왔지만 지금은 대단히 흥해서 요나라를 멸망시켰으니 형세상 어쩔 수 없다는 것이었다. 어찌 보면 실용적이고 합리적인 논리였지만, 이자겸과 척준경이 자신들의 정권 안정을 위해서 내세운 측면이 강했다. 그들에게 사로잡힌 처지인 인종은 그들의 요청을 받아들일 수밖에 없었다.

왕은 3월 29일(을미일)에 이자겸의 아들 이지미를 대묘(종묘)에 보내 다음과 같은 글을 올리면서 금을 사대해야 하는가 말아야 하는가 여부를 점치게 했다.

"저 여진이 존호(황제칭호)를 자칭해 남쪽으로 송을 침략하고 북쪽으로 요를 멸망시켜 사람을 취함이 이미 많고 영토를 개척함이 또한 넓습니다. 소국은 저 여진과 국경을 접하고 있습니다. 어떤 이는 사절을 파견해 화친을 맺자고 하고, 어떤 이는 군사를 길러 변란(금의 침입)에 대비하자고 합니다. 이를 해결하기 위해 점을 치나니 신령께서 결정해 주십시오."

고려의 집권자는 금의 파죽지세에 눌려 소국을 자처하며 왕실의 조상들에게 결정을 미루었다. 여진정벌의 주역인 척준경조차 이제는 고려를 소국이라 보았다. 사실이 그랬다. 만주를 통일하고 요를 멸망시켜 몽골 초원을 장악하고 송을 압박하는 금은 대국이었다.

대묘의 선대 왕들이 어떤 점괘를 내렸는지는 확인되지 않는다. 대묘에 점을 친 것은 금을 사대함을 반대하는 들끓는 여론을 잠재우기 위한 형식적인 절차였다. 점치러 파견된 사람이 이자겸의 아들이니 점괘는 이미 나와 있었다.

조선 건국 과정에서 벌어진 일이 참고된다. 태조 이성계가 조선을 건국하고 수도를 개경에서 한양으로 옮겼다가 제1차 왕자의 난이 일어났다. 승리한 이방원에 의해 추대된 정종 이방과가 개경으로 환도했다. 태종 이방원이 개경에서 제2차 왕자의 난에서 승리하고 즉위했다. 그는 신하들이 한양 환도를 반대하자 종묘에서 점을 치도록 하여 찬성 점괘를 얻어 한양 환도를 강행했다.

이자겸과 척준경은 다른 권력자들처럼 자신의 뜻을 관철시키기 위해 신령의 뜻을 이용했다. 왕은 어쩔 수 없이 이들의 뜻에 따라 금을 사대하기로 결정하고 4월 정미일에 사절을 금에 파견해 신하를 칭하였다. 윤언이는 권력자 이자겸과 척준경이 마음대로 왕명을 빙자하여 여진에 대해 신하를 칭하고 그것을 맹서하는 글을 여진에 보내자 심히 부끄러워하고 애통해했다고 한다. 여진을 정벌했던 척준경과 윤언이가 다른 길을 가는 순간이었다. 훗날 윤언이와 묘청이 금 정벌 운동을 일으키는 단서가, 묘청이 서경천도운동과 군사정변을 일으키는 단서가 열린 것이었다.

하지만 고려가 금을 사대한 것도 송이나 요를 사대한 것과 다름이 없는 지극히 형식적인 일이었다. 고려가 금을 상국으로 인정하고 그 징표로 고려국왕이 의례적으로 금 황제의 책봉을 받아 그의 자존심만 세워주면 그만이었다. 물론 고려는 나름대로의 황제국 체제를 계속 유지하며 고려왕의 지위도 황제로서의 위상을 계속해서 지녔다. 그래도 고려인들은 고려를 사대하였던 여진을 거꾸로 사대하는 외교적 결정에 대해 심각한 충격을 받았던 것이다.

십팔자가 왕이 된다네

　인종은 4월 부왕의 기일을 맞이하여 이자겸의 호위를 받으면서 안화사에 가지만 불타버린 궁궐을 돌아보며 눈물을 흘렸다. 그리고 5월에 왕은 자신의 별궁인 연경궁으로 옮겼다. 이자겸도 세상의 눈이 있어 자신의 집에 왕을 계속 유폐해 둘 수는 없었던 것이다. 대궐 동쪽에 자리잡은 연경궁은 경찰부대인 금오위가 위치한 제상방堤上坊의 제상리에서 가까운 동쪽 지역에 위치하였는데 대궐 황성의 동문인 광화문과 거리가 가까웠다.
　이자겸은 연경궁의 남쪽에 임시 거처를 마련하고 그 거처의 북쪽 담장을 뚫어서 궁의 내부와 통하도록 하여 왕을 감시하였다. 그는 '십팔자 十八子' 즉 '이李'가 왕이 된다는 도참(예언)을 믿어 왕이 되고자 인종을 해치려 했는데 그때마다 이자겸의 넷째 딸인 왕의 둘째 왕비가 구해줬다고 한다. 한번은 떡에 독을 넣어 바쳤는데 둘째 왕비가 왕에게 몰래 알려 떡을 까마귀에게 던지니 까마귀가 먹고 죽었으며, 한번은 독약을 둘째 왕비로 하여금 올리게 하니 일부러 넘어져 쏟아버렸다는 것이다.
　'이' 씨가 천하의 주인이 된다는 예언은 유래가 오래였다. 중국 도교에서 노자가 신격화되면서 그가 다른 사람의 모습으로 재림해 천하를 지도한다는 신앙이 퍼졌다. 노자의 성은 '이李', 이름은 '이耳', 자는 '담聃'이었다. 그런데 세상을 바꾸고자 하는 사람들이 '이' 성을 칭하여 자신이 바로 재림 노자라며 세력을 규합하는 일이 종종 발생했는데, 후한~남북조 시대의 이홍李弘이 대표적이었다.
　고려에도 도교가 유행하면서 '이李' 성을 가진 자가 구세주로 나타난다는 이야기가 생겨났고 그것이 '십팔자+八子'가 왕이 된다는 형태로 만들어졌던 것이다. 무인정권 때 경주 출신의 이의민은 '용손(왕건의 후손)이 12대에 다하면 다시 십팔자가 있다'는 예언을 믿어 왕이 되어 신라를 부흥하기를 꿈꾸었다는 이야기가 전해진다. 고려 말기에 이성계는 우왕과 최영의 요동정벌 명령을 거역해 위화도에서 회군하더니, 목자木子 즉 '이李'가 나라를 얻는다는 '목자득국木子得國'설을 퍼뜨려 조선을 세운다. 이씨 왕조인 조선시대에는 이씨를 대신해 정씨(정도령)가 왕이 된다는 『정감록』의 예언이 퍼진다. '십팔자' 내지 '목자'는 고려의 이도령인 셈이었다.

고려는 중기로 접어들면서 왕조가 오래되고 사회변화가 많이 일어나자 개경 명당의 지력이 다해 왕조의 운수가 위태롭다는 풍수도참설이 유행했다. 그래서 기업基業 즉 왕조의 운수를 연장하는 방법을 제시한 연기설延基說이 각광받았던 것이지만, 아예 왕조의 성씨를 바꾸자는 역성혁명의 움직임도 고개를 들고 있었다.

이자겸의 두 딸은 아버지가 쫓겨난 다음에 폐비되지만 괜찮은 대우를 받았으며 특히 둘째 왕비는 왕을 구한 공으로 더욱 극진한 대우를 받았다 한다. 과연 이자겸은 외손이자 사위인 인종을 살해하고 왕이 되고자 했을까. 진정 그는 재림 노자였을까?

이자겸의 몰락

이자겸과 척준경의 권력은 공고해 보였다. 그런데 상황은 갑자기 이상하게 전개된다. 정변이 일어났을 때 내의 최사전은 군기감(무기제조 담당)

의 소감(차관)으로 복귀하여 있었다. 측근들을 상실한 인종이 어찌할 바를 몰라 최사전과 비밀히 대책을 의논했다.

최사전이 아뢰었다.

"이자겸이 발호하는 것은 오직 척준경을 믿어서입니다. 왕께서 척준경을 얻으면 병권(군사권)이 왕실에 속하리니, 그리되면 이자겸은 한 평범한 사내일 뿐입니다."

"척준경은 국공(이자겸)의 심복이며 혼인을 맺은 사돈인 데다가 아우 척준신과 아들 척순이 관병에게 해를 입었으니 이로 인해 그를 얻을 수 있을까 의심이 드네요."

이렇게 대답한 왕은 점을 치게 했는데 길조를 얻었다. 이에 최사전이 척준경을 찾아가 충성과 의리로써 설득했다.

"태조 이래 역대 왕들의 신령이 하늘에 계시니 화복을 두려워해야 합니다. 이자겸은 단지 궁액(궁중)의 세력에 기댈 뿐이고 신의가 없으니 좋고 싫음을 같이 할 위인이 못됩니다. 공께서는 한 마음으로 나라를 받들어 영원 불멸의 공로를 세우셔야 합니다."

또한 최사전은 척준경에게 왕의 밀지를 전달했다.

"짐이 밝지 못해 흉악한 무리가 일을 저질러 대신으로 하여금 근심하고 수고롭게 만들었으니 모두 과인의 죄이오. 이로 인해 반성하며 과오를 후회하고 있소. 하늘을 우러러 맹세하건대 신민과 더불어 덕망을 새롭게 하고자 하니 그대는 수련하기에 힘쓰되 지난 일을 염두에 두지 말고 마음을 다해 도와 훗날의 어려움이 없도록 하오."

마침 이자겸과 척준경이 권력의 배분을 놓고서 갈등하고 있었다. 이자겸의 아들 이지언의 노비가 척준경의 노비를 꾸짖었다.

"너의 주인은 임금을 향해 활을 쏘고 궁궐에 불을 질렀으니 죄가 사형에 해당한다. 너 또한 관노(관청노비)로 전락할텐데 어찌 나를 욕보이는가"

이 발언에는 이자겸 집안의 분위기가 담겨 있었다. 척준경이 그 발언을 전해듣고 대노해 이자겸의 집으로 달려가 관복과 모자를 벗으며 소리쳤다.

"저의 죄가 크니 마땅히 해당 관부에 나아가 스스로 변론하겠습니다."

그러고는 뒤돌아보지도 않고 나왔다. 이자겸이 아들 이지미와 이공의를 보내어 화해를 요청하자 척준경이 그들을 꾸짖었다.

"전일의 난은 모두 너희들이 저지른 것인데 어찌 나의 죄만 죽어 마땅하다고 하는가!"

이렇게 일갈하며 만남을 거부한 척준경은 은퇴해 고향으로 돌아가려 한다고 선언했다. 왕이 이를 듣고 추밀재상 김부일(김부식의 형)을 보내 말리고 정무를 보도록 했다. 마침내 척준경은 왕을 돕기로 결심했다.

하루는 부수상이자 국방부장관인 판병부사에 오른 척준경이 황성의 동문인 광화문 바로 앞의 병부에서 무반 인사안을 마련하고 있었다. 인종이 환관 조의를 비밀히 보내 거사를 종용하는 친서를 전달했다.

"태조가 창업하고 여러 왕들이 서로 이어 과인에 이르렀는데 다른 성씨로 바뀐다면 짐의 죄일 뿐만 아니라 재상의 심각한 수치이니 경은 도모하라."

척준경이 왕의 친필을 추밀재상이면서 국방부 제2장관인 병부상서 김향에게 보이니 김향도 왕명을 따르기로 했다. 척준경이 김향과 함께 휘하에 있는 27인 정도를 데리고 국방부인 병부를 출발하였다. 휘하부하들은 갑작스러운 일이라 칼이나 창도 없이 몽둥이를 들고 있었다. 척준경 일행은 광화문 앞 관도官道의 북문을 나가 경찰부대인 금오위 남교南橋를 건너 연경궁에 들어갔다. 그리고 그 정전인 천복전에서 왕을 모시고 연경궁을 탈출하였다. 이자겸 쪽 사람들이 활을 쏘다가 척준경이 검을 뽑아 한 번 부르짖으니 감히 덤벼들지 못했다. 그의 전설적인 용맹을 익히 알고 있어 겁을 먹었던 것이다.

척준경은 왕을 모시고 연경궁을 나서 길을 재촉하여 황성의 광화문으로 들어간 후 그 문을 닫았다. 참으로 척준경다운 번개같은 작전이었다. 재상 이공수가 따라오자 왕이 쪽문을 열도록 하여 들어오게 했다. 순검군의 지휘자인 도령 정유황이 척준경의 명령을 받아 백여 명을 이끌고 군기감에 들어가 무장시킨 다음 이자겸 일파를 공격하러 연경궁으로 향했다.

인종은 군기감에 들어가 병사들의 삼엄한 호위를 받았다. 척준경이 왕의 비서인 승선을 시켜 이자겸을 부르게 하였다. 이자겸이 하얀 소복을 입고 이르니 척준경이 이공수와 의논하여 이자겸과 그 처자들을 팔관회 경비를 마련하는 팔관보에 가두었다. 이자겸이 소복을 입고 나타난 점을 보면 대세가 이미 기울었다고 판단해 처벌을 받고자 한 것으로 보인다. 그만큼 척준경의 거취는 사태를 단번에 반전시킬 정도로 중요했던 것이다. 척준경이 이자겸당을 목베거나 체포하도록 조처했다.

왕이 광화문에 나아가서 이자겸의 난이 진압되었음을 선포하니 사람들이 만세를 부르며 환호했고 일부는 눈물을 흘리며 울기도 했다. 이자겸의 아들 이지미가 변을 듣고 백여 명의 병력을 이끌고 광화문에 이르렀지만 들어가지 못하고 배회하다가 순검군에 의해 병부에서 체포되었다. 승려 의장은 연경궁의 침실에 숨어 있다가 체포되었다. 이렇게 이자겸의 천하가 종말을 고하자 인종은 연경궁으로 돌아왔다. 이자겸과 처 최씨, 그리고 그 자식들을 유배하였고, 이자겸 일파를 숙청했다. 이렇게 이자겸은 인종 4년 5월에 몰락했다.

이자겸 몰락의 원인은 병권을 장악하고 있던 사돈 척준경을 포용하지 못한 점이 결정적이었고, 다른 사돈인 김향과 친척인 이공수를 자기 사람으로 만들지 못한 점도 작용했다. 또한 손자이자 사위인 인종을 폐위시킬 것인지, 자신이 왕위에 오를 것인지 확실한 결단을 내리지 못하고 미적거린 점도 작용했다.

이자겸은 척준경과 함께 『고려사』 반역전에 실려 있으며 오랫동안 귀족정치의 나쁜 사례, 부정부패의 대명사로 알려져 왔다. 과연 이자겸은 얼마나 나쁜 사람이었을까? 이자겸이 권세를 부리고 토지와 노비를 많이 점탈하고 뇌물을 많이 받은 것은 사실이지만 이성계도 그러했다. 정계의 보스는 정치자금을 필요로 한다. 이자겸은 패배했기 때문에 반역자가 되고 나쁜 사람이 된 반면 이성계는 승리했기 때문에 건국자가 되고 위대한 영웅이 되었다. 요즘도 온갖 방법으로 정치자금을 받다가 종종 처벌받지만 권력을 잡으면 그냥 넘어간다. 만약 이자겸이 승리하고 '십팔자'의 새로운 왕조를 열었다면 어떻게 평가를 받았을까?

이자겸이 외척으로서 권세를 부린 것이 비난을 많이 받아왔다. 고려 남성은 결혼하면 '남귀여가' 풍습에 따라 배우자 여성의 집에서 처가살이하며 자식을 낳아 길렀으니 여계의 위상이 높고 외가와 처가의 힘이 셌다. 어차피 여성은 일반 관직에 진출하지 못했으니 정치에 영향력을 행사하려면 간접적인 방법을 쓸 수밖에 없었다. 외척의 정치 참여는 곧 여성의 정치 참여였으니 긍정적인 측면도 있는 것이다. 더구나 이자겸은 인종의 외조부이자 처부였으니 더욱 그러하다. 왕과 남자만 정치하라는 법이 어디 있는가. 태후, 왕후, 왕비도 할 수 있고, 왕의 외조부도 처부도 할 수 있지 않은가.

제6장

서경세력이 날아오르다

들깨와 해바라기

　　인종은 치세 4년(1126) 5월에 이자겸을 제거하는 데 앞장 선 평장사 척준경을 문하시중에 임명했다. 하지만 척준경은 서열을 뛰어넘는다며 평장사 이공수에게 양보했다. 이에 그 다음달인 6월에 척준경을 사직을 지킨 위사공신에 책봉하고 검교태사 수태보 문하평장사 판호부사 겸 서경유수사에 임명했으며, 아내 황씨를 그녀의 고향 제안(황주)을 따서 제안군대부인에 책봉했다. 이공수를 위사공신 문하평장사 판이부사에, 김향을 위사공신 호부상서 지문하성사에, 최사전을 병부상서에 임명했다.

　　인종은 문하시중을 공석으로 두면서 척준경에게 '검교태사檢校太師 수태보守太保'※를 부여해 재상 서열 1위에 두고 서경까지 관장하게 했고, 이공수에게는 수상이 겸하는 판이부사를 띠게 했지만 서열은 두 번째로 두었다. 김향이 추밀원 재상에서 중서문하성 재상으로 승진했고, 의사 최사전은 국방부 장관으로 뛰어올랐다. 척준경을 핵심으로 한 이들 관료가 당시 권력 실세였다. 최사전은 이후 참지정사 판형부사를 거쳐 평장사에 오르자, 한미한 처지에서 일어나 지위가 최고위에 이르렀다며 스스로 은퇴한다.

　　언론 담당 간관이 누차 이자겸의 두 딸이 왕에게 이모가 되므로 왕의

※ 태사太師(대사大師)·태부太傅(대부大傅)·태보太保(대보大保)를 삼사三師라 하고, 태위太尉(대위大尉)·사도司徒·사공司空을 삼공三公이라 한다. 이들은 모두 정1품으로 품계의 꼭대기에 해당하며 서열은 가장 높은 태사를 시작으로 배열 순서대로인데, 명예칭호이면서 고위관직자의 서열을 나타내는 데 이용되었다.

배필로 적당하지 않다고 상소했다. 이자겸의 몰락은 두 딸의 운명도 바꾸었다. 왕은 4년 6월에 간관의 요청을 받아들이는 형식을 취해 두 왕비를 폐하여 내쫓았다. 대신에 결혼 사건의 주인공이었던 임원애(임원후)의 딸을 새로운 왕비로 맞아들였다.

그런데 『고려사』와 『고려사절요』에는 꿈 이야기가 이어진다. 왕이 임씨任氏와 결혼하기 전에 임자荏子(들깨) 다섯 되와 황규黃葵(해바라기) 석 되를 얻는 꿈을 꾸었고 이를 척준경에게 이야기했다. 이에 척준경이 다음과 같이 해몽했다.

"임荏은 임任이니, 임씨 성을 지닌 후비后妃를 들일 징조입니다. 그 수 다섯은 다섯 아들을 낳을 상서로운 징조입니다. 황黃은 황皇이니 황왕皇王의 '황'과 같습니다. 규葵는 규揆이니 도규道揆의 '규'와 같습니다. 이른바 '황규黃葵'는 황왕이 도道로써 나라를 규어揆御(경영)할 상서로운 징조입니다. 그 수 셋은 다섯 아들 중에 세 아들이 왕으로서 나라를 다스릴 징조입니다."

과연 이 꿈의 해몽대로 이루어졌다고 한다. 임씨는 왕비가 되어 의종, 대녕후, 명종, 원경국사, 신종, 그리고 네 궁주를 낳았고, 의종·명종·신종이 왕위를 계승했으니 왕의 꿈이 증명된 셈이었다. 이 꿈은 내용의 대부분이 후대에 생겨난 설화로 여겨지지만 당시 정치현실을 반영하고 있었다. 인종은 이전부터 마음에 두어 왔던 임씨를 왕비로 맞이하려 했는데 실권자 척준경이 반대할까 두려웠다. 그래서 임荏, 즉 들깨를 얻는 꿈을 꾸었다며 척준경의 마음을 떠보았다. 척준경은 이자겸의 전철을 밟지 않기 위해 몸을 낮추고 있던 터라, 왕의 마음을 알아채고 임씨任氏 왕비를 들일 징조라며 선뜻 동의했던 것이다.

임원애의 딸 임씨는 인종과 결혼하면서 연덕궁주에 책봉되었다. 쫓겨난 이자겸의 딸로부터 연덕궁주 칭호가 넘어온 것인데 이제 임씨가 자남산 연덕궁의 새 주인이 되었다. 그녀는 인주 이씨 소유의 원찰인 감로사까지 빼앗아 자신의 원찰로 만들었다. 그래서 그녀가 낳은 아들 의종·명종·신종이 왕위를 잇는 것도 감로사의 영험 때문이라는 이야기가 생겨났다.※ 그녀의 부친 임원애는 종6품 관직자에 불과했다가 딸이 왕의 배필이 되면서 벼락출세했다.

척준경의 실각과 서경세력의 등장

송악산 대궐이 불타고 이자겸의 난이 진압당한 후 인종은 새로 맞은 왕비의 궁인 연덕궁에 이어하기도 하지만, 주로 왕의 이궁인 연경궁과 수창궁에 번갈아 머물러 이곳이 대궐의 역할을 대신하였다. 대궐은 한창동안 복구되지 못한 채 방치되었다.

인종은 4년(1126) 10월에 남경(한양)에 행차해 이자겸 숙청으로 인한 이 지역의 동요를 어루만지고 11월에 개경으로 돌아왔다. 이자겸은 12월에 유배지 영광군에서 사망했다. 왕은 은퇴했던 원로 김인존(김연)을 검교태사 문하시중 판예부사에 임명해 자신의 입지를 넓혔다. 재상 서열은 김인존, 척준경, 이공수 순이었다.

인종은 임신한 연덕궁주 임씨를 대동하고 5년 2월에 서경에 행차했다. 먼저 태조의 진전을 방문해 태조 초상을 알현했다. 3월에 서경의 승

※ 여수 사람인 민세閔世의 조상 무덤이 감로사의 뒤 언덕에 자리잡은 효험으로 그의 사위인 태종 이방원 계열로 조선의 왕위가 이어졌다는 이야기도 전한다.

려 묘청과 일자(일관 : 천문지리 담당) 백수한이 왕을 설득해 편전인 상안전에서 관정도량을 개설했는데 그 의식이 속임수라고 반대진영에서는 기록했다. 관정은 정수리에 물을 끼얹는 밀교식 세례로, 고려 국왕들은 고승들로부터 관정(세례)을 종종 받곤 했는데, 묘청이 주관한 이 의식이 좀더 밀교적이었던 모양이다.

왕은 왕비 및 누이인 두 공주와 함께 서경성 남쪽 흥복사에 행차하더니 재추 및 측근과 함께 대동강에서 배를 타고 연회를 즐겼다. 궁궐로 돌아와 죄수들을 사면했다. 동명성왕 주몽을 기념하는 구제궁으로 이동해 천흥전에서 학술모임을 열어 정당문학 김부일에게 고전『서경』을 강독하도록 했다. 이어서 기린각에서 승선 정항에게『서경』을 강독하도록 했다. 지극히 한가롭고 평화로운 정경이었다. 하지만 이는 불안을 내포한 폭풍 전야의 고요였다.

이번 서경방문은 뭔가 정치적인 복선이 깔려 있었다. 인종은 척준경의 도움을 받아 이자겸을 진압하였지만 그를 꺼렸다. 이를 알아챈 서경 출신의 문장가 정지상이 척준경을 탄핵하는 상소를 올렸다.

> 병오년(인종 4) 2월에 척준경이 최식 등과 함께 대궐을 범했을 때 주상께서 신봉문루에 행차해 타이르자 군사들이 모두 갑옷을 벗어 환호했습니다. 하지만 오직 척준경이 왕명을 받들지 않고 군사를 위협해 전진하도록 하니 심지어 화살을 왕이 계신 곳까지 날린 자도 있었습니다. 또한 척준경은 군사를 이끌고 왕의 처소로 들어가는 문으로 돌진해 들어가 궁중을 불태웠으며, 다음날 왕이 남궁에 옮겨갔을 때 좌우에서 모시던 신하들을 그가 모조리 잡아 살해했습니다. 옛날 이래, 난을 일으킨 신하들 중에 이처럼 한 경우는 드물었으니 진실로 천하

의 큰 악입니다. 5월의 일은 일시의 공로이고, 2월의 일은 만세의 죄입니다. 폐하께서 비록 사람을 차마 벌하지 못하는 마음을 지녔을지라도 어찌 일시의 공로로써 만세의 죄를 가릴 수 있습니까. 청컨대 처벌하십시오.

여진족이 세운 금을 정벌하기를 주장하는 정지상 등 서경파의 정서는 여진족을 정벌한 영웅인 척준경과 통하였다. 하지만 척준경이 금을 사대하는 외교정책을 취한 결과 서경파의 미움을 받은 것이었다. 인종은 정지상의 요구를 받아들여 척준경을 저 멀리 전라도 서쪽의 섬 암타도로 유배했으며, 척준경의 측근 최식·이후진·소억·정유황·윤한 등을 먼 지역으로 유배했다. 인종은 기린각에 행차해 정지상에게 『서경』을 강독하도록 하고 수행한 신하 및 서경 유신儒臣 25인을 불러 시를 짓게 하여 술과 음식을 하사했다. 왕이 척준경 세력을 제거한 기념 연회를 개최해 작전에 도움을 준 서경 사람들에게 사례한 것이었다.

서경에서의 척준경 숙청 작전은 인종이 서경에 가기 전에 국왕 측근과 서경세력에 의해 짜여졌던 것인데 척준경이 거기에 걸려든 것이었다. 금을 사대하는 것을 결정한 척준경을 미워하던 윤언이가 친밀한 정지상과 협조해 척준경을 축출했다고 여겨진다. 인종의 고조부 현종 때 상장군 김훈·최질 등이 정변을 일으켜 무신정권을 열었지만 왕을 수행해 서경에 갔다가 왕측의 미리 짜놓은 덫에 걸려 숙청당한 적이 있었다. 하지만 척준경은 이를 거울삼지 않아 당했다. 그는 왕에게 이용만 당하고 숙청되었으니 우직한 영웅이었지 교활한 간웅은 되지 못했다.

서경세력은 척준경 제거 작전으로 정계에 그 모습을 극적으로 드러냈으니 묘청, 백수한, 정지상 등이 핵심 인물이었다. 윤언이는 묘청의 북진

운동이 문종의 만주 지배와 윤관의 여진정벌을 계승한다는 점에서 자신의 입장과 일치해 서경세력에 가담했다. 인종은 이자겸의 정변에서 측근들 대부분을 잃었다. 잔존한 측근들을 활용해 세력 기반을 넓혀야 했는데 서경세력이 눈에 띄어 손을 잡은 것이었다.

서경의 위상은 어떠했나

서경은 도읍이 개경과 서경의 양경이든, 개경·서경·동경의 삼경이든, 개경·서경·동경·남경의 사경이든, 개경의 다음 가는 위상을 지녔다. 물론 동경과 남경이 생겨나면서 상대적으로 위축되었다. 태조 왕건은 고구려 계승을 천명해 국호 고려를 회복하고 고구려의 수도였던 평양에 서경을 설치했으며 이곳에 장차 도읍하려 한다고 밝혔다. 그 이래 서경은 개경을 대체하는 천도의 후보지로 각광받았지만 정작 그곳으로의 천도는 이루어지지 못했다.

태조는 훈요십조에서 서경은 수덕(물의 덕)이 순조로워 우리나라 지맥의 근본으로 만대에 이르도록 대업을 누릴 땅이니, 사계절의 중간달마다 순행해 머물기를 1년에 100일이 넘도록 하라고 후계 왕들에게 당부했다. 후계 왕들은 이를 그대로 지키기는 어려웠지만 봄(초여름 포함)과 가을(초겨울 포함)에 서경을 방문하는 것을 이상적인 목표로 여겼다. 특히 후자를 선호했는데 이는 팔관회가 서경에서 10월 15일에, 개경에서 11월 15일에 열렸던 것과 관련이 깊었다. 국왕이 서경에 행차해 10월 팔관회를 참관하고 개경으로 돌아와 11월 팔관회를 참관하는 것을 좋아했던 것이다.

왕들은 서경에 행차하면 신령新令을 반포해 새로운 정치를 다짐하거나 연회와 선물을 베풀고 대규모 사면령을 내려 민심을 어루만졌다. 왕들은 봄과 가을에 서경에 행차해 제사하거나 재상을 파견해 제사지내게 했다. 서경은 산천과 여인의 아름다움이 으뜸이라 서경에 파견된 관료는 기녀와 그녀들의 연주에 취했으며 종종 뇌물을 듬뿍 받기도 했다.

팔관회와 연등회는 태조 왕건이 훈요십조에서 반드시 정상적으로 개최하도록 당부한 고려의 양대 행사였다. 팔관회는 원래 고구려의 10월 동맹제에서 유래해 신라로 전파되었으니 평양과 관련이 깊었다. 예종이 15년 10월에 서경 팔관회에 참석해 연극을 관람했다. 장군으로 분장한 두 광대가 등장하여 공연했다. 왕이 그들이 누구의 모습으로 분장한 것이냐고 물으니, 개국공신인 김락과 신숭겸이라고 신하가 대답했다. 왕이 감탄해 노래를 지어 불렀는데 바로 두 장군을 애도하는 노래인 '도이장가悼二將歌'였다. 두 장군은 후삼국시대에 대구 팔공산 전투에서 견훤왕에게 포위당한 태조 왕건을 구하다가 전사했다. 김락은 서경 관내 중화 사람이었다. 신숭겸은 전라도 곡성, 강원도 춘천, 황해도 평산 등 고향이 여러 개였는데 평산(평주)은 개경과 서경 사이에 위치했다. 분장 김락과 신숭겸의 공연이 개경 팔관회에서는 사라져 버렸는데 서경에서는 비록 연고지라 하더라도 보존되어 있었으니, 팔관회가 서경인들에게 얼마나 중요한 의미를 지녔는지 알려준다.

태조는 서경을 중시한 만큼 그곳에 10회나 순행했는데 역대 왕 중에서 빈도가 가장 높다. 제2대 혜종은 정종을 지지한 서경의 왕식렴 군대에 의해 몰락했다. 제3대 정종定宗은 서경으로 천도하려다가 동생 광종에게 쫓겨났다. 제4대 광종은 개경을 황도皇都, 서경을 서도西都라 칭하였다. 개경을 황도 즉 황제의 수도라 하여 서도(서경)와 구별함으로써 개경을 계속

수도로 할 것임을 천명한 것이었다. 제6대 성종은 신라세력이 약화된 후반기에야 서경에 3회 행차하며, 동경에 행차했다가 병들어 개경에 돌아와 붕어했다. 제7대 목종을 대신해 섭정한 모후인 천추태후는 서경을 중국의 이상시대인 주나라의 수도 명칭을 차용해 '호경鎬京'이라 칭하며 우대했고 목종이 그곳에 4회 행차했다. 목종을 몰아내 즉위한 제8대 현종은 호경을 서경으로 환원했지만 무신 집권자들을 서경에 행차해 서경인의 도움으로 숙청한 후 서경에도 개경처럼 궁성을 둘러싼 황성을 축조해 주었다. 제10대 정종靖宗은 서경에 1회 행차했다.

제11대 문종은 서경에 3회 순행했다. 치세 35년 8월에는 서경 궁궐(장

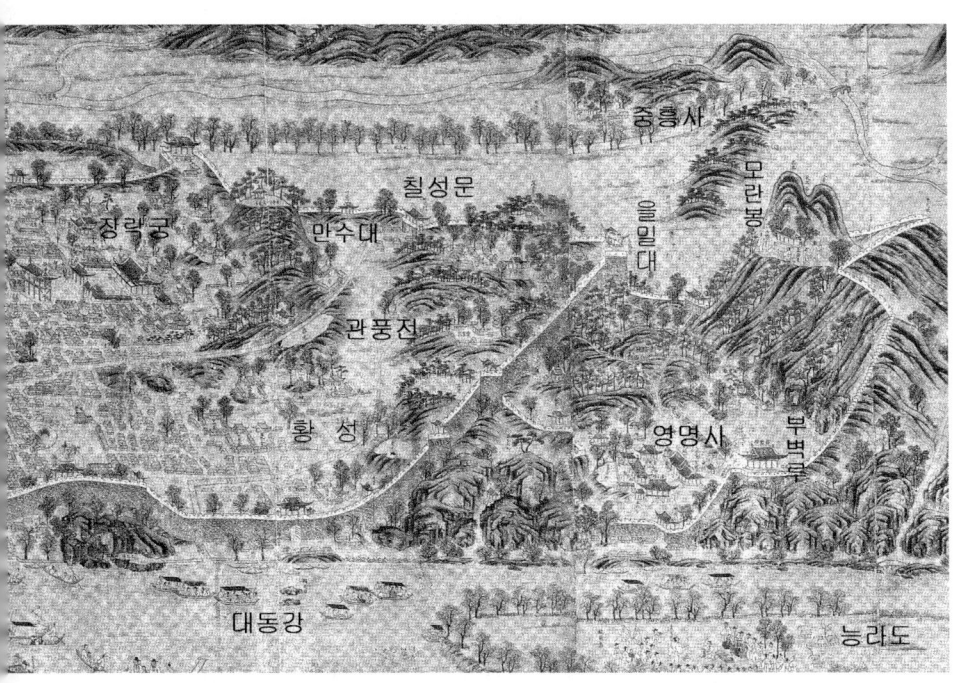

서경성 장락궁과 영명사 일대
조선 말 제작 평양성도(북한 소장)

락궁)이 오래되어 많이 무너지고 훼손되었다며 수리하도록 했고, 풍수도참설에 따라 서경의 동쪽과 서쪽 각각 10여 리에 땅을 선정해 순행의 장소로 좌궁과 우궁을 건설했다. 제13대 선종은 서경을 2회 방문했는데, 두 번 째인 9년의 방문 때에는 모후와 동생 계림공이 따라갔다가 모후가 서경에서 붕어했다. 제14대 숙종은 남경과 서경에 각각 2회 순행했는데, 마지막 서경 순행 때 아파서 개경으로 돌아오다가 붕어했다. 제15대 예종은 서경에 3회, 남경에 4회 순행했는데, 여기에는 서경 용언궁의 완공 기념식 참여도 포함되었다. 남경이 부활된 숙종 때와 그 아들 예종 때에는 서경과 남경의 균형운영이 추구되었다. 제16대 인종은 남경에 1회 행차한 반면 서경세력과 결탁해 서경에 7회나 행차했다.

용언궁(용덕궁)의 건설에는 약간의 논란이 있었다. 용언龍堰은 서경 을밀대 인근을 지칭하였다. 술사(음양풍수 전문가)가 예종에게 서경 용언에 궁궐을 창건해 때에 맞추어 순행하기를 권유했다. 이에 왕이 음양풍수 전문가들을 용언의 옛 터에 보내 관찰하도록 했다. 또한 재상과 유학자들에게 논의하도록 하니 모두 용언궁궐 창건을 찬성했지만 오직 오연총은 반대했다. 평장사 최홍사 등이 태사관(음양관)의 상소에 의거해 송도(개경)에 도읍한지 지금 200여 년이니 기업基業(왕조의 운수)을 연장하고자 한다면 서경 용언의 옛터에 새 궁궐을 창건해 이어하여 조회를 열어 축하를 받고 신령新令을 반포하기를 요청했다. 이번에도 오연총은 반대했다.

오연총은 문종의 좌우궁 경영이 음양의 효험이 없었다는 점, 남경 공사로 백성이 피곤하고 재물이 탕진된 점, 남경이 개창된 이후 음양의 효험이 없었다는 점, 용언이 서경 구궁舊宮(장락궁)과 가까워 길흉이 다르지 않다는 점을 논거로 제시했다. 그러면서 백성들을 공사에 동원하지 말고 구궁을 이용하기를 촉구했다. 하지만 예종은 최홍사 등의 건의를 수용해

평양 만수대의 북한 의사당
고려 장락궁 터에 자리잡음

용언궁(용덕궁)을 건설하고 11년 4월에 이곳의 건원전에 행차해 신령을 반포했던 것이다.

서경 좌우궁 건설, 남경 경영, 서경 용언궁 건설은 음양풍수설에 의거한 것으로 오연총이 비판했지만 그러한 측면만 있었던 것은 아니었다. 사회의 변화와 발전에 따라 국토 경영의 다변화 내지 균형화를 꾀하고, 정치세력간의 균형 혹은 특정 정치세력의 강화를 꾀하려는 고도의 정치행위였다. 당시 음양설과 풍수도참설이 유행했으므로 설득의 효과를 높이기 위해 이것을 가지고 포장한 측면이 컸다.

고려가 서경을 중시한 데에는 북방의 군사 요지라는 점도 작용했다. 하지만 무엇보다도 고구려를 계승했기 때문이었는데, 여기에는 동명성왕 주몽과 태조 왕건을 숭배하는 신앙이 매개로 작용했다. 원래 동명왕은 부여의 건국자였고 주몽왕(추모왕)은 고구려의 건국자였지만, 고구려가 부여를 흡수해 부여의 정통을 주장하여 주몽에게 동명성왕이라는 칭호를 바쳤다. 그래서 사람들이 주몽을 동명성왕으로 인식하게 되었는데 고려인들도 그러했다.

주몽은 지금 중국의 환인에 해당하는 졸본 지역에 도읍해 고구려를 세웠고 지금의 평양 지역에 온 적이 없었다. 하지만 고려인들은 대개 주몽이 평양(서경)에서 생활하다가 기린을 타고 승천했다고 믿었으니 그 결과 여기에는 곳곳에 주몽과 관련된 유적이 남아 있다. 이는 고구려가 장수왕 때 평양으로 천도하면서 시조 주몽의 유해 내지 신령이 평양에 모셔졌기 때문에 발생한 현상이었다.

주몽이 생활했다는 구제궁, 주몽을 추모하는 사찰 영명사와 사당 동명성제사가 고려시대 서경에 주몽신앙의 공간으로 존재했다. 이곳 동명왕릉의 존재도 고려시대에 전설처럼 전해졌는데 북한에서 발굴해 성역화했다.

또한 고려인들은 서경을 태조 왕건이 왕업을 일으킨 곳으로 인식했다. 왕건의 고향이자 근거지는 송악 즉 개경이지만 왕건이 고구려 계승을 천명해 정변을 일으켜 궁예왕을 몰아내고 왕위에 올라 국호 '고려'를 회복했기 때문이었다. 그리하여 고려는 고구려의 계승자이고, 태조 왕건은 동명성왕 주몽의 계승자가 되었다. 사실 고구려도 자신을 '고려'라 불렀었다. 평양 서경은 고구려와 고려가, 주몽과 왕건이 만나는 신성한 공간이었다.

그래서 고려 국왕은 서경에 행차하면 먼저 태조의 사당에 들러 태조의 초상을 알현했고, 그 다음에 구제궁과 영명사에 들러 동명성왕을 알현했다. 일반인들이 즐겨 찾는 곳은 무속신앙이 담긴 동명성제 사당이었으니 동명성제에게 기도하면 효험을 자주 보았다고 한다. 국왕도 종종 신하

평양 구제궁과 영명사
북성에 위치. 주몽성제 추모시설

를 동명사당에 보내 제사를 지냈다.

서경이 왕권을 옹호하는 역할을 수행했다고 파악하는 경향이 강한데 그러한 측면도 있었지만 그러하지 않은 측면도 있었다. 시기마다 왕들마다 달랐다. 태조 왕건은 그토록 서경을 중시해 빈번히 행차했지만 말년에는 서경이 나주 출신의 후계자(혜종)에게 짐이 될까 봐 행차하지 않았다. 결국 태조의 우려는 현실이 되었으니 서경의 왕식렴이 군대를 이끌고 개경을 공격해 혜종을 몰아내고 정종을 왕으로 옹립했다. 천추태후가 섭정하는 목종 때는 강조가 서경의 군대를 이끌고 개경을 공격해 천추태후와 목종 모자를 몰아내고 현종을 옹립했다.

현종 때 상장군 김훈·최질 등의 무신이 정변을 일으켜 권력을 장악하자 현종과 측근이 서경으로 그들을 유인해 서경인의 도움을 받아 몰아내었다. 또한 인종이 권력자 척준경을 서경으로 유인해 정지상 등 서경인의 도움을 받아 유배보냈다. 서경과 그 지배를 받는 서북면은 군사 요지라 막강한 군사력을 지녔으니, 이것이 서경 힘의 원천이었다. 서경은 어느 왕에게는 약이 되었고, 어느 왕에게는 독이 되었다.

서경은 고구려 계승을 상징하는 곳이고 태조 왕건이 왕업을 일으킨 곳으로 인식되고 군사 요충지였다. 게다가 왕이 활용하기에 따라 도움을 주기도 했다. 그러하니 어느 왕도 서경을 무시하기는 어려웠다. 그렇다고 서경의 위상은 마냥 높았던 것일까? 서경인들은 만족했을까?

서경인의 불만

평양은 고구려가 멸망한 후 폐허가 되었다. 통일신라가 이곳까지 지배하며 발해와 국경을 접했지만 이곳을 중시하지 않아 변방의 한 도시에 지나지 않았다. 고구려 후예와 여진족이 섞여 살았다. 신라말의 대혼란기에 이곳에도 이른바 호족이 등장하지만 토착세력이 강한 것은 아니었다. 태조 왕건은 다른 지역 사람들을 평양으로 이주시키는 대규모 사민정책을 추진했다. 그 대상은 전국에 걸쳤지만 주로 개경의 주변 고을 사람들이었다. 서경 사람들의 대부분은 이주민이었던 것인데 이들도 세월이 지나면서 이곳을 고향으로 여기게 되었다.

서경의 관할은 자비령(절령)이북 지역인 서북면(북계)이었으니 지금의 평안도에 해당한다. 이 지역의 중심지는 대동강 유역의 서경과 그 북쪽 청천강 유역의 안북도호부였다. 서경이 자신과 경기 4도가 설치된 대동강 일대를 직접 지배했고, 청천강 유역과 그 이북은 안북도호부를 통해 간접 지배했다.

개경은 중앙정부의 지배를 받았고, 서경과 동경과 남경은 이곳에 설치된 유수관의 지배를 받았다. 유수관은 왕을 대신해 머물러 통치하는 관원을 의미했다. 그런데 서경에는 동경·남경과 달리 유수관 외에 독자적인 관부가 존재했다. 서경정부는 서경유수관과 서경관의 이중구조로 되어 있었다.

서경유수관은 재상급의 유수사 혹은 유수가 그 장관이었고 그 밑에 지유수사, 부유수, 판관, 장서기 등이 배치되었다. 고위재상이 판서경유수사에 임명되어 개경에서 서경을 감독하기도 했다. 서경관은 개경 중앙정부의 6부와 여러 관청을 모방하여 축소 설치되었는데, 문무 양반으로 이루어졌다. 중앙의 관부와 유사한 조직과 위상을 지니며 밀접하게 연결된 경우 '분사分司'라는 명칭이 붙었다. 6부 중에서는 병부와 호부, 2부만 설치되어 분사병부와 분사호부로 불렸는데, 이는 서경에서 군사와 재정이 중요했기 때문이었다.

그 외에 관리를 감찰하는 분사어사, 군무를 감시하는 감군사, 재화를 관장하는 대부시, 물고기와 강·연못을 관장하는 사재시, 기술자와 보물을 관장하는 소부시, 무기를 만드는 군기감, 주둔군을 관장하는 좌우영(좌영과 우영), 교육을 담당하는 분사국자감(제학원), 의료를 담당하는 분사대의감(의학원), 천문지리를 담당하는 분사태사국(각루원)이 있었다. 의례를 담당하는 전례사(예의사), 음악을 담당하는 열악원, 팔관회를 담당하는 팔관보, 화폐유통을 담당하는 화천무, 관영상점인 능라점 등이 있었다. 또한 서경에는 해군을 포함한 많은 군대가 주둔하고 있어 그들을 지휘하는 무반이 존재했다.

서경유수관은 일종의 총독부였고, 서경관은 일종의 자치정부였다. 서경관의 핵심은 분사병부와 분사호부였다. 분사병부의 장관은 분사병부상서, 차관은 분사병부시랑이었고, 분사호부의 장관은 분사호부상서, 차관은 분사호부시랑이었다. 서열 1위는 분사병부상서였고, 2위는 분사호부상서였다. 개경이든 서경이든 상서는 정3품으로 재상이 아니었으니 서경관에는 재상급의 직책이 없었다. 반면 서경유수사 내지 서경유수는 묘청 정변 이전에는 재상급이었다. 그러하니 서경유수관이 서경관을 지배할 수 있었다.

서경유수관은 국왕을 대신하여 서경과 그 관할 지역을 다스렸고, 서경관은 서경유수관의 지휘를 받으면서 각 분야에서 다양한 업무를 처리했다. 서경유수관은 지휘감독을, 서경관은 실제 업무를 담당했다. 서경관은 강한 독자성을 지니며 서경지역을 자율적으로 지배했다. 서경 지역의 실질적인 지배자는 바로 서경관이었던 것이다.

대개 서경유수관에는 서경인이 아닌 자들이 임명된 반면 서경관에는 감시임무를 띤 분사어사와 감군사를 제외하고 서경인이 임명되어 때로는 협력하고 때로는 대립했다. 서경유수관, 분사어사, 감군사는 중앙정부를 대변했고, 서경관은 서경정부를 대변했다. 서경유수관과 서경관의 이원적 구조는 서경을 우대하면서 견제하기 위해 탄생했는데 두 부류가 기반이 달라 종종 서로 갈등했다. 원항 묘지명에 따르면, 인종 10년에 서경에 행차한 왕이 서경유수관관 원항을 승진시키자 서경인 묘청과 조광 등이 원항의 강직함을 질시해 참소하여 남경소윤으로 옮기도록 했다고 한다. 원주 출신의 서경유수관 원항이 서경의 일에 지나치게 간섭하자 서경인들이 반발했던 것이다.

개경정부는 자비령 이남을 지배했고, 서경정부는 그 이북을 지배했다. 그러면서도 개경정부는 서경유수관을 통해 서경정부를 지휘감독했다. 서경인들은 서경관의 문무 양반으로 일할 수 있었으니 동경이나 남경에 비해 우대받았다. 하지만 이것은 특혜이자 족쇄였다. 다른 지역 출신들은 서경인이 서경에서 벼슬하는 특혜를 누리고 있으므로 서경 지역이 아닌 곳에서, 특히 중앙정부에서 벼슬해서는 곤란하다는 인식을 지니게 되었다. 그 결과 고려 중기로 접어들면서 서경 출신으로 중앙 정계에서 고위직에 오르거나 두각을 나타내는 인물은 찾아보기 어렵게 되었다.

서해도(황해도)에 속하면서 자비령 이북에 위치해 서경과 밀접한 고을로 황주가 있었다. 화엄종의 고승 균여는 서경으로 가는 길목인 황주 출신인데 광종의 개혁 정치에 참여했다가 버림받아 비문도 작성되지 않았다. 우세승통 의천은 화엄 승려였지만 의상을 계승한 균여를 싫어하고 원효를 강조하면서 그의 속장경에 균여의 저서를 싣지 않았다. 균여의 위대한 사상은 자칫하면 묻혀버릴 위기였는데, 이를 안타까워하여 그의 전기를 문종 29년(1075)에 쓴 사람이 있었으니 바로 서경 사람인 혁련정赫連挺이었다. 균여의 신비주의적 경향은 서경인들의 사고와 통하였다. 혁련정은 이웃 황주 출신 균여를 숭배하고 그 사상에 공감해서『균여전』을 저술하게 되었다. 그에 의해 균여가 부활했다.

혁련정이『균여전』을 저술할 때 그의 직함은 '전前 진사'였다. 그는 과거에 급제한 진사였지만 오랫동안 중앙에서 벼슬하지 못한 듯하다. 숙종 때 등용되어 5년(1100) 11월에 거란에 사신으로 파견되었지만 그의 관직은 알 수 없다. 그 후 그는 서경으로 낙향한 듯하다. 예종은 즉위년(1105) 11월에 그를 장락전학사 판제학원사에 임명했다. 그는 서경 장락궁의 장락전 학사로서 제학원(분사국자감)의 총장을 맡게 된 것이었다. 그의 이러한 이력은 서경인이 중앙정부에서 벼슬해 출세하기가 쉽지 않았음을 알려준다.

예종 7년(1112) 3월에 오연총과 임언이 주관한 과거시험에 정지원이 장원으로 급제했다. 왕은 8년 3월에 신급제자 정지원 등을 만나보고 측근인 간관 호종단에게 명해 편전의 합문에서 술과 음식을 제공하도록 했다. 그런데 예종 9년 4월에 선발 담당관청이 아뢰어, 서경 진사 정지원이 장원급제했으니 옛날 규범에 의거해 왕경(개경)에 머물게 해 등용하기를 요청했고, 왕이 허락했다.

정지원은 바로 정지상이다. 그는 장원급제했음에도 불구하고 2년이 지난 뒤에야, 그것도 담당 관청이 요청해서야 중앙에서 등용되었다. 이는 서경인이 중앙에서 등용되어 출세하기가 어렵게 되었음을 확인해준다. 더구나 서경에서는 아무리 출세해봐야 재상에 오를 수 없었다. 서경인은 변방의 지배자로 전락할 위기에 몰렸다.

서경인들은 탈출구를 강구해야 했다. 왕을 도와 권력을 장악하거나 상경 즉 수도를 개경에서 서경으로 옮기면 해결될 것이었다. 그래서 서경 세력은 국왕 인종에게 접근해 척준경을 숙청하는 데 도움을 제공했고 서경 천도 운동을 펼치게 된다. 물론 여기에는 북진 정책과 고구려 계승의 구현자로서의 자부심을 강하게 지녀온 서경인들이 여진 정벌의 중단과 금에 대한 사대에 반발한 점도 많이 작용했다.

유신 칙령을 반포하다

서경에 머물던 인종은 척준경을 축출한 직후인 3월에 국정을 쇄신하는 지침을 담은 칙령을 반포했다. 자신이 즉위한 이래 재변이 이어져 안녕한 해가 없었는데 작년 2월에 역적이 난을 일으켜 부득이 처벌했다고 했다. 이로부터 자신을 책망하며 부끄러워해 오다가 일관(천문관)의 건의를 수용해 서도(서경)에 행차해 기왕의 허물을 심히 반성하여 '유신惟新'의 가르침이 있기를 바라 전국에 포고한다고 했다. 그 칙령의 내용은 다음과 같다.

첫째, 땅의 신령에게 제사하여 좋은 기운을 맞이하려 한다.
둘째, 지방에 왕의 사신을 파견해 지방관들을 감찰하여 고과를 매기려 한다.
셋째, 수레와 의복의 제도는 검소함을 따라야 한다.
넷째, 쓸데없는 관직을 없애려 한다.
다섯째, 농업을 장려하고 경작에 힘써 백성의 음식을 넉넉하게 하려 한다.
여섯째, 시종관이 각기 1인을 천거하되 부자격자를 천거한 경우 처벌하려 한다.
일곱째, 관청에 곡식을 저장해 두어 백성을 구휼하는 데 힘쓰려 한다.
여덟째, 백성에게 정해진 이외의 세금을 마음대로 거두지 말라.
아홉째, 병사를 어루만지고 구휼해야 하니 정규훈련 외의 노동에 동원하지 말라.
열째, 백성을 어루만져 토지에 안정되게 하고 도망해 유랑하지 말도록 하라.
열하나째, 제위포(제위보)와 대비원은 물품을 많이 축적하여 질병을 구제하도록 하라.

열두째, 관청 창고의 묵은 곡식을 빈민에게 억지로 배분해 이자를 강
제로 취하지 말라. 또한 썩은 곡식을 백성에게 강요해 찧도록 하
지 말라.

열셋째, 진사를 선발하는 데에 다시 시·부賦·논술을 사용하라.

열넷째, 여러 주州에 학교를 세워 도리를 널리 가르쳐라.

열다섯째, 산과 연못의 이익을 백성과 함께 공유하라.

땅의 신령에게 제사함으로써 지기를 북돋워 왕조의 운수를 연장하려 했다. 쓸데없는 관직을 없애 재정 부담을 줄였고, 천거를 활성화하여 인재 등용의 문을 넓혔고, 과거시험에서 문장실력을 중시했다. 수레와 의복은 사치하지 않도록 했다. 농업을 장려하고 세금 부담을 줄여 농민을 토지에 정착시키려 했으며, 산과 연못을 백성이 이용할 수 있도록 개방했다. 관청의 곡식을 백성 구휼에 사용하되 빈민에게 억지로 곡식을 대여해 이익을 취하지 못하게 했고, 전문기구가 백성의 질병 구제에 진력하도록 했다. 군사들의 과도한 노력동원을 줄였다. 지방관의 가렴주구를 방지하기 위해 그들에 대한 감찰을 강화하였고, 지방에 학교를 많이 세워 유학 윤리를 강화하였다.

이는 대개 이자겸·척준경의 정변으로 궁궐이 불타 왕권이 추락하고, 연이은 자연재해와 질병의 발생으로 백성의 생활이 궁핍하고, 생산력의 발전으로 사치풍조가 확산되고, 지방관의 가렴주구가 증가된 상황 등에 대처하기 위한 조치였다.* 인종이 부왕을 이어서 유신 칙령을 서경에서 반포함으로써 서경은 개혁의 성지로 입지를 다졌으며 서경세력은 힘을

---

* 15조목의 개혁안에 대해 박성봉(1986)은 민생의 안정을 중심으로 왕권의 회복과 정치 기강의 확립을 추구한 것으로 평가했다.

얻었다.

　서경에서 반포된 이 '유신' 칙령은 서경 출신의 대문장가 정지상이 작성한 것으로 추정된다. 그의 장기인 시가 과거시험에서 중요시되는 내용이 들어 있어서 더욱 그러하다. '유신' 칙령은 정지상이 그와 친밀한 사이인 윤언이와의 교감하에 작성되었을 것이다.

잔존 한안인 세력의 복권

　인종은 유신 칙령을 반포한 직후 서경에서 큰 경사를 맞이했다. 연덕궁주 임씨가 5년(1127) 4월에 서경에서 원자(의종)를 낳은 것이 그것이다. 유신 칙령에다가 원자 탄생을 맞이해, 이자겸에 의해 축출당했던 한안인 일파를 소환하여 복권시켰다. 문공미(문공인)가 이부상서에 임명되었으며, 한안중·한충·문공유·이신의·정극영·임존·최거린 등도 관직을 얻었다. 이들 중에서 전라도 남평 출신인 문공미와 문공유는 형제이지만 문공미는 서경세력에, 문공유는 윤언이의 천거를 받았음에도 반서경세력에 가담한다. 문공미의 아내는 해주 최사추의 딸이었는데 이 점이 그가 서경세력에 가담하게 된 배경으로 작용했을 수도 있다.

　왕은 5월에 장락궁 정전 앞의 영봉루에 행차해 양경(개경·서경) 신기군에게 격구를 하도록 하여 선물을 주었다. 금과의 관계가 유동적이었던 만큼 격구를 통해 군사훈련을 시킬 필요가 있었던 것이다.

　새 황제의 등극을 축하하러 송에 파견된 추밀재상 김부식의 일행이 송의 명주에 이르렀지만 금의 군대가 변경(개봉)에 들어가 도로가 막혀 들어가지 못하고 돌아왔다. 이전에 변방에서 보고가 올라오기를, 금의 군대가 송을 침략했다가 패배해 송의 군대가 승세를 타서 금의 국경으로 깊이 들어갔다고 했다. 이에 정지상과 김안(김찬)이 아뢰기를, 때를 놓쳐서는 안 된다며 출병하여 송의 군대와 협력하여 큰 공로를 이루기를 요청했다. 왕이 측근을 개경에 급파해 김인존(김연)에게 묻자 신중해야 한다며 김부식 일행이 돌아오기를 기다리는 게 좋다고 대답했다. 김부식이 돌아와 중국의 상황을 아뢰니 국경의 보고가 잘못되었음이 드러났다.

 인종은 5년 6월에 서경에서 과거시험을 치렀으며, 김인존을 문하시중 판이부사에, 이공수를 평장사 판병부사에 임명했다. 그리고 7월에 개경으로 돌아왔으며, 12월에 김인존이 세상을 뜨자 이공수를 평장사 판이부사에 임명했다. 6년 3월에 이공수를 문하시중 판이부사에, 김부일을 평장사 판병부사에 임명했다. 인종이 치세 5년 2월에 처음으로 서경에 행차해 7월까지 머문 6개월은 척준경 세력의 몰락과 서경세력의 대두를 가져온 대전환의 기간이었다.

제7장

천하의 주인을 꿈꾸며

평양의 성인 묘청

묘청(정심), 백수한, 정지상은 서경 사람이었다. 이들은 서경에서 자라고 활동했으므로 서로 교류하며 영향을 주고받은 지 오래 되었다. 이들은 인종이 5년(1127)에 서경에 머물 때 더욱 가까워져 정치적 동지로 발전하였다.

일관(천문지리관) 백수한은 인종 6년에 서경 관부에 분사관分司官으로 나가 근무하게 되자 묘청과 더욱 밀착되어 그를 사부로 섬겼다. 묘청과 백수한은 자신들의 독특한 음양풍수도참설을 완성하였다. 이들과 교류한 정지상도 그 이론을 깊이 믿었는데 그 자신도 그들의 이론 정립에 일정한 영향을 끼쳤다.

정지상은 묘청과 백수한의 이론에 의거해, 상경上京인 개경은 기업(운수)이 이미 쇠락해 궁궐이 다 불타 없어진 반면 서경은 왕의 기운이 있으니 왕이 이어해 상경으로 삼아야 한다고 여겼다. 그리하여 내시 김안(김찬)과 모의했다.

"주상을 받들어 서도(서경)로 이어하게 하여 상경으로 삼으면 중흥공신이 되리니, 한 몸이 부귀하게 될 뿐만 아니라 자손의 무궁한 복이 되리라."

이렇게 마음이 통한 정지상과 김안은 묘청과 백수한을 찬양하는 데 앞장섰다. 여기에 승선 홍이서와 이중부 및 대신 문공인(문공미)과 임경청林景淸이 추종하여 응원했다. 이들이 뜻을 모아 왕에게 올리는 상소문을 작성했다.

"묘청은 성인聖人이고, 백수한은 그 버금 성인이니, 국가의 일은 하나하나 그들에게 자문을 구한 다음에 행해야 합니다. 그들이 말하고 요청하는 것을 수용하면 정사가 이루어지고 국가를 보호할 수 있습니다."

그러고 나서 문공인 등은 여러 관료들을 찾아다니며 자신들의 상소문에 동의하는 서명을 받았다. 대부분의 관료들이 분위기에 휩쓸려 서명을 해주었지만 평장사 김부식, 참지정사 임원애(임원후), 승선 이지저는 서명을 거부했다. 이지저(인주 이공수의 아들)는 묘청과 백수한이 나라를 망칠 것이라며 그들의 설을 배척해 왔었다. 왕은 비록 묘청의 설을 의심했지만 많은 사람들이 역설해 지지하자 믿지 않을 수 없었다고 『고려사』에 기록되어 있다. 하지만 훗날 묘청이 실각한 후 왕이 변명한 내용이 소급되어 기재되었을 가능성이 크다. 왕은 서경세력과 묘청의 설에 기대어 개경세력을 견제함으로써 자신의 운신 폭을 넓힐 수 있었다.

무인 최봉심은 정지상과 비밀리에 계를 조직하여 묘청을 스승으로 섬겼는데, 그가 왕에게 상소했다.

"폐하께서 삼한(우리나라)을 태평하게 다스리려 하시는데, 서경 삼 성인을 제외하면 더불어 함께 할 사람이 없습니다."

그가 지칭한 삼 성인은 바로 묘청, 백수한, 정지상이었다. 서경의 세 성인이 바로 서경세력의 핵심이었다. 승려와 일관과 문사의 신묘한 조화였다. 그들을 지지하거나 동조하면 서경세력으로 볼 수 있고, 반대하면 개경세력으로 볼 수 있다.

윤언이와 정지상

서경세력은 중앙에 지지기반이 약했다. 서경인들은 중앙에서 벼슬하는 정지상을 통해 중앙과 연결되었다. 정지상 또한 중앙에 배경이 약했지만 그와 친밀한 윤언이를 통해 세력을 확대해 나갈 수 있었다. 윤언이는 윤관과 서경세력의 징검다리였으니 서경세력을 통해 부친이 못다 이룬 천하제패의 꿈을 실현하려 했다. 그는 수십 명을 천거해 개혁세력을 양성했다.

총명해 장원급제한 정지상은 시에 능했는데 그의 시는 맑고 화려하고 호방해 일가를 이루었다. 무인정권 초기의 대문장가 이인로는 서도(서경)가 산하를 끌어당겨 허리에 두르고 기상이 빼어나고 달라 옛적부터 기이한 인물이 많이 나왔다고 하면서 정지상을 그 예로 들었다.

서경의 풍광은 기이하게 보이는 절경이 오히려 사람의 마음을 상하게 할 정도로 천하에서 가장 빼어났다. 이러한 환경에서 자란 정지상의 시는 목가적이고 서정적이며 고향 서경을 노래한 것에는 고향을 사랑하는 애틋한 마음이 듬뿍 담겨 있었다.

> 비 그친 긴 둑에 풀이 우거진 곳
> 이 남포에서 님을 보내며 슬픈 노래를 부르네,
> 대동강 물은 어느 때에 다하려나
> 이별하는 눈물이 해마다 더해 물결이 푸르다네
> — 대동강 송별 —

> 남쪽 거리에 바람이 살랑거리고 가랑비가 지나가면
> 먼지가 조금도 일지 않고 우거진 버들이 비스듬히 비추이네
> 푸른 창 붉은 문에 생황과 노래가 어우러지는 곳
> 이 모두가 이원제자梨園弟子의 집이라네
> — 서도西都 —

이별은 언제나 슬프다. 강가나 바닷가에서 하는 이별은 더욱 그러하다. 기녀와의 이별도 많이 아팠을까? 대동강과 평양강(보통강)이 만나는 서경성의 남쪽 포구인 남포(당포) 일대는 번화해 이원제자의 집 즉 기녀의 집이 즐비했고 서경인이 이별하는 장소였다. 대동강에 비추인 버들이 기녀들의 소리에 물결처럼 흔들리는 모습이 눈에 선하다. 버들은 평양의 상징이었으니 그래서 평양은 '유경柳京'으로 불렸다. 정지상의「대동강 송별」과「서도」시를 보면 서경은 대단히 평화롭고 아름다운 정경을 지녔고 정지상 또한 매우 다정다감하고 감성적이다. 어디에서 서경과 정지상의 격렬한 저항정신이 나온 것일까?

정지상은 고향 평양을 많이 사랑했지만 다른 곳을 배려하는 마음도 지녔다. 그의 반대진영의 핵심이 동경(경주) 사람들이었지만 동경을 무조

평양 대동강

건 배격하지는 않았다. 동경을 여행해 빼어난 풍광과 문물과 인물을 시로 읊었으며, 신라의 번성을 인정하고 최치원과 설총을 흠모하였다. 그는 고구려의 영광 재현과 서경의 시대를 열기 위해 서경천도 운동을 주도하였지만, 신라와 그 수도였던 동경에 대한 존경심을 품고 있었다. 서경 중심의 시대를 추구하면서도 신라와 경주를 부정하지 않고 일정하게 계승하려 하였다. 하지만 김부식 세력은 이를 받아들이려 하지 않았다.

윤언이는 유학은 물론 천문과 지리를 포함한 다양한 분야에 정통했는데, 예종 9년(1114) 3월에 평장사 김연(김인존)과 좌승선 한교여(한안인)가 주관한 과거시험에 합격했다. 그는 정지상보다 2년 늦게 급제했지만 그의 사망한 부친 윤관의 후광이 약간은 작용해 승진에서 정지상을 조금 앞질렀다. 보문각에서 일하면서 국왕 예종과, 첨사부에서 일하면서 태자(인종)와 인연을 맺었다. 인종이 즉위하자 왕의 문필비서를 역임했다. 그는 한안인 세력과 친밀했지만 그 일파는 아니어서 이자겸의 한안인 세력 숙청 때 다치지는 않았다. 그의 혼인 시기는 확실하지 않은데 광양현 사람인 김약온(김의문)의 딸과 결혼한 후 평생 다른 여자와 교제하지 않은 애처가였다.

윤언이가 정지상보다 먼저 승진했다고 해서 부친 윤관의 후광이 크게 도움이 되지는 않았다. 그는 인종 5년(1127)에 정6품 '우사간'이라는 간관직을 띠면서 요직에 진출하지만 빠른 것이 아니었다. 윤관을 견제한 세력이 득세했기 때문에 윤언이가 가문배경과 실력에 비해 오히려 불이익을 당한 측면이 있었다. 이는 그로 하여금 변혁을 꾀하도록 만드는 요인의 하나로 작용했을 것이다. 인종 5년에 윤언이는 정6품 우사간, 정지상은 종6품 좌정언이었다. 둘은 간관 동료로 더욱 우의를 다지며 뜻을 모았다.

고려 인종 4~5년에는 동아시아 질서에 큰 변동이 생겨났다. 송(북송)이 금의 공격을 받아 수도 변경(개봉)이 함락당해 멸망하고 태상황 휘종과 황제 흠종 부자가 붙잡혀 금으로 끌려갔다. 고려 인종 4년(1126) 11월에 벌어진 사건이었다. 다음해 5월에 흠종의 아우 고종이 강남에서 송(남송)을 재건했다.

인종 6년 6월에 고려에 온 남송의 사절 양응성이 금에 잡혀간 휘종과 흠종을 돌려주기를 요청하러 가겠다며 금에 가는 길을 빌려달라고 사정했다. 인도주의적 시각에서 보면 허락할 만한 요청이지만 고려는 도로와 국방 체계가 송과 금에 노출될 것을 염려해 완곡히 거절했다. 그리고 남송의 서운함을 달래기 위해 사절을 파견했는데 바로 예부시랑 윤언이가 그것을 맡았다.

윤관이 송에 세 번이나 사절로 다녀온 데다가 여진정벌의 주역으로 송에도 유명했으니, 그의 아들을 보내 해명하는 편이 효과가 있을 것이라 조정이 판단했을 것이다. 그래서 윤언이를 갑자기 몇 계단 올려 정4품 예부시랑에 임명하여 사절단을 이끌도록 했다. 8월에 고려를 출발한 윤언이는 11월에 남송에 도착해 임무를 수행하고 12월에 귀국했다. 남송은 윤언이를 통한 고려의 해명에도 불구하고 서운함을 이기지 못해 고려를 멀리 하였다.※

윤언이는 파격적인 승진이 문제되었는지 직급이 좀 내려져 종5품 간관인 기거랑에 임명되었다. 인종 7년(1129) 5월에 기거랑 윤언이, 좌사간(정6품) 정지상, 우정언(종6품) 권적權適 등 간관이 상소를 올려 당시 정치의 득실을 논하니 왕이 너그러이 받아들였다. 이 상소는 윤언이가 왕에게 만

※ 1142년(고려 인종 20)에 금과 남송 사이에 강화가 성립되어 회수를 국경으로 확정하고, 휘종의 유해가 남송으로 송환되고, 남송이 금에게 신하의 예를 취하며 배상금을 해마다 은 25만냥, 비단 25만 필을 바쳤다. 1165년(고려 의종 19)에 제2차 강화 조약이 체결되어 숙질(금이 숙부, 남송이 조카) 관계가 되고 송의 금에 대한 배상금이 조금 줄어들었다.

언서萬言書를 올려 고금의 다스림과 난리 및 당시 정치의 득실을 다 진술했다는 그의 묘지명 내용과 관련된 것으로 보인다.

윤언이는 송 왕안석의 '만언서'에 영향을 받아 왕안석의 신법에 의한 개혁이념을 수용해 '만언서'를 올려 신법의 실천을 꾀하였다. 정지상은 물론 송에서 유학하고 돌아와 윤언이의 천거를 받아 등용된 권적도 왕안석의 신법을 좋아해 윤언이의 그러한 활동에 동조했으며, 윤언이의 사돈인 한유충도 그러한 활동을 후원했다. 권적은 안동 출신의 신진이었는데 이자현 및 김부식과도 친분을 유지했다. 서경 출신으로 권적과 함께 송의 과거에 급제한 김단金端이 인종 8년 무렵에 상서성의 좌사낭중(정5품)으로 활약하고 있었는데 신법과 북진 운동에 대해 어떠한 입장이었는지 확실하지 않다.

윤언이, 정지상, 권적 등은 왕안석의 신법에 의거해 고려에도 신법을 실시하여 실용적인 변화를 추구하고 부국강병을 달성하려 하였다. 고려의 신법은 숙종 때 실시되기 시작해 예종 때에도 지속되었으나 9성 반환 후에는 시들해지는 경향이 두드러져 갔다. 예종이 붕어하자 이미 사망한 여진정벌의 영웅 왕자지의 신위를 대묘(종묘)에 예종 신위와 함께 안치했다. 하지만 간관이 그가 전공을 세웠을 지라도 임금을 바로잡거나 백성에게 은택을 끼친 일이 없다며 반대하자 취소되는 일이 벌어졌다. 이는 신법 내지 부국강병 정책의 후퇴를 상징했다. 이러한 상황에서 윤언이, 정지상 등은 서경세력의 대두에 힘입어 힘을 모아 신법의 불씨를 되살려 활활 타오르게 만들려 하고 있었다. 그들의 신법은 묘청의 사상 및 운동과 통하였다.

윤언이는 인종 7년에 정5품인 예부낭중과 이부낭중을 거쳐 국자감 사업(종4품)·보문각 대제에 임명되었다. 국자감은 권력기구는 아니지만 그의 국자감 학관 근무는 학생들을 선동할 수 있기에 그의 정치운동에 동력을 제공했다. 윤언이와 정지상은 인종의 신임을 받고 있었음에도 불구하고 승진은 지지부진했다. 그들 정도의 빼어난 능력이면 벌써 재상이 되고도 남아야 했다. 그만큼 김부식 등 개경세력의 강력한 저지를 받고 있었던 것이다.

서경으로 천도해 천하를 제패하자

묘청 등은 서경의 임원역林原驛 땅이 음양가가 이르는 대화세大華勢의 명당이니 여기에 궁궐을 세워 왕이 옮겨오면 천하를 병합할 수 있어 금나라가 조공을 바치며 항복하고 36국 즉 세계의 모든 국가가 다 신하가 된다고 설파하였다. '대화세'의 명당은 꽃이 활짝 핀 형태의 명당을 말한다.

김부식의 동생 김부철(김부의)이 묘청의 신궁新宮 건설을 강력히 반대했다. 하지만 인종은 묘청의 신궁 창건 건의를 수용해 6년(1128) 8월에 서경을 다시 방문하고는, 9월에 재상과 묘청, 백수한에게 임원역 땅에서 새 궁을 창건할 자리를 살펴 정하도록 하였다. 그리고 11월에 임원역을 옮기고 그 자리에 새 궁궐을 창건하도록 명령했는데 내시 김안이 감독을 맡았다.

신궁 창건공사는 급히 강행되었다. 동원된 백성들이 추위에 시달려 원망하기도 했지만 4개월만인 인종 7년 2월에 완공되었다. 대화세의 명당에 창건된 이 신궐이 바로 대화궐大華闕이었다. 왕은 서경에 행차하여 대화궐(대화궁)로 들어갔다. 묘청의 무리가 왕에게 표문을 올려 황제를 칭하고 독자적 연호를 사용하는 '칭제건원稱帝建元'하기를 권했고 또한 중국의 유제劉齊와 연합해 금을 협공해 멸망시키기를 요청했다. '유제'는 유예의 제齊 나라로 금이 세워준 꼭두각시 나라였으니 고려와 연합할 가능성은 별로 없었다. 칭제건원과 금국정벌을 반대하는 자들이 많음에 묘청의 무리가 열심히 설득했지만 왕은 끝내 그것을 받아들이지 않았다. 왕은 자신의 지지세력으로 서경세력을 활용했지만 그들의 대외정책에는 동조하지 않았다. 왕과 묘청은 서로를 필요로 하면서도 각기 다른 꿈을 꾸고 있었다.

왕은 3월 초하루에 대화궐 건룡전乾龍殿에 이어하여 여러 신하의 축하를 받았다. 대화궐의 정전이 건룡전이라는 사실도 심상치가 않으니 용의 후손인 왕이 태조 왕건처럼 웅비하기를 기원하는 뜻이 담겨 있었을 것이다.

묘청, 백수한, 정지상은 왕이 대화궐 건룡전에 앉을 때 공중에서 음악소리가 들렸으니 왕이 신궐에 이어한 상서로운 징조라며 축하 표문을 써서 재추에게 서명하기를 요청했다. 하지만 재추는 자신들이 비록 늙었지만 귀머거리가 아닌데 공중 음악소리를 듣지 못했다며 서명하지 않았다. 분노한 정지상이 역사에 기록될 상서로운 징조이건만 대신들이 이처럼 나온다며 탄식했지만 재상들의 비협조로 축하 표문을 왕에게 올리지 못했다.

인종 8년에 서경 중흥사의 탑이 불탔다. 그러자 어떤 사람이 묘청에게 물었다.

"대사가 왕에게 서도에 행차하기를 요청한 것은 재앙을 진압하기 위한 것인데, 어찌하여 이렇게 큰 재앙이 발생했습니까?"

묘청이 부끄러워 얼굴을 붉히며 답변하지 못해 한참 생각하더니 말했다.

"주상께서 상경(개경)에 계셨다면 이보다 더 큰 재변이 발생했을 것이오. 지금 이곳에 행차했기 때문에 재변이 밖에서 발생해 수상께서 안녕하신 것이오."

이와 같으니 어찌 믿지 않을 수 있겠냐며 묘청을 믿는 자가 거들었다. 서경성 밖 북쪽의 중흥사와 그 탑은 고려에서 중요한 위상을 지녔다. 왕건이 장군 시절인 30세 때에 바다의 9층 황금탑에 올라가는 꿈을 꾼 적이 있었다. 왕위에 오르자 옛적에 신라는 황룡사 9층탑을 조영해 통일을 이루었다며, 개경에 7층탑을, 서경에 9층탑을 세워 그 힘을 빌려 삼한(후삼국)을 통합하려 한다고 했다. 그리하여 만들어진 것이 중흥사와 이곳의 9층탑이었다. 그것은 후삼국 통일과 고려의 번영을 돕고 외적을 진압하는 중요한 상징성을 지녔는데 불탔으니 곧 복구가 되지만 사람들에게 충격을 주었던 것이다.

인종 9년(1131)에는 일관으로 음양풍수설에 정통한 백수한이 천天·지地·인人 삼정三庭에 대한 원리를 문서로 적어 왕에게 올렸다. 그러자 내시 김안이 왕에게 아뢰어 왕명을 받아 시종관에게 보이고는 삼정 문서를 세부 작성하여 중서문하성, 어사대, 지제고(문필비서)에게 배부해 각기 논술하여 아뢰도록 했다.

훗날 『고려사절요』의 편찬자는, 백수한이 묘청의 제자를 자청해 속이고 도리에 어긋나는 말을 하여 때에 맞추어 대중을 현혹하니, 김안·정지상·문공인 등이 그를 성인이라 일컬었는데, '삼정'의 설도 그것과 유사한 것이라며 비판했다. 천지인 삼정설을 포함한 백수한의 학설은 조선의 유학자에게 비도덕적인 속임수라 매도당했으니 유학에서 많이 벗어난 것이었음을 알 수 있다.

원래 천·지·인 즉 하늘·땅·사람을 하나로 묶어 '삼재三才'라 하여 상호 작용하는 개념으로 설정한 것은 중국의 고전 『주역』이었다. 『주역』은 '삼재'를 기본으로 하면서 8괘, 나아가 그것의 변용인 64괘를 설정하여 하늘, 땅, 사람의 작용과 현상을 설명하였다. 『주역』은 유학만이 아니라 도가·도교 등 다른 학파에서도 중시되었다. 이 책의 핵심은 음양이며 오행설과 합쳐진 이론인 음양오행설은 동양사상의 핵심이 된다.

그러니까 '삼三'은 천·지·인이 조화를 이루는 신성한 숫자였다. 신에게 제사할 때는 다리가 세 개 달린 '정鼎'이라는 제기를 사용했고, 그로 인해 세 개가 균형을 이루며 서 있는 모양을 '정립鼎立'이라 일컫게 되었다. 단군신화에 나타나는 환인·환웅·단군의 삼성신앙, 환웅이 하늘에서 내려올 때 가져왔다는 '천부인天符印' 세 개, 불교에서 본존불과 좌우의 협시불(혹은 협시보살)로 이루어진 삼존불도 그러한 숫자 '삼'과 관련이 깊다. 고려에서 도읍을 세 개 설정해 삼경제를 운영하고, 도읍이 가장 많을 때는 네 개였는데도 사경이라 하지 않고 굳이 삼경이라 표현한 것도 그러한 숫자 '삼'을 의식한 것이라 볼 수 있다.

백수한의 삼정설은 『주역』의 삼재설에다가 도교 경전인 『황정경』의 사상을 접목한 것이었다. '황정黃庭'에서 '황'은 중앙 토土의 색깔인 황색, '정'은 집의 중앙인 뜰이니 중심을 의미했다. 그러니까 삼정설은 천·지·인이 각각 중심으로서 자리를 지키며 상호 작용하여 조화를 이루고, 천·지·인 각각에 중심이 있어 세계를 이끈다는 개념이었다. 하늘과 땅과 사람이 어떻게 하면 중심을 잡고 조화를 이루어 이상세계를 이룰 수 있는가를 제시했고, 고려인이 삼정설을 실천함으로써 중흥하여 천하의 중심 즉 주인이 될 수 있다고 역설했다. 그의 삼정설의 요체는 고려와 고려인이 천하를 제패해 하늘의 '정'과 교감하며 땅·인간의 '정庭' 즉 중심이 되어야 한다는 것이었다.

백수한의 천지인 삼정설은 정통 유학자로부터 비난을 받을 정도로 유학에서 많이 벗어나고 도교·음양풍수설 측면이 농후한 학설이었다. 그의 삼정설은 그가 도교·음양풍수설에 정통한 묘청의 제자였으므로 묘청의 영향을 받았으리라 여겨지며, 나아가 유학자이면서 『주역』과 도교에 정통한 정지상과의 교감 하에 다듬어진 이론이라 여겨진다. 묘청, 백수한, 정지상 등 서경파는 고려가 중흥하여 천하를 제패함으로써 하늘과 땅과 사람이 조화를 이루어 태평한 이상세계(유토피아)를 만드는 것을 꿈꾸었다.

칭제건원하고 금을 정벌하라

묘청파는 왕에게 '칭제건원稱帝建元'을 권하고 여진족의 금나라를 공격하여 멸망시키자고 청하였다. 칭제는 황제를 칭하는 것이고, 건원은 독자적인 연호를 쓰는 것이다. 고려도 태조 왕건이나 광종 때처럼 독자적인 연호를 쓰거나 황제를 칭한 적도 있었다. 하지만 대개는 중국이나 북방강국의 연호를 쓰고 고려국왕은 형식적으로나마 그들로부터 국왕을 책봉받았다. 그러하더라도 고려에서는 임금이 천자 내지 황제라 즐겨 불렸고, 그 모친은 태후, 배우자는 후后·비妃, 후계자는 태자, 자녀는 제왕諸王(친왕)과 공주라 불렸다. 또한 친왕과 공훈관료는 공·후에 책봉되었고, 대궐은 궁성과 그 바깥의 황성으로 이루어졌고, 관부는 3성 6부 내지 2성 6부의 체계를 지녔다.

이처럼 고려는 황제국체제를 지니며 고려국왕은 황제로서의 위상을 지녔다. 하지만 평화를 유지하기 위해 대외적인 칭제건원은 되도록 피해왔던 것이다. 그런데 고려를 섬겨오던 여진족이 금을 세우고 칭제건원하여 거란족 요를 멸망시키고 중국 송을 압박하자 고려인들의 자존심, 특히 서경인들의 자존심을 자극했다. 또한 서경세력의 후원자인 윤언이도 칭제건원의 주창자였으니, 묘청·정지상 등의 칭제건원 운동에 그가 깊숙이 개입하고 있었다. 신채호는 황제를 칭하고 금을 정벌하자는 '칭제북벌론'의 영수로 첫째 윤언이, 둘째 묘청, 셋째 정지상을 들었는데, 단 그는 윤언이가 묘청·정지상의 서경천도 운동에는 동의하지 않았다고 했다.

서경파는 태조 왕건이나 광종의 예처럼 '칭제건원' 하여 자존심을 회복하고 9성의 반환 이후 침체한 북진정책을 회복하고자 했다. 그들은 서경으로 천도해 칭제건원함으로써 고려를 이름과 실제가 부합하는 황제국으로 만들기를 원했고, 나아가 고려가 금국을 정벌해 천하의 중심이 되기를 원했다. 물론 여기에는 서경으로 정치의 중심을 옮겨보자는 서경파의 이익계산도 깔려 있었다. 묘청의 서경파는 금국을 정복하려는 데 그치지 않고 천하 내지 36국을 병합하기를 원했다. 도교에서 36국은 온 세계를 상징하는 개념이었으니, 서경파는 고려가 금국은 물론 중국을 포함한 온 세계를 지배하는 중심국가가 되기를 시도했던 것이다.

최봉심이 금의 동경(요양)에 가는 사절단의 서장관에 임명되자 안직숭 등의 간관이 인종 9년(1131) 9월에 상소했다.

"최봉심은 본래 무거인武擧人이라 서장관은 그 직임이 아닙니다. 또한 그가 일찍이 큰 소리치기를, 국가가 자신에게 장사 일천 명을 주면 금국에 들어가 그 임금을 사로잡아 와서 바치겠다고 했습니다. 그의 미치고 허망함이 이와 같아 사건을 저지를까 두려우니 그를 파견해서는 안됩니다."

간관이 3일 동안 편전의 합문에 엎드려 강력히 항의했지만 왕은 그들의 요구를 받아들이지 않고 최봉심을 사절단에 포함시켰다. 서장관은 원래 문사가 임명되는 직책이었지만 최봉심은 무신임에도 임명된 것이었다. 최봉심은 예종이 만든 국학(국자감) 7재 중에서 무학武學을 공부하는 강예재(무학재) 출신이어서 '무거인'이라 칭해졌다. 이러한 배경으로 무신임에도 상당한 교양을 갖추었기 때문에 서장관에 임명된 것이었다.

최봉심은 서경세력의 한 사람으로 명령만 내리면 언제든지 금국 정벌에 앞장서겠다는 인물이었으니, 개경세력에게는 위험시되는 존재였다. 그가 간관의 반대에도 불구하고 사절단에 포함된 것은 서경세력이 금국 정벌에 대비하기 위해 금국의 정보를 수집할 필요가 있었기 때문이었다. 이는 서경세력이 금국정벌을 위한 준비를 진행하고 있었음을 알려준다.

묘청 팔성의 비밀

묘청은 인종 9년(1131) 8월에 왕을 설득하여 내시 이중부의 감독하에 대화궐을 둘러싸는 임원궁성을 쌓고 대화궐의 궁중에 팔성당八聖堂을 설치하였다. 이 팔성당은 여덟 성인의 사당으로 그들의 초상화를 그려 숭배했는데 풍수설과 도교와 불교가 결합된 것이었다. 팔성을 소개하면 다음과 같다.

첫째, 호국백두악 태백선인인데 실덕(실체)은 문수사리보살이다.
둘째, 용위악 육통존자인데 실덕은 석가불이다.
셋째, 월성악 천선인데 실덕은 대변천신이다.
넷째, 구려 평양선인인데 실덕은 연등불이다.
다섯째, 구려 목멱선인인데 실덕은 비바시불이다.
여섯째, 송악 진주거사인데 실덕은 금강삭보살이다.

일곱째, 증성악 신인인데 실덕은 늑차천왕이다.

여덟째, 두악 천녀인데 실덕은 부동우바이이다.

일제시대와 해방 이후에 실증사학을 이끈 이병도는 8성을 다음과 같이 해석했다. 첫째, 호국 백두악은 우리나라 산맥의 대종산(太祖山)인 백두산이다. 둘째, 용위악은 대화궁의 주산인데 평양 북쪽 부산면 신궁동의 화원산이다. 셋째, 월성악은 황해도 금천 월성면의 토산兎山(월성산)이다. 넷째, 평양은 금일의 평양이고 선인仙人은 왕검(단군)이다. 다섯째, 구려 목멱은 평양의 목멱산인데 농사신이다. 여섯째, 송악은 개경의 송악이다. 일곱째, 증성악은 단군이 은거했다는 황해도 구월산(증산)이다. 여덟째, 두악頭嶽은 단군과 관련이 있고 머리(마리)에서 유래한 강화도의 마리산(마니산)이다.

이러한 해석은 참고할만하지만 8성을 강화도 이북에 한정시킨 점은 문제이다. 만약 실제로 그랬다면 묘청은 지나치게 편협한 지역주의자였다. 묘청이 서경 출신으로 평양을 중시하는 사고방식을 지녔다고 할지라도 지지를 받기 위해서는 팔성을 훨씬 더 넓은 지역에 설정할 필요가 있었다. 시야를 확 넓혀 묘청의 팔성을 해석해 보자.

8성의 첫째는 호국護國 백두악에 설정된 태백선인太白仙人이자 문수보살이다. 백두악 즉 백두산이 고려를 수호하는 산으로 8성의 첫째에 배당되었다. 이는 이곳이 고려국토와 고려인의 뿌리 내지 부모로 인식된 것이었고, 나아가 고려가 금에게 잠식당한 만주를 회복하는 거점으로 설정된 것이었다. 문수보살의 화신인 태백선인은 훗날 일연이 『삼국유사』에서 언급하는 태백산 신단수에 내려온 환웅천왕에 해당하리라 여겨지는데 환웅의 부친이라는 환인과 환웅의 아들이라는 단군까지 포함되었을 가능성도 있다. 문수보살은 지혜를 상징하며 모든 부처와 보살의 부모 내지 스승에 해당하는 보살이다. 또한 태백선인은 묘청과 관련이 있는 듯하다. 묘청妙淸은 이름을 '정심淨心'이라 고쳤다. 신라 진평왕이 석가의 부친 정반淨飯을 따서 '백정白淨'이라 하고 배우자의 이름을 석가의 모친 이름을 그대로 따서 '마야부인'이라 한 점이 참고된다. 묘청은 자신을 석가의 부친이라 상상했다고 볼 수 있다. 그는 백두산이 고려 산천의 태조산이듯이 자신을 석가의 부친 내지 모든 부처의 스승으로, 나아가 노자의 화신으로 보이는 태백선인으로 간주했다고 여겨진다.

묘청 팔성도

둘째는 용위악에 설정된 육통존자六通尊者이자 석가불이다. 용위악은 평양의 북동쪽에 위치한 구룡산(대성산)으로 여겨진다. 대성산은 산성을 지녀 고구려의 평양 천도 이래 평양 방어의 요충지였는데 묘청이 이 산을 주산으로 하여 그 기슭의 임원역 터에 대화궐을 건설했다고 생각된다. 육통六通은 음, 양, 풍(바람), 우(비), 어둠, 밝음에 통달한 상태, 또는 사방과 상하에 통달한 상태를 의미한다. 육통존자는 도를 깨달아 모든 것에 형통한 신선으로 석가모니의 화신이자 일종의 구세주(메시아)인데, 전설상의 제왕인 '황제黃帝'로도 볼 수 있고 '황제'의 스승 내지 '황제' 자신으로 인식된 노자로도 볼 수 있다.

육통존자는 서경세력이 바라던 대로 평양을 수도로 삼아 칭제건원하는 황제를 상징하니 그렇게 하는 사람이면 인종도 될 수 있고, 묘청도 될 수 있다. 만약 인종이 그렇게 하지 않으면 부정될 수 있다는 의미가 숨어 있으므로 혁명성을 내포했다. 묘청은 원래 육통존자로 인종을 상정했고, 자신은 그를 지도하는 스승으로 설정했다고 보여지는데 인종이 따르지 않으면 묘청 자신이나 그의 자식이 될 수도 있었다. 용위악 육통존자는 백두악 태백선인과 밀접한 사이였다. 밀교에서 문수보살과 대일여래와 석가불이 종종 동일시되듯이 백두악의 태백선인이 용위악으로 달려와 육통존자로 변화할 수 있었다.

셋째는 월성악에 설정된 천선이자 대변천신이다. 월성은 신라 전성기의 왕성이니 월성악은 경주 내지 신라를 가리키며 천선天仙은 선랑 즉 화랑을 가리킨다. 신라의 화랑을 대표하는 존재가 사선四仙 즉 네 명의 신선이었는데 고려의 팔관회 때 사선이 선발되어 음악대를 이끌었다. 대변천신은 불교의 수호신 변재천녀 내지 묘음보살인데 재물의 신이자

경주 첨성대
김부식의 고향 경주는 묘청 8성의 하나이다.

예술(특히 음악)의 신이었다. 월성악 천선은 신라의 화랑 내지 왕을 상징했다고 볼 수 있다.

넷째는 고구려 평양에 설정된 선인仙人이자 연등불이다. 연등불은 과거에 존재했다는 여러 부처의 첫 번째에 해당하는 부처로 석가모니에게 부처가 되리라는 예언을 했다고 한다. 연등불의 화신인 평양선인은 고구려의 건국자 동명성왕 주몽(추모)과 그 후계자들을 상징하였던 것으로 보인다. 주몽은 압록강 이북의 졸본지역에 고구려를 세웠지만 고구려의 평양 천도 이후에 그의 신령이 이곳으로 옮겨지면서 동명성왕이자 평양의 신으로 거듭나 있었다.

다섯째는 고구려 목멱선인이자 비바시불이다. 목멱산은 평양 동남쪽의 산이다. 과거의 일곱 부처에서 첫째가 비바시불이고, 일곱째가 석가모니불이었으니, 목멱산 비바시불은 용위악 석가불을 낳은 존재였다. 목멱선인은 농사의 신으로 알려져 있었는데 구체적으로 누구를 상징했는지는 확실하지 않다.

여섯째는 송악산 진주거사이자 금강삭보살이다. 송악산은 개경의 주산(진산)이었다. 진주震主는 동방의 임금을, 거사는 도교와 불교에 심취해 종교인이 아니면서 종교인처럼 생활하는 자를 의미한다. 금강삭보살은 밀교 금강계만다라에서 대일여래를 수호하는 여성보살이다. 금강삭보살의 화신인 송악 진주거사는 송악산에 거처했던 태조 왕건을 비롯한 고려의 역대 임금들을 가리켰다고 생각된다.

일곱째는 증성악 신인이자 늑차천왕이다. 부여에는 부소산과 증산이 있는데 증성악은 증산 혹은 부소산으로 부여 내지 백제(후백제 포함)를 상징한 것으로 추정된다. 부여의 증성甑城과 경주의 월성月城은 대비되는 개념이었는데 같은 의미를 지녔다고 생각된다. 월 즉 달은 신선이 사는 세계로 이곳에서 옥토끼가 절구질을 한다고 상상되었다. 증甑은 시루이고, 옥토끼의 절구질은 시루에서 음식을 만들기 위한 것이었다. 왕도 신선으로 관념되어 그가 머무는 왕궁, 왕성, 도성이 신선세계인 월성으로 불렸으니, 신라만이 아니라 고구려와 백제의 왕성 내지 도성도 월성이라 불렸다. 묘청은 경주를 월성이라 하고

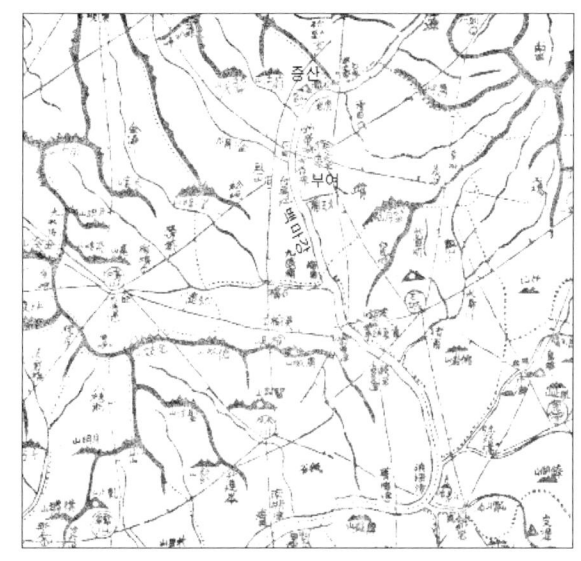

대동여지도의 부여
부여는 묘청 8성의 하나

부여의 경우는 중복을 피하기 위해 월성 대신에 증성이라 했을 것이다. 늑차는 나차(나찰)로 밀교 금강계만다라에서 서방을 수호하는 신이다. 늑차천왕의 화신인 증성악 신인神人은 백제의 왕을 상징했다고 볼 수 있다.

여덟째는 두악 천녀이자 부동우바이이다. 두악頭嶽은 두류산 즉 지리산이고, 천녀는 지리산 천왕봉의 천왕으로 여성 산신이었다. 부동不動은 신앙이 깊어 동요하지 않는 경지를 말하고, 우바이는 불교의 여성 신자를 의미한다. 고려시대와 조선시대 사람들은 지리산 성모를 석가의 어머니인 마야부인 내지 태조 왕건의 어머니인 위숙왕후라고 생각했다. 두악 천녀는 전통 산신신앙과 불교신앙이 결합된 개념이었다.

묘청은 그리 편협한 인물이 아니었다. 그가 주창한 8성은 백두산, 지리산, 월성(경주), 증성(부여), 송악(개경), 평양에 걸쳐 있었으니 전국석으로

지리산
우리 산천의 어머니. 묘청 8성의 여덟째

고루 배치된 것이었다. 또한 고조선, 삼한, 삼국, 통일신라, 후삼국, 고려, 미래의 나라 등이 포함된 것이었다. 불교, 도교, 음양풍수도참설에 근거해 허황되다는 비판을 당시는 물론 후대에 받기도 했지만, 그러한 사상에 기댄 것은 그러한 사상이 유행했기 때문에 사람들을 설득하기 위한 포장(수단)의 측면이 강했음이 고려되어야 한다.

　묘청의 8성은 단순한 미신이 아니라 국토를 경영하는 시각과 논리였고, 역사를 계승하는 의식이었고, 미래를 위해 제시한 청사진이었다. 산과 도읍을 중심으로 본, 대단히 체계적인 국토경영 이론이자 역사계승 이념이었다. 음양풍수도참설은 김위제, 묘청, 백수한 등의 이론에 드러나듯이 국토경영론을 풍부하게 제공했고 좁은 국토와 사고에서 벗어나 천하 제패를 꿈꾸게 했다는 점에서 의의가 컸다.

평양 중심의 이상향을 꿈꾸다

묘청은 백두산을 우리나라의 아버지로, 지리산을 어머니로 생각했고, 이 둘이 나머지 6성 즉 우리나라의 모든 것을 낳는다고 생각했다. 그래서 팔성의 첫째에 백두산을, 마지막 여덟째에 지리산을 배치했고, 나머지 6성을 그 사이에 배치했다.

백두산을 문수보살, 지리산을 마야부인 내지 위숙왕후라고 생각한 것은 백두산을 아버지, 지리산을 어머니로 관념했다는 점에서 중요한 의미를 지닌다. 문수보살은 석가의 아버지 내지 왕건의 아버지(혹은 조상)로 설정되었다는 점에서 더욱 그러하다. 의종 때 김관의가 지은 『편년통록』에는 왕건의 조상인 성골장군 호경이 백두산에서 송악으로 온 것으로 되어 있다. 고려인들은 백두산을 고려의 뿌리, 모든 산천의 근원이라 생각했고, 성종 때 여진족을 백두산 밖으로 몰아낸 이래 더욱 그러했다. 물론 여기에는 고려가 고구려와 발해의 계승자로 그 옛 영토를 회복했다는 의미가 깔려 있었다.

묘청은 아내와 자식을 거느린 대처승이었는데 자신을 석가의 부친 내지 문수보살로 설정한 듯하니 아내를 '마야' 혹은 '반야'라 간주하거나 그렇게 불렀을 가능성이 있다. 그가 왕에게 요청해 반야도량을 종종 개최했다는 점에서 더욱 그러하다. 문수는 반야 지혜를 실천하는 보살이니 문수와 반야는 표리 관계 혹은 동체였는데 밀교에서는 부부관계로 묘사되기도 한다.

묘청은 불교의 승려로서 신선사상과 불교를 일체로 하면서 도교 내지 고유의 산악신앙에 바탕을 둔 신선사상을 중시했다. 8성을 제사하는 정지상의 글에 8성을 8선仙이라 한 점을 보아도 묘청사상의 핵심이 선仙 사상에 바탕을 두고 있음을 알 수 있다.

묘청은 8성 중의 둘째와 넷째와 다섯째에 평양을 배정했고 게다가 넷째와 다섯째에 구려(고구려)를 배정했으니 평양과 고구려 계승을 대단히 중시했다. 더구나 평양에만 실덕이 부처이고 나머지 지역에는 보살이나 수호신을 배정하였다. 5성이 전국을 대표해 평양의 3성 즉 3부처를 수호하며 받들어 모시는 형국이었다. 여기에는 평양천도의 당위성, 고구려 계승 내지 부활의 당위성을 담고 있었다. 그는 고려의 도읍인 송악(개경)도

평양 대성산성 남문
대성산(구룡산)은 묘청 8성의 핵심

수호보살로 상징했으니 송악을 수도로 한 고려도 과도적인 나라로 인식한 것이다. 고려가 평양을 수도로 정해 이곳으로 천도해야 진정한 삼한(삼국)의 통일, 진정한 고구려의 부활로 될 수 있다는 것이었다.

숙종 때 김위제의 저울이론은 중경(개경), 서경, 남경의 균형을 강조해 남경의 부활을 주장한 논리였고, 남경의 부활로 실현되었다. 이로 인해 동경은 물론 서경이 타격을 입었다. 묘청의 8성이론은 김위제의 저울이론에 대항하는 성격을 지녔는데 8성을 전국에 배정하면서도 8성의 핵심을 평양에 두었으니 평양 중심의 이론이었다. 이에 따라 서북의 서경이 강화되거나 수도가 되면 남부 출신들, 특히 동경 출신들이 타격을 입게 되어 심하게 반발했다.

김안, 이중부, 정지상 등은 묘청의 팔성을 성인의 법으로 국가를 이롭게 하고 국가의 운수를 연장하는 방도라 여겨 왕에게 요청해 팔성에 제사지냈다. 정지상이 그 제문을 찬술했다.

> 빠르지 않으면서도 빠르고, 가지 않으면서도 이르는 이것을 이름하여 일一(근원·도)을 얻은 신령이라 합니다. 무無에 나아가나 유有하고 실實(꽉 참)에 나아가나 허虛(텅 빔)한데, 대개 본래의 부처를 일컫습니다. 오직 천명天命이 만물을 제어할 수 있고, 오직 토덕土德이 사방의 제왕이 될 수 있습니다. 이에 평양의 안에서 이 대화세大華勢를 점쳐 궁궐을 창건하여 공손히 음양을 따라 그 사이에 팔선八仙을 안치하되 백두악을 받드는 것으로 시작했습니다. 그러하니 광명이 지금 비추기를 생각하고, 오묘한 작용이 앞에 나타나기를 바랍니다. 황홀하네요, 지진至眞(도가·도교의 최고 경지)이시여! 비록 정靜(고요)을 묘사할 수 없지만 실딕(실체)은 바로 여래(부처)이십니다.

도교의 일—은 곧 도道이며 자연으로 그 최고신격인 원시천존 내지 노자이고, 불교의 본래불(본래 부처) 즉 법신불은 비로자나 내지 대일여래이다. 묘청은 이 둘을 하나로 보았으니 도교와 불교가 그에게서 일치된 것이었다. 노자 내지 원시천존은 육통존자로, 대일여래(비로자나)는 석가불로 표현되었다. 지진至眞을 곧 여래(부처)라고 본 데에도 도교와 불교의 일치가 드러난다.

석가모니는 사망했지만 묘법연화경(법화경)을 받드는 천태종에서는 실제로는 사망하지 않아 영원불멸하다며 그를 숭배한다. 대일경과 금강정경을 받드는 비밀불교인 밀교에서는 모든 부처의 근본인 법신불 대일여래를 숭배하는데 그를 석가모니 부처와 동일시하기도 한다. 팔성八聖은 팔선八仙으로도 불려졌으니 부처와 보살이 곧 신선으로 간주되었다. 음양의 기운이 꽃처럼 활짝 핀 대화세의 명당에 대화궐이 창건되었고, 팔성 내지 팔선은 음양에 따라 주요 지역의 산에 배치되었으니 음양풍수설이 반영되었다. 묘청과 정지상의 팔성이론에는 도교, 천태·법화 신앙, 밀교, 음양풍수설이 하나로 회통되어 있다.

팔성을 음양에 따라 배치했다는 구절을 좀더 탐구해 보자. 백두악 태백선인(문수보살)은 양이고, 두악 천녀(우바이)는 음이다. 증성악 신인(늑차천왕)은 양이고, 월성악 천선(대변천신)은 음이고, 송악 진주거사(금강삭보살)는 음이다. 구려 평양선인(연등불), 구려 목멱선인(비바시불), 용위악 육통존자(석가불)는 중성 혹은 양이거나 음양을 초월해 음양의 조화를 구현하는 존재로 파악할 수 있다. 단, 목멱선인은 여성 신격으로 볼 여지가 있다. 묘청과 정지상은 인간의 역사를 음양이 주고받으며 전개되는 현상으로 파악했다.

구려 평양선인, 구려 목멱선인, 월성악 천선, 증성악 신인은 과거의 존재였고, 송악 진주거사는 과거와 현재의 존재였다. 물론 이들도 신이 되어 현재와 미래의 우리나라를 보호한다. 반면 용위악 육통존자는 현재와 미래에 새로운 평양 수도의 시대에 천하를 지배하는 존재로 대화궐의 진정한 주인이었다.

태일옥장보법을 펼치다

송악 대궐은 이자겸의 정변 때 불탄 후 서경세력의 서경천도 운동의 전개로 인해 방치되었다가 인종 9년 무렵에 복구 결정이 내려졌다. 그러한 결정에는 개경세력의 영향력이 작용했으니 서경세력의 전진에 제동이 걸린 것이었다. 중서문하성의 재상과 추밀원의 재상이 대궐 중건을 감독하기로 정해졌는데 그 인원수가 너무 많다는 여론에 따라 줄어들어 평장사 최홍재, 참지정사 문공인, 지추밀원사 임경청이 감독을 맡게 되었다. 문공인과 임경청은 서경파이지만 어차피 송악 대궐의 중건이 결정된 상황이라 그것을 주도함으로써 정치적 주도권을 장악하는 쪽을 선택했다.

그리하여 송악 대궐이 인종 10년(1132) 정월에 비로소 중건되기 시작하였다. 『고려사』 묘청전과 『고려사절요』에 따르면, 터의 기초를 잡을 때 묘청이 최홍재 등 재상 3,4명 및 공역 담당 관리로 하여금 정복을 입고 차례대로 서게 했다. 장군 4명으로 하여금 갑옷을 입고 칼을 들어 사방에 서게 했다. 졸병 120명에게 무기인 창을, 졸병 300명에게 횃불을, 졸병 20명에게 촛불을 들고 빙 둘러서게 했다. 그리고 묘청은 가운데에서 하얀 삼으로 짜여진 줄의 네 가닥, 길이 360보(步)를 사방으로 잡아당기도록 하여 법

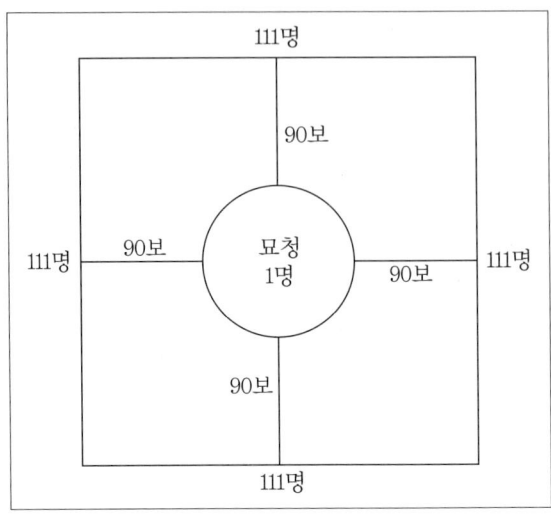

묘청의 태일옥장보법

을 만들었다. 그는 스스로 말하기를, "이는 태일옥장보법太一玉帳步法으로 선사 도선이 강정화康靖和에게 전했고, 강정화가 나에게 전했고, 내가 늘그막에 백수한을 얻어 그것을 전하나니, 대중이 알 바가 아니다."라고 했다.

묘청의 태일옥장보법은 동서남북 각 방위마다 장군 1명과 졸병 110명[창30+불80(횃불75+촛불5)], 도합 111명씩 서고 그 안의 가운데에 묘청(1명)이 서는 구조였다. 동서남북 4방위 전체에 장군 4명과 졸병 440명[창120+불320(횃불300+촛불20)], 도합 444명이 서고, 그 안의 가운데에 묘청(1명)이 서서 445명으로 이루어지는 구조였다. 중앙의 묘청은 천신 내지 북극성인 태일이었고 법신불 대일여래였다. 정지상의 8성 제문에서 천명이라야 만물을 제어할 수 있다고 했는데 '천天'과 태일은 같은 존재로 볼 수 있다.

숫자 1 및 4와 그 조합을 기본으로 하면서 숫자 3과 5가 가미되었다. 4방위의 각각은 가장 기본되는 숫자이자 만물의 기원을 상징하는 일一 즉 1과 그 조합으로 구성되었다. 4방위 전체와 그것에 배치된 인원은 4방을 나타내는 숫자 4로 완벽히 구성되었고 이를 묘청이 중앙에 서서 4방과 더불어 5방을 이루며 온전하게 조화시키는 구조였다. 음력으로 1년은 360일이며, 도교에서 36은 온 세계를 상징한다. 묘청의 손에서 4방 각각으로 뻗어나간 360보 길이의 마줄(마실)은 1년, 나아가 매 년을 상징하며 또한 온 세계를 상징한다. 그러니까 묘청이 4방(8방) 내지 5방 즉 이 세계를 1년 즉 4계절 내내, 나아가 매 해마다 태평하게 조화시킨다는 것이었다.

오행(오덕)은 목木→화火→토土→금金→수水 순으로 상생하며 순환하고 또한 토가 중앙에서 나머지 4덕을 조절한다고 하는데, 태일옥장보법에서 묘청이 맡은 역할이 바로 중앙 토였다. 이는 정지상이 팔성을 제사하는 글에 천명이라야 만물을 제어할 수 있고 토덕이라야 사방을 지배하는 제왕이 될 수 있다는 내용 및 백수한이 중심을 강조한 삼정설과 부합한다. 고려는 태조 왕건이 고려를 건국한 이래 왕조의 운수를 수덕으로 할 것인지, 목덕으로 할 것인지 치열한 논쟁이 전개되었는데 수덕을 표방한 궁예를 계승할 것인지, 부정할 것인지와 연관되어 있었다.

묘청은 고구려를 토덕(황색), 신라를 금덕(백색), 궁예의 마진·태봉을 수덕(흑색), 고려 초기를 목덕(청색), 고려 중기를 화덕(적색), 서경으로 천도하는 미래의 나라를 토덕(황색)으로 파악했다. 여진과의 전쟁으로 피를 흘리고 이자겸의 정변으로 궁궐이 불탄 고려 중기를 화덕 즉 불의 시대로 설정했다. 서경으로 천도해 칭제건원하고 금국을 정벌해 천하의 중심으로서 온 세상을 다스리는 시기를 토덕 즉 흙(황색)의 시대 내지 황제의 시대로 설정했는데 이는 고구려 시대의 부활을 의미한다. 도를 깨달아 모든 것에 통달한 평양 용위악의 육통존자는 석가불 내지 노자(노군)의 화신이자 사덕 내지 사신四神을 거느리는 토덕의 주인이었으니 묘청 바로 그 자신이었다.

태일옥장보법은 태일이 신선세계 내지 하늘세계에서 펼친다는 보법이었다. 보법은 보步 즉 걸음을 기초로 한 측량법 내지 구획법이었다. 태일太一은 도교의 최고경지 내지 최고신으로 일一에서 유래한 것인데 태을

太乙이라고도 하며 중국 전설상의 제왕인 황제黃帝의 화신으로 인식되었다. 4방 내지 5방은 음양오행설·풍수설·도교와 밀접한 관련이 있었고, 4계절인 사시四時 및 방위의 신격인 현무·주작·청룡·백호의 사신四神과도 관련이 깊었으며, 불교에서 4방 혹은 5방에 조성하는 사방불 혹은 오방불과도 통하는 면이 있었다.

'황제' 헌원씨는 중국 산동지방 제齊 지역에서 숭배되었는데 같은 지역 출신의 치우를 정벌하고 염제 신농씨를 대신하여 중국을 지배했다고 전해진다. '황제'는 토덕의 상징으로 인식되었고, 그를 '중황中黃 태을太乙'로 숭배하는 집단이 한나라를 부정하며 황색의 이상향 건설을 염원하여 봉기했으니 바로 산동 지방에 근거지를 둔 황건적이었다. '황제'는 중앙의 황색으로 상징되는 태을신이었고 우주의 중심인 북극성 내지 북두칠성이었다. '황제'와 노자를 숭배하는 황로黃老 신앙이 유행하면서 노자는 '황제'의 스승이라 전해지다가 그와 동일시되기도 했으며, 몸을 변화시켜 역대 제왕의 스승이 되었다고 믿어졌다.

묘청은 중앙의 황색 토덕을 강조했다는 점에서 자신 혹은 육통존자를 '황제' 내지 노자와 동일시했으며 그래서 그의 보법도 태일(태을) 보법이었으니 그 자신 혹은 육통존자가 태일(태을)이었다. 또한 그 자신 혹은 육통존자는 '황제'와 마찬가지로 북극성 내지 북두칠성 신이었다. 이는 서경성의 북문이 칠성문이라 칭해진 데에 나타나듯이 서경이 칠성신앙이 유행한 곳이었다는 점에서 더욱 그러하다.※

태일옥장보법은 천·지·인이 서로 감응하는 것이었다. 태일이 하늘

※ 원래 하늘의 중심은 북극성이지만 희미해 사람들이 관찰하기 어려워 그 곁의 북두칠성을 보고 북극성의 위치를 가늠하였다. 사람들에게 북두칠성이 친숙하게 다가와 생사를 관장한다고 믿어졌고 나아가 북신北辰 즉 북극성과 동일시하게 되었다. 칠성신앙과 북신신앙이 일체화되곤 했는데, 묘청에게도 그러했다.

의 중심으로 태일옥장보법을 펼치듯이 묘청이 땅의 중심으로 그것을 펼쳤는데 천명이 토덕으로 구현된 것이었다. 묘청은 태일옥장보법을 후삼국 시절에 풍수설의 대가로 우리나라 풍수의 원조인 승려 도선道詵으로부터 내려오는 비법을 강정화를 통해 전수받았다고 주장했고, 자신의 계승자가 백수한이라고 밝혔다. 묘청의 8성은 4의 배수 혹은 5와 3의 결합 혹은 도교 팔선의 응용으로 여겨지니 사방(팔방) 내지 오방, 사시(사계절), 천지인 삼재(삼정) 관념이 융화된 것이었다.

그런데 『삼국유사』에 따르면 신라의 승려 명랑이 당에 유학하고 돌아오다가 해룡의 요청으로 용궁에 들어가 비법을 전수받고 밀교의 일종인 신인종神印宗을 개창했으며, 금광사와 금강사를 창건했다. 신라가 당과 연합해 백제와 고구려를 멸망시킨 직후에 당이 신라까지 멸망시키려 군대를 파견하니, 문무왕이 명랑법사에게 해결책을 묻자 낭산의 남쪽 신유림神遊林에 사천왕사를 창건해 도량(법회)을 개최하면 물리칠 수 있다고 했다. 사태가 급박하자 왕이 명랑의 건의에 따라 비단으로 절을 만들고 풀로 오방五方 신상을 엮어 유가종 혹은 밀교 승려인 유가명승瑜伽明僧 12명과 명랑을 으뜸으로 하여 문두루비밀법을 펼치도록 하니 풍랑이 거세게 일어 당의 함대가 수몰되었다. 후에 정식으로 절을 개창해 사천왕사라고 했다. 태조 왕건이 고려를 창업할 때 해적이 침략하자 명랑의 법손인 광학과 대연에게 그 비법을 펼치도록 해 물리치고 현성사를 창건해 신인종의 사찰로 삼았다고 한다.

명랑의 문두루비법은 5방 신상을 놓고서 유가명승 12명과 명랑이 대표가 되어 펼쳐졌다. 5방 신상은 4방과 중앙에 하나씩 안치되었을 것이고, 유가명승 12명은 4방에 3명씩 배치되고 중앙에 명랑이 자리잡았을 것이다. 이러한 구도는 묘청의 태일옥장보법과 흡사하다. 이로 보아 묘청의 태일옥장보법은 신인종 명랑법사의 문두루비법을 계승하고 도교를 가미한 것으로 보이는데, 묘청이 밀교 신인종의 승려였을 가능성도 있다. 고구려 장수왕의 손자로 그 뒤를 이어 즉위한 문자왕은 평양 청암리토성 안에 대찰 금강사를 창건했다. 이 절은 그 거대한 탑은 파손되었지만 고려시대에도 기능해 이곳에서 문두루도량이 개최되기도 했으니 신인종 사찰로 파악되는데 묘청이 이 절과 관련을 맺었을 것이다.

묘청은 천태종과 밀교 계통 승려이면서 도교와 음양풍수설을 겸비했다. 고려 천태종의 개창자 의천은 신비주의적 색채를 덜 중시했지만 묘청은 서경의 풍토와 신앙의 다양성으로 인해 신비주의적 색채를 많이 띠었다. 묘청 사상의 원류가 인도와 중국에서 유래한 것이라 할지라도 그에 의해 소화되어 재해석된 것이며 토속적 성격을 강하게 지녔다. 묘청이든 김부식이든 외래문화의 영향을 받은 것은 사실이지만 그것을 수용하는 태도와 시각에 따라 행동방향이 달라졌다.

묘청의 태일옥장보법은 음양오행설, 풍수지리설, 도교, 불교가 결합된 이론이었다. 묘청과 백수한의 핵심 사상은 8성, 삼정(천지인), 태일옥장보법이었고 8성은 삼정과 태일옥장보법에 기초하여 성립된 이론이었다. 묘청, 백수한, 정지상은 하늘에 중심이 있듯이 고려와 고려인이 땅과 인간에서 중심이 되어 온 세계를 다스리며 조화로운 이상향을 만들기를 바랬는데 윤관·윤언이와 맥락이 통했다. 묘청이 송악 대궐에 태일옥장보법을 펼쳤고, 그를 추종하는 문공인과 임경청이 공역의 감독을 맡았지만 그들이 진심으로 송악대궐의 중수를 바란 것은 아니었다.

제8장
개경파와 서경파의 대립

서경에서의 치열한 논쟁

개경세력이 결집하고 개경 대궐의 중건이 진행되자 서경세력은 초조해졌다. 이에 묘청과 백수한이 인종에게 아뢰었다.

"상경(개경)의 지세가 쇠약해졌기 때문에 하늘이 재앙을 내려 궁궐이 다 불탔으니 서경에 자주 행차해 무궁한 왕업을 누리셔야 합니다."

왕이 여러 일관에게 물으니 모두 불가하다고 했다. 일관의 다수도 이미 개경세력에 넘어가 있었다. 다급해진 정지상, 김안, 대신(재상) 문공인 등이 말했다.

"묘청이 말한 것은 성인의 법이니 어겨서는 안됩니다."

이에 왕이 묘청을 어가를 따르는 복전福田(승려)으로, 백수한을 내시로 삼아 서경에 가기로 결정하고 10년(1132) 2월에 왕궁을 나섰다. 국학(국자감)을 지날 때 학생들이 상소하여 당시 정사에 대하여 말했는데 당시 국자감의 학관인 윤언이의 뜻을 받들어 칭제건원을 주장한 것이었다.

왕의 행렬이 개경성의 서문을 나와 북쪽으로 향해 평주의 금암역에 이르렀을 때 바람과 비가 갑자기 몰아쳐 낮이 밤처럼 깜깜해졌다. 경호원들이 늪에 엎어지고 왕이 몸소 말의 고삐를 잡아 길을 헤매다가 진창에 빠지고 나무등걸과 돌덩이에 부딪쳤다. 왕이 간 곳을 시종하는 신하들이 잃으니 궁인들이 통곡하며 울었다. 날이 저물면서 진눈깨비와 심한 추위로 인해 사람과 말과 낙타가 얼어죽는 경우도 꽤 발생했다. 묘청이 이날 풍우가 발생할 것을 예견해 우사(비신)와 풍백(바람신)에게 풍우를 만들지 말라고 넝링하니 그렇게 하기로 했다고 말했는데, 실제는 그렇게 되지 않아 묘청의 체면이 손상되었다.

왕은 이러한 곤경을 겪었지만 서경에 무사히 도착했다. 서경의 원로 이제정 등 50인이 묘청과 정지상의 뜻에 맞추어 왕에게 표문을 올려 칭제건원을 요청했다. 정지상 등이 왕을 설득했다.

"대동강에 상서로운 기운이 있는데 이는 신룡神龍이 토한 침(점액)입니다. 천년에 한 번 만나기 힘든 기회이니 위로 천심天心에 응하고 아래로 사람들의 바램에 따라 금국을 진압하십시오."

왕이 이지저에게 어쩌면 좋은지 물으니 이지저가 대답했다.

"금국은 강적이라 경시해서는 안됩니다. 하물며 양부 대신(재상)은 상도(개경)에 머물며 지키고 있으니 한 두 사람의 말을 치우치게 들어 중대한 의논을 결정해서는 안됩니다."

이에 왕이 칭제건원과 금국정벌을 중지했다. 서경세력의 핵심적인 주장은 이렇게 개경세력의 저지에 부닥쳤다.

서경에 머물던 왕은 기린각에 행차해 국자감의 학관인 국자사업 윤언이에게 『주역』 건괘를, 정항에게 『예기』 중용편을 강독하도록 했다. 또한 단봉문 밖에서 기병과 보병을 사열했다. 4월에는 김부식의 형으로 덕망이 높은 김부일이 개경에서 세상을 떴다. 그는 오랫동안 중풍을 앓아 재상직에서 물러나 있었기 때문에 그의 죽음이 정계에 그리 큰 영향을 미치지는 못했다.

아직 서경에 머물고 있던 왕은 정항, 윤언이, 정지상에게 학술모임인 경연에 다시 나와 경전을 강독하도록 하고 물소뿔로 만든 허리띠를 하사했다. 정지상이 묘청의 뜻을 따라 왕이 서경에 오래 머물도록 하기 위해 간관(언관)을 사주해 상경(개경) 대궐의 중수를 정지하도록 요청했다. 하지만 경상도 동래 출신으로 개경세력에 속하는 비서실장인 지주사 정항이 상소를 두 번 올려 구궁(개경 대궐)을 수리해 그곳으로 돌아가기를 매우 간절히 요청하자 왕이 이 의견을 따랐다. 송악 대궐의 중건은 서경세력의 저지 시도로 주춤거리기는 했지만 계속 진행되는데 이는 서경세력에게 상당한 타격을 입혔다.

왕이 대동강에서 뱃놀이를 하면서도 부왕의 기월(제삿달)이라서 악기를 달아놓기만 하고 음악을 연주하지 못하도록 했다. 이를 아쉬워한 정지상이 제례에 기일(제삿날)은 있지만 기월은 들어보지 못했다며 음악을 연주하여 서경 남녀들의 바램에 부응하기를 요청하니 왕이 따랐다. 하지만 이번 왕의 서경 행차에서 서경세력은 기대하던 것들을 별로 얻지 못했다.

대동강 떡 사건

인종은 서경에 3개월 정도 머물고는 10년(1132) 윤4월에 개경으로 돌아와 사면령을 내리고 인덕궁(연경궁)으로 들어갔다가 수창궁으로 이어했다. 실망한 묘청과 백수한은 왕이 다시 서경으로 행차하도록 할 방도를 강구해야 했다. 그들은 비밀리에 큰 떡을 만들고 그 가운데에 구멍 하나를 뚫어 뜨거운 기름을 집어넣어 대동강에 가라앉혀 두었다. 기름이 점차 떡에서 새어나와 수면에 떠올라 멀리서 바라보면 마치 오색처럼 보였다. 그들이 이를 두고, 신룡이 토하는 침이 오색 구름을 만든 것이니 이는 상서로운 일이라면서 백관이 왕에게 표문을 올려 축하하기를 요청했다.

왕이 문공인과 참지정사 이준양 등을 파견해 무슨 현상인지 살펴보도록 했다. 뜨거운 기름이 물에 뜨면 이상한 색이 생긴다고 기름을 직업으로 하는 사람이 말하자, 수영에 능한 자에게 잠수해 수색하도록 하여 큰 떡을 발견하니 속임수임이 드러났다. 문공인은 묘청파이므로 전주 출신의 이준양이 개경세력의 입장에서 그 현상의 실체를 찾아내는 데 적극적이었을 것이다. 이 떡 사건은 묘청의 신망에 상당한 타격을 입혔다.

이 해 7월에 경성(개경)에 기근이 들어 곡물 가격이 폭등해 기아가 많이 발생해 거리에 굶어죽은 시체가 서로 이어졌다. 8월에는 홍수가 발생해 인가를 덮쳤다. 떡 사건에다가 기아와 자연재해가 연이어 발생하자 개경파가 힘을 얻어 공세를 취했다. 그 중의 지도자인 추밀재상 임원애가 왕에게 상서했다.

"묘청, 백수한 등이 간사한 모의를 마음대로 하여 괴이하고 허망한 설을 가지고 대중의 마음을 속여 미혹하고 있고, 한 두 대신(재상) 및 시종관이 그 말을 깊이 믿어 임금을 미혹하고 있습니다. 예측하기 민망한 환란이 장차 발생할까 두렵습니다. 청컨대 묘청 등을 저자거리에서 죽여 화의 씨를 끊으십시오."

왕은 이를 받아들이지 않았지만 개경세력이 묘청의 목숨을 요구했다는 점에서 충격적인 일이었다. 위축이 된 묘청은 임시방편으로 왕에게 다른 방도를 제시했다.

"주상께서 마땅히 대화궐에 오랫동안 이어하서야 합니다. 그렇지 못하시면 측근 신하를 파견해 예의를 갖추고 어좌를 마련해 어의(임금 옷)를 두어 주상께서 계신 듯이 공경을 바친다면 복과 경사가 친히 이어함과 다름이 없을 것입니다."

이에 왕이 11월에 묘청의 추종자인 평장사 문공인과 내시 이중부에게 어의를 받들고 서경에 가서 안치하여 법회를 열도록 했다. 묘청 등 서경세력은 개경세력의 공세에 밀리고 있었다.

천지가 개벽하는 날

기근과 자연재해가 연이어 발생하자 인종은 대책을 강구해야 했다. 왕은 10년(1132) 10월에 대명궁에 머물다가 11월 갑자일에 수창궁으로 이어하고 기묘일에 칙령을 내렸다.

"짐이 조상들의 업을 계승했지만 쇠퇴하는 말기를 당해 누차 변란을 겪었기 때문에 밤낮으로 힘써 중흥을 바랐노라. 수만 년이 쌓이면 반드시 동지 갑자일에 일월日月과 오성五星이 모두 자방子方(북방)에 모이는데, 이를 일컬어 상원上元이라 하며 달력의 시작으로 삼는다. 개벽 이래 성인의 도는 이를 따라 행해졌다. 지금 11월 초6일 동지를 맞아 그 밤중에 갑자일을 만나 삼원三元의 시작이 되었나니, 낡은 것을 개혁하여 새롭게 하려 하노라. 이를 위하여 담당관청에 명해 옛 성현의 유훈을 실천하여 서경 대화궐을 창건하였으니, 너희 백관은 유신의 정치를 함께 도모하여 영원토록 기쁨을 증진시킬 지어다."

또한 왕은 경진일에 수창궁 명인전에 이어해 칙령을 내렸다. 자신이 즉위해 정치를 제대로 하지 못해 천심을 감당하지 못했기 때문에 산이 무너지고 물이 넘치는 이변이 연이어 발생해 두렵다고 했다. 그래서 충성스럽고 의로운 신하들의 도움에 의지해 옛 허물을 없애 정치를 새롭게 하려 한다고 천명했다.

그런데 매우 안타까운 일은 병오년(인종 4)의 사건이라며 외가의 형세가 너무 치열하더니 반역을 꾀하므로 어쩔 수 없이 처벌했지만 근친의 은혜를 입은 몸이라 애통하다고 했다. 또한 이자겸의 당파로 지목된 사람들은 비록 권세에 붙었을지라도 어찌 한결같이 반역 도모에 참여했겠느냐면서 누차 용서하는 명령을 내렸다고 했다. 하지만 담당관청이 왕의 뜻을 받들지 않아 처벌을 요청하는 상소를 올리기를 그치지 않고 심지어 사람들의 마음을 선동해 전국에 소동을 일으켜 지목 대상자들을 근심하고 분노하도록 만들어 조화로운 기운을 손상시켰다고 했다.

그러하니 이미 유배된 자들을 제외하고 기소된 자들의 기소장을 모두 불태워 그들의 허물을 씻어 스스로 새롭게 거듭나는 길을 크게 열려 한다며, 이제부터 문무반의 인사는 오직 옳고 그름과 선하고 악함을 기준으로 하고 이전의 일을 가지고 더럽히지 않으려 한다고 했다. 척준경의 경우 죄악이 지극히 무겁지만 그 공로도 기록할 만하여 공과 죄가 서로 비긴다며 그 아들에게 토지를 돌려주도록 했고, 유배된 자들의 경우 채석과 이후진을 제외하고 그 처자는 연좌시키지 말라고 했다. 병오년 이래 네 번이나 왕명을 내렸음에도 담당관청이 받들어 행하려 하지 않았다면서 이제부터 이 일을 감히 말하는 자는 왕명을 거역한 죄로 처벌하겠다고 했다.

인종은 천지가 개벽한다는 시점을 맞이해 이자겸·척준경 정변에 연루된 자들을 왕의 시각에서 죄질이 무거운 사람들만 제외하고 대대적으로 사면하였다. 그러함으로써 자연재해로 인해 술렁이는 민심을 수습하고 자신의 통치기반을 확대하려 했다. 그 다음달인 12월에도 죄수들을 심사해 풀어 주었다.

묘청은 태양, 달, 오성(목성,화성, 토성, 금성, 수성)이 수만년 만에 북방의 한 자리에 모이는 '상원'이 열려 '삼원'이 시작된다면서 인종 10년 11월 동지 갑자일이 바로 그 날로 천지가 개벽하는 때라 주장했다. '삼원'은 상원·중원·하원을 가리키니 그것의 시작인 '상원'은 새로운 시대를 의미하며, 또한 '삼원'은 태양, 달, 별(오성)을 가리키기도 한다. 그러니까 묘청은 인종 10년 11월 동지에 후자의 삼원이 한 자리에 만나 전자의 삼원의 시작인 상원이 열린다고 본 것이다.

묘청의 건의로 이미 서경에 대화궐이 완공되어 서경인들은 왕이 이곳으로 옮겨오기를 기다리고 있었다. 그러니까 묘청이 수도를 개경에서 서경으로 옮기려고 잡은 날이 바로 천지가 개벽해 구시대가 가고 신시대가 열린다는 인종 10년 11월 동지 갑자일이었다. 옛 사람들은 간지의 시작인 갑자(甲子)가 들어간 때를 새로움의 시작이라 인식하는 경향을 지녔는데 동학이 갑자년의 도래를 열망한 것이 대표적인 예이다. 묘청의 갑자일은 거기에다가 밤이 가장 길어 음이 최고조에 달하면서 양이 생겨난다는 동지를 만났으니 더욱 신령한 색채를 띠었다.

하지만 인종은 이날 개경세력의 저지로 서경에 오지 못하고 개경의 수창궁에 들어가더니 며칠 후 새 시대를 맞이하는 기념 칙령만 내렸다. 묘청의 예언은 빗나갔고 그의 위신과 체면은 구겨졌다. 묘청의 마음은 불안하고 초조해졌다.

이윽고 새해를 맞이했지만 서경세력에게 반갑지 않은 일이 기다리고 있었다. 인종은 11년 정월에, 무학재 학생이 쉽게 급제하니 학생들이 무학에 몰린다는 점, 무학이 점차 번성하면 무학인이 문학인과 대립해 불화하게 된다는 점을 이유로 무학 급제와 무학재를 혁파했다. 예종이 도입한 무학재(강예재) 제도를 폐지한 것인데 문치주의파 내지 개경세력의 압력이 작용했다고 여겨진다. 이 조치는 서경세력과 금국정벌론에 타격을 입혔다.

김부식 대 윤언이

　인종은 동궁으로 사용되고 있던 인덕궁(연경궁)으로 11년(1133) 2월에 이어해 원자(의종)를 태자에 책봉하고 왕궁인 수창궁으로 돌아왔다. 3월에 인덕궁으로 이어해 태자책봉 기념으로 사면령을 내리고 수창궁으로 돌아왔다. 그리고 그 직후인 4월에 문공인을 평장사 판병부사에, 임원애를 참지정사에, 임경청을 우복야에, 임원준을 동지추밀원사에, 한유충을 추밀원부사에 임명했다.

　서경에서 태어난 원자가 태자가 되고, 서경파인 문공인이 제1 재상부 중서문하성의 제2인자로서 판병부사를 맡아 무반의 인사권을 지니게 되고, 서경파인 임경청이 상서도성의 장관인 우복야로 행정부의 수반이 되고, 서경파인 한유충이 제2의 재상부 추밀원에 진입한 것은 서경세력을 고무시켰다. 하지만 김부식이 평장사로 중서문하성에 버티고 있었고 임원애가 참지정사로 중서문하성에, 그의 동생인 임원준이 추밀원에 진입했으며, 재상과 대간과 관료의 다수는 이들 개경세력의 편이었다. 중앙정부의 관리와 자비령 이남의 관리들은 다수가 개경세력에 속했다.

　가뭄이 오래 지속되자 기우법회와 기우제가 개최되는 가운데 국왕과 신하의 학술모임이 빈번히 열렸는데 자연재해를 극복하기 위한 성격도 지녔다. 법회와 학술모임은 다양한 장소에서 열렸지만 특히 개경성 안 동쪽의 대명궁(순천관)이 사용되었다. 대명궁은 국왕의 별궁이었다가 송의 사신을 위한 숙소인 순천관으로 이용되었지만 송(북송)이 멸망하면서 인종이 애용한 곳이었다.

인종이 11년 5월에 대명궁의 숭문전에 이어해 평장사 김부식에게 명하여 『주역』과 『상서(서경)』를 강독하게 하고, 한림학사승지 김부의(김부철), 지주사 홍이서, 승선 정항, 기거주 정지상, 국자사업 윤언이에게 질문을 하도록 했다. 다른 날에는 김부의에게 『서경』 홍범편을 강독하게 했고, 또 다른 날에는 윤언이에게 『예기』 중용편을 강독하도록 했다. 7월에는 왕이 대명궁의 수락당에 행차해 김부식에게 『주역』 건괘를, 다른 날에는 『주역』 태괘를 강독하도록 했다. 고려인들이 온갖 방법을 동원해 기원한 효험인지 마침내 비가 많이 내렸다.

어느 날 왕이 국자감에 행차하여 김부식에게 『주역』을 강론하도록 하고 윤언이에게 이해하기 어려운 부분을 질문하도록 했다. 주역에 정통한 윤언이가 종횡으로 질문하며 논쟁하니 김부식이 응답하기 곤란해 진땀을 뻘뻘 흘려 얼굴을 적셨는데 여기에는 대각국사 비문 사건이 개재되어 있었다고 한다. 이전에 윤언이의 부친 윤관이 예종의 명령을 받들어 대각국사 비문을 찬술했었다. 그런데 내용이 만족스럽지 못하다며 대각국사 의천의 문도들이 비밀리에 왕에게 아뢰어 김부식으로 하여금 고쳐서 찬술하도록 했다. 김부식이 사양하지 않자 윤언이가 서운한 감정을 품어 오다가 주역 토론장에서 김부식을 몰아부쳤다는 것이다.

윤언이는 주역에 대한 해설서인 『역해』를 낼 정도로 그 전문가였다. 하지만 김부식도 왕 앞에서 주역을 여러 차례 강론할 정도로 그것에 정통한 인물이었다. 물론 상대적으로 윤언이가 김부식에 비해 주역에 좀더 정통하였다. 문제의 핵심은 주역을 바라보는 둘의 시각 차이에 있었다. 김부식은 성리학의 도덕·의리의 입장에서 보수적인 시각으로 주역을 해석한 반면 윤언이는 성리학의 영향을 일부 받았으면서도 신법과 도교의 세례를 받아 변화 내지 변통의 시각으로 주역을 해석했다. 그러니까 당시

사회모순을 김부식은 기존질서를 유지하면서 도덕의 차원에서 해결하려 했고, 윤언이는 기존질서를 변혁하여 새로운 질서를 창출하여 해결하려 한 것이었다.

대각국사 비문 사건을 좀더 살펴보기로 하자. 윤관이 찬술하고 오관산 영통사에 세운 대각국사 의천의 비석이 윤관의 사후 원래의 자리에서 이 절 안의 근처로 옮겨졌다가 어느 순간 자취를 감추어 버렸다. 그 대신에 김부식이 인종 3년(1125)에 작성하고 11년(1133) 무렵에 새겨진 비석이 화엄승려의 주도 하에 영통사에 새로 세워졌다. 또한 의천을 기념하는 비석이 인종 15년에는 저 멀리 경상도의 선봉사에 천태종 승려의 주도 하에 세워졌다. 그러니까 윤관이 죽은 후 천태종 중심으로 서술된 대각국사비에 불만을 품은 세력들이 영통사의 비석을 인멸해 버리고 그 자리에 화엄종의 입장에서 의천의 생애와 업적을 새로 새겨 세웠던 것으로 보인다. 이는 의천의 천태종 창시가 정치성을 띤 데 따른 업보였다.

김부식은 대선배인 윤관이 쓴 비문을 대신하는 글을 써서 윤관의 아들 윤언이와 사이가 나빠지며 이후 파주 윤씨 가문과 경주김씨 가문

영통사 대각국사비
고려 왕조의 발상지 오관산(개경 북쪽)에 위치

은 앙숙이 된다. 이 갈등은 단순한 개인·가문 차원의 갈등이 아니라 개경세력과 서경세력의 이념·정책의 갈등이었고 고려국가의 정책전환을 둘러싼 갈등이었다. 여진정벌과 북진정책으로 상징되는 윤관의 유형과 전쟁을 피하고 좁은 영토에서 안주하자는 김부식의 유형이 세대를 뛰어 넘어 고려의 운명을 좌우한 대충돌이었다.

개경세력의 서경세력에 대한 공세는 더욱 치열해져 갔다. 인종 11년 11월에 낭사(간관)인 이중李仲과 어사대의 대관 문공유 등이 상소했다.

"묘청, 백수한은 모두 요망한 사람이라, 그 말이 괴이하고 허망하여 믿을 수 없습니다. 측근 신하인 김안·정지상·이중부, 환관인 유개庾開가 연결하여 심복이 되어 누차 서로 의논하며 묘청과 백수한을 천거하여 성인이라 하고 또한 대신이 따라서 믿으니, 이런 까닭으로 주상께서 의심하지 않습니다. 정직한 인사들이 모두 묘청과 백수한을 원수처럼 미워하고 있습니다. 원컨대 속히 멀리 배척하십시오."

왕이 응답하지 않자 이중과 문공유 등이 물러나 죄주기를 기다렸다. 왕은 그들을 처벌하지도 않았고 묘청을 처벌하지도 않았으니 왕은 개경세력과 서경세력으로 하여금 서로 견제하도록 만들어 자신의 입지를 강화하는 전략을 펴고 있었다.

인종 11년 11월에 문공인이 평장사 판이부사에, 12월에 김부식이 평장사 판병부사에, 임원준이 예부상서 지추밀원사에, 김부의가 이부상서에 임명되었다. 서경파인 문공인이 판이부사로서 수상이 되어 문반에 대한 인사권을 총괄하게 되었지만 김부식의 동생인 이부상서 김부의(김부철)에게 견제를 받아야 했다. 더구나 김부식이 판병부사로서 아상(부수상)이 되어 무반에 대한 인사권을 총괄하게 되었고, 임원애의 동생인 임원준이 의례와 외교를 담당한 예부의 장관이 되었다. 개경세력의 우위는 어진히 유지되었다.

그런데 기거랑(간관) 정지상이 인종 11년 11월에 왕에게 아뢰었다.

"장공주長公主의 나이가 꽉 찼으니 대내(대궐)에 오랫동안 머물게 해서는 안됩니다. 청컨대 내보내 혼인시키십시오."

정지상이 왜 이처럼 민망한 요청을 하게 되었을까? 그가 이러한 요청을 한 데에는 그가 꼭 남성중심적인 사고방식을 지녀서라기보다 정치적인 배경이 깔려 있었다고 보여진다. 장공주는 인종의 누이인 승덕공주인데, 그녀가 대궐 안에서 개경세력과 연결되어 서경세력에게 타격을 입혔기 때문이라 생각된다. 그녀는 정지상의 요청 때문인지 언젠가 왕족과 결혼해서 대궐을 나간다. 정지상의 발언이 있은 며칠 후에 하늘에 두 태양이 뜨는 이변이 나타났다. 태양은 제왕을 상징하는데 둘이라니, 고려에 왕조의 운명과 관련된 뭔가 심상찮은 일이 벌어질 징조였다.

김부식의 반격

인종은 12년(1134) 정월에 정심(묘청)을 삼중대통 지누각원사로 삼았다. 삼중대통은 지리업 고위직이었고, 지누각원사는 물시계로 시간을 측정하는 것을 포함한 천문지리를 담당하는 서경 누각원(분사태사국)의 책임자였으니, 묘청은 천문지리에 정통했다. 왕은 2월에 인덕궁(연경궁)에 이어해 그동안 국가의 여러 일들로 인해 미뤄왔던 태자책봉 기념 연회를 연강전에서 개최했다. 그리고 수창궁에 돌아왔다가 서경으로 향했다.

행렬이 개경과 평주 사이의 마천정에 이르렀을 때 친종장군 김용이

뭐에 놀란 말이 날뛰는 바람에 땅에 떨어져 거의 죽을 뻔하는 사고가 일어났다. 왕이 대동강에 이르러 배를 타 수행 관료들에게 연회를 베풀었는데 홀연히 북풍이 세차게 불어 배가 요동치고 날씨가 매섭게 추워지니 서둘러 궁궐(장락궁)로 들어갔다.

3월에 대화궐로 향했는데 폭풍이 먼지를 날리니 사람과 말이 앞으로 나아갈 수 없었고 일산을 든 자들도 갈 수가 없었으며 왕은 손으로 복두幞頭(모자)를 꼭 붙잡아야 했다. 왕의 일행이 대화궐에 들어가자 바람이 조금 그쳤다. 왕은 죄수를 심사해 풀어주고는 개경으로 돌아와 수창궁으로 들어갔다.

이 해에도 가뭄이 심하여 비를 비는 행사가 이어졌다. 5월에는 왕이 하늘의 변화가 이상하여 가뭄의 재해가 심하니 근심으로 어찌 할 바를 모르겠다며 3품 이상의 관료들에게 정책의 폐단과 백성의 고통을 거리낌없이 진술하라는 칙령을 내렸다.

이에 국자감의 학관인 국자사업 임완林完이 상소를 올렸다. 여기에서 그는 자연재해를 극복하기 위해서 행해지는 도량(불교 법회)과 재초(도교 제사)를 비판하고 왕이 덕을 닦는 유교식 방법의 준수를 촉구했다. 또한 태조의 유훈과 문종의 옛 제도를 준수하기를 강조했다.

특히 문종이 남긴 것에 대해서, 몸소 절약과 검소함을 행했고, 현명한 인재를 등용했고, 알맞지 않은 자를 관직에 임명하지 않았고, 권위를 측근에 옮겨가게 하지 않았고, 비록 인척이라도 공이 없으면 상주지 않았고, 총애하는 측근이라도 죄가 있으면 반드시 처벌했다고 했다. 환관은 십여 명을 넘지 않도록 하여 청소만 담당시켰고, 내시는 공로와 재능이 있는 자를 선발해 20여 명을 넘지 않았다고 했다. 관리들이 각기 그 능력을 다 발휘한 반면 쓸 데 없는 관직이 줄어들어 일이 간편하고 비용이 절약되니 국가가 부유해져 창고의 곡식이 넘치고 집집마다 사람마다 풍족하자 태평성대라고 칭송했으니 우리 왕조의 현명하고 성스런 임금이라고 했다.

그런데 근래 일체가 이와 반대여서 관료의 수가 이전보다 배나 늘었고 교만하고 사치한 풍조가 날마다 번성하여 염치의 도리를 상실하여 권세에 의지해 각박하게 가렴주구하고 노역을 시키니, 백성의 마음이 서로 원망한다고 했다. 이어서 임완은 그의 공격목표를 드러내었다.

> 엎드려 바라건대, 폐하께서는 지성으로 선정을 행하셔서 좌우에서 기만하는 간사한 무리들을 누르시고 음양의 괴이하고 허망한 설을 끊으셔서 날마다 삼가고 또 삼가셔서 만대토록 무궁한 경사를 만드십시오. 제가 관찰하건대, 묘청은 오직 간사함을 일삼아 임금을 기만하니 송나라의 임영소林靈素와 다르지 않습니다. 임영소는 좌도(사이비 신앙)를 배경으로 상황上皇(휘종)을 현혹해 화란을 빨리 초래했는데 이는 폐하께서도 친히 들어 알고 있는 것입니다. 폐하께서 묘청을 총애하여 믿고, 좌우의 측근으로부터 대신에 이르기까지 서로 그를 천거하며 성인이라 칭송하니 뿌리가 깊고 단단하여 굳어서 뽑을 수가 없습니다. 대화궐의 공역을 일으킨 지 지금 이미 7, 8년인데 재앙이 중첩되어 발생하니 하늘이 반드시 이것으로써 폐하에게 경각심을 일으켜 깨우치게 하려는 것입니다. 폐하께서 어찌 간사한 신하 한 명을 애석히 여겨 하늘의 뜻을 거스를 수 있겠습니까. 원컨대, 그의 목을 베어 하늘의 경고에 답하고 민심을 위로하십시오.

임완(임광)은 본래 송나라 사람으로 고려에 와서 귀화해 과거에 급제한 인물이었다. 그는 개경세력의 편에서 묘청을 비난하였을 뿐만 아니라 묘청을 죽이기를 강력하게 요구했다. 그는 태조의 유훈과 문종의 구법을 이상적인 모델로 여겨 그것의 준수를 촉구한 반면 묘청 등의 새로운 운동은 그것을 어기는 그릇된 시도로 여겼다. 그를 비롯한 김부식 세력은 구법의 입장이었고, 서경세력은 신법의 입장에 서 있었던 것이며 이것이 두 세력 갈등의 근본 요인이었다.

자연재해가 연이어 발생하니 인종 12년 5월에 고려 조정은 이를 극복하기 위해 왕릉, 종묘, 사직, 산천에 비를 빌었다. 또한 인종이 태조 진전을 알현해 눈물을 흘리면서 고했다.

> 제가 덕스럽지 못하여 선왕의 제도를 따르지 못하니 정치가 천지와 음양을 조화하지 못했습니다. 그런 까닭에 하늘이 재앙을 내리니, 3월에 눈과 4월에 서리가 내리고, 벼락이 40여 곳을 때리고, 한 달 내내 비가 내리지 않았습니다. 그래서 천리의 땅이 붉게 타니 백성이 목숨을 부지하기 어려워 굶주려 죽은 시체가 서로 베개를 하고 있습니다. 죄가 실로 저에게 있지, 백성이 무슨 허물이 있습니까. 마음을 씻어 잘못을 뉘우쳐 태조의 가르침을 준수하고자 합니다. … 엎드려 바라건대, 성스럽고 자애하신 태조께서 돌아보셔서 조화의 기운을 불러모으고 모든 신령을 고무시켜 비를 내리게 하셔서, 저와 신하와 백성으로 하여금 그 복을 받도록 해 주십시오. 그리하면 신령 또한 영원히 의지하는 곳이 있게 됩니다.

인종은 자연재해의 잦은 발생이 선왕의 제도를 따르지 못한 자신의 탓이라며 태조의 가르침을 준수하겠으니 하늘을 움직여 달라고 태조의 신령에게 매달렸다. 자연재해로 인해 심약해진 왕은 신법을 외면하고 구법으로 회귀하려 하고 있었다. 자연재해는 초기에는 서경천도 운동에 도움을 주었으나 나중에는 발목을 잡았다. 이윽고 인종은 대명궁에 이어하고는 죄수들의 원망 때문에 가뭄이 생겼다며 칙령을 내려 죄수들의 죄를 감면하였다.

인종 12년 6월에는 무당을 상서도성에 모아 비를 빌게 하였다. 무당들은 마당에서 온종일 작렬하는 한여름 햇빛을 맞으며 굿을 해야 했다. 왕은 태조의 기일을 맞아 봉은사에 행차해 분향하고는 대명궁의 수락당에 이어해 한림학사 김부의에게 『예기』 월령편을 강론하도록 했다. 가뭄이 진행되는 가운데 서경 대화궐의 건룡전에 벼락이 떨어졌는데 이는 개경세력에게 서경세력에 대한 공세의 빌미를 제공했다. 왕은 송악산의 북쪽 오관산의 영통사에 행차해 비를 빌었고, 수락당에 이어해 한림학사 정항에게 『시경』 칠월편을 강독하게 했고, 궁궐의 뜰에서 친히 초재(도교식 제사)를 지냈다. 7월에는 보문각학사 윤언이에게 『예기』 월령편을 강독하게 했다. 고전의 강독은 자연의 조화를 기원하는 의미를 담고 있었다. 이러한 거국적인 정성 때문인지 비가 3일 동안 쏟아졌다.

8월에 왕이 수창궁으로 돌아와 명인전에서 한림학사 김부의에게 『서경』을 강독하도록 했다. 묘청의 일파가 인종에게 서경으로 순행하여 재앙을 피하기를 강력히 요청했다. 왕이 양부의 재상에게 이 문제를 논의하도록 하자 김부식이 아뢰었다.

"이 번 여름에 벼락이 서경 대화궁의 30여 군데에 떨어졌습니다. 만약 그곳이 길한 땅이라면 하늘이 반드시 그와 같이 하지 않았을 터이니, 그 곳에서 재앙을 피하려 함은 잘못이 아닙니까? 하물며 지금 농작물 수확이 이루어지지 않은 상태에서 어가가 나가신다면 반드시 곡물을 밟게 되리니 백성과 만물을 사랑하는 뜻이 아닙니다."

김부식이 이에 그치지 않고 간관과 함께 상소하여 극렬히 논박하자 왕이 답했다.

"말한 것이 지당하다. 짐은 서경으로 가지 않겠노라."

그리하여 인종은 서경으로 가는 대신에 9월 초하루에 장원정으로 갔다. 장원정은 예성강과 조강(임진강+한강)이 만나는 인근에 위치했는데 문종이 고려왕조의 운수를 연장하기 위해 창건한 별궁으로 역대 왕들이 종종 행차한 곳이었다. 인종이 개경세력의 압력에 굴복해 장원정에 행차한 것은 권력투쟁에서 서경세력의 패배를 의미했다. 왕은 대명궁을 거쳐 수창궁으로 돌아왔지만 10월부터 11월까지 태백성(금성)이 대낮에 출현하는 변괴를 겪었다. 12월에 서경파인 우정언(간관) 황주첨이 묘청과 정지상의 뜻에 맞추어 왕에게 칭제건원을 요청했지만 왕은 답하지 않았다.

국풍파와 화풍파의 갈등이 고려 초기에 심했다가 해소되어 잠복했었는데, 예종·인종대에 유학사상의 세례로 유학과 그것을 지나치게 옹호하는 세력이 성장함에 따라 다시 떠올랐다. 이제 묘청을 대표로 하는 국풍파와 김부식을 대표로 하는 화풍파의 갈등이 심해져 파국으로 치닫고 있었다. 물론 여기에는 신법과 구법의 갈등, 칭제건원, 금과의 외교, 서경천도 등의 문제가 복합적으로 깔려 있었다.

제9장

서경이 일어나다

묘청이 대위국을 세우다

　서경에서 인종이 오기를 목이 빠지게 기다리던 묘청과 서경인들은 왕이 오지 않고 인종 12년 9월에 장원정으로 가버리자 대단한 충격을 받고 분노했다. 서경에서 팔관회가 열리는 10월이 되어도 왕은 오지 않았다. 다음 해에도 온다는 보장은 없었다. 왕에게 실망하고 개경세력에 대한 적개심이 깊어진 서경인들은 분노를 삭이지 못해 철저한 준비도 부족한 채 거사로 내달렸다.
　서경 사람들이 그러한 분위기에 휩싸인 요인은 중앙에서의 상대적 차별 외에, 여진과 거리가 가까워 그들을 지배하는 데 익숙해 왔기에 그들에 대한 사대를 받아들이기 어려웠던 점이 작용했다. 그리고 중앙에서의 서경인 차별과 여진을 사대한 것이 서경 사람들이 지닌 고구려 계승자로서의 자부심에 상처를 입힌 점도 작용했다.
　마침 인종 13년(1135) 정월 을사일 초하룻날에 일식이 발생했다. 구름이 빽빽해 관찰할 수 없었지만 천문지식이 풍부한 묘청은 능히 알 수 있었을 터이니 새로운 시대를 열 징조로 보였을 수도 있다. 마침내 묘청이 분사병부상서 유참柳旵(유감), 분사시랑 조광趙匡, 사재시의 소경 조창언·안중영 등과 함께 정월 무신일(4일)에 서경에서 군대를 일으켰다. 왕명을 칭탁해 서경 부유수 최재崔梓, 감군사 이총림, 분사어사 안지종 등을 가두었는데 이들은 서경인을 통제하고 감시하던 자들이었다. 서경의 장관인 유수사는 체포되지 않은 걸로 보아 다른 곳에 있었거나 공석이었던 것 같다. 서경에 분사시랑은 분사병부시랑과 분사호부시랑이 있었는데, 조광은 군사에 대한 그의 장악력으로 보아 전자였을 것이다. 안중영은 불교행사를 통해 무리를 모아 묘청·유호 등과 당파를 결성해 온 인물이었다. 그러니까 묘청 외에 서경 거병의 핵심 주도자는 유참, 유호(유참의 아들), 안중영이었고 이들이 서경에서 묘청의 측근이었다. 조광은 분위기에 휩쓸려 동조한 인물이었다.

묘청 등은 자신이 임명한 승선 김신金信을 파견해 서북면병마사 이중李仲과 그 보좌관들 및 여러 성의 수령들을 체포해 서경의 소금창고에 가두었다. 김신이 왕의 비서인 승선을 칭해 왕명이라며 체포했기 때문에 꼼짝없이 당한 것이었다. 서도(서경)에 머물던 상경(개경) 사람들은 귀인·천인과 승려·속인 가릴 것 없이 모두 구류당했다. 묘청 등이 병력을 파견해 서경과 개경 사이의 고개인 절령(자비령)의 길목을 차단했고, 사람을 파견해 여러 성의 병력을 위협해 징발했고, 인근에서 키우던 말들을 모두 성으로 들였다. 황주와 동주(서흥) 사이에 위치한 절령은 서경과 개경을 연결하는 주된 통로여서 이곳을 개경군이 통과하리라 묘청이 예상하고 차단했던 것이다.

그리고 묘청 등은 새로운 나라를 세워 국호를 '대위大爲', 연호를 '천개天開'라 하고, 그 군대를 하늘이 보낸 군대라 해서 '천견충의군天遣忠義軍'이라 했다. 관리를 임명했는데 재상으로부터 지방의 수령에 이르기까지 모두 서경과 서북면 사람들로 이루어졌다. 새로운 나라 '대위'를 세우고 관리를 새로 임명했으니 바로 건국이 이루어진 것인데, 연호까지 반포했으면서 황제가 아직 정해지지 않은 기묘한 모양새였다. 누가 대위국 황제의 자리에 등극하느냐가 문제였다. 이러한 묘청의 신속한 조치들을 보면 묘청과 서경에 있는 그의 측근은 어느 정도 정변을 준비해 왔다고 여겨진다.

국호 '대위大爲'는 노자의 『도덕경』에서 유래한 개념으로 대大는 곧 도道였으니, '대위'는 대大 즉 도道를 행하는 이상국가를 의미했다. 하늘의 뜻 즉 천명을 받았음을 선포한 것이 주목되는데, 하늘이 열린다는 의미를 지닌 '천개'는 태조 왕건의 연호인 '천수天授'의 정신을 계승하면서도 새로운 이상세계가 열리는 개벽의 적극적인 의미를 담고 있었다. 이제 인종이 서경에 오던가, 서경인의 누군가 나서던가 해서 천자인 황제에 즉위하면 '칭제건원'이 이루어져 하늘이 새롭게 열리게 되는 것이며 그것이 바로 '대위大爲'가 되는 것이었다. 그리하여 대위국이 금국을 정벌하고 중국을 포함한 온세계를 지배하여 천하의 주인이 되면 이상향이 달성되는 것이었다.

하지만 인종은 서경으로 향하지 않았다. 개경세력에 둘러싸였기에, 서경인들이 마음대로 나라를 세웠기에 서경으로 갈 수가 없었다. 묘청의 서경군은 졸지에 반란군으로 몰렸다. 서경인들은 인종을 대신하여 누군가를 황제에 추대해야 했는데 미처 정하지 못했다. 묘청을 추대하려는 움직임은 아직 구체화되지 않았으니 묘청의 서경인에 대한 영향력은 절대적이지 못했다. 묘청, 유참, 조광 등은 성중의 문무 양반을 거느리고 궁궐의 관풍전에 모여 여러 군대를 호령하며 방면을 나누어 상경(개경)으로 곧장 진격하고자 했다.

개경에 머물던 서경세력의 핵심인 김안, 백수한, 정지상조차 서경의 거사를 미리 통보받지 못해 알지 못했다. 백수한의 친구 중에 서경에 있던 자가 서경이 이미 반기를 들었으니 개경을 탈출하여 서경으로 오라는 내용의 편지를 써서 백수한에게 보냈다. 백수한이 아들 백청白淸을 통해 이 편지를 받고는 인종에게 아뢰니 왕이 문공인을 불러 편지를 보였다. 문공인은 이 일이 의심스러워 진위를 가리기 어려우니 잠시 비밀에 부쳐야 한다고 말했다.

그런데 서경 사람들이 병사를 이끌고 황주 동선역에 이르러 관리를 체포하더니 역마驛馬를 취하여 서경으로 보내고 사람의 개경 왕래를 금지하는 것을 고향 황주로 돌아가던 병졸들이 목격했다. 이 병졸들이 낮에 숨고 밤에 움직이며 샛길을 따라 개경으로 달려와 보고했다. 이에 개경의 상황이 급박하게 돌아갔다.

인종이 재추(재상)를 소집해 대책을 의논하더니 재상 김부식과 임원애, 승선 김정순에게 병부에 모여 군대를 동원해 서경을 토벌하는 계획을 세우도록 명령했다. 마침내 정월 신해일(7일)에 서경 토벌을 명령하고는 김부식을 토벌군의 원수로 삼아 중군을 거느리도록 하고 김정순, 정정숙, 노영거, 임영, 윤언이, 이진, 고당유, 유영에게 보좌하도록 했다. 김부식의 동생인 이부상서 김부의(김부철)에게 좌군을 거느리게 하고, 김단金旦, 이유李愈, 이유개, 윤언민(윤언이의 동생)에게 보좌하게 했다. 지어사대사 이주연에게 우군을 거느리게 하고 진숙陳淑, 양우충, 진경보, 왕수王洙에게 보좌하게 했다.

윤언이는 서경세력에 속했고 김부식과 사이가 나빴지만 서경이 왕과 중앙정부에 대항하여 군사를 일으킨 상황이라 자신의 연루의혹을 불식시키기 위해서라도 출정군에 참여해야 했다. 이것이 그의 비극이고 서경세력의 비극이었다.

서경 사람들이 왕명을 빙자해 양계 지역에서 병사를 급히 징집하니 왕이 진숙, 이주연, 진경보, 왕수로 하여금 우군 2000명을 나누어 거느리게 하여 동쪽 방면으로부터 가서 여러 성을 타이르고 서경 당파를 수색하도록 하는 한편, 김부의에게 명하여 좌군을 거느리고 먼저 서경으로 진격하도록 했다.

왕은 한편으로는 내시 유경심 등을 서경에 파견해 병기를 거두기를 타이르도록 했다. 그들이 도착하니 서경 사람들이 성문을 열어 관풍전으로 인도했다. 유참과 조광이 관풍전 동쪽에, 묘청이 서쪽에 앉았고, 그 나머지 문무반은 마당에 모였는데 모두 전투복 차림이었다. 유참과 조광은 정치·군사적 지도자의 위상을, 묘청은 정치·정신적(종교적) 지도자의 위상을 지녔다. 유경심 등이 관풍전 문에 이르자 유참 등이 마당으로 내려와 왕의 안부를 묻고 술과 음식을 그들에게 대접해 돌려보냈다. 그리고 그들 편에 왕에게 올리는 글을 부쳤다.

"엎드려 바라옵건대, 주상께서 이 도읍에 이어하십시오. 그렇지 않으면 반드시 변란이 생길 것입니다."

서경인들은 이미 거병한 터라 이처럼 왕에게 불손한 협박성의 글을 올릴 수밖에 없었다. 이어서 그들의 일파인 최경崔景을 개경에 보내 왕에게 표문을 올렸다.

"폐하께서 음양의 지극한 말을 믿고 도참의 신비한 말을 고려하여 대화의 궁궐을 창건해 하늘황제의 도읍을 본받으시니 저희들은 반경盤庚이 도읍을 옮긴 것처럼※ 되기를 바랐습니다. 어찌 신하가 임금의 마음을 따르지 않아 천도하려 하지 않을 뿐만 아니라 일을 방해하리라 생각했겠습니까? 인심은 두려워해야 하고 대중의 분노는 막기 어렵습니다. 폐하께서 서경으로 오셔야 무기를 거둘 수 있습니다."

이를 본 개경의 다수 관원들은 감히 신하로서 임금을 불렀다며 표문을 가져온 최경을 베기를 요구했다. 하지만 왕은 전쟁의 종식을 위해 최경에게 술과 음식과 선물을 주고 그를 서경 분사호부의 관원으로 임명해

※ 반경은 백성과 대가세족의 반대에도 불구하고 경耿 땅에서 은殷 땅으로 전도해 상商 나라를 중흥시켜 은殷 나라로 불리도록 한 명군으로 전해진다.

위로하고 달래어 돌려보냈다.

김부식이 정지상을 죽이다

　개경에서는 김부식을 원수로 하는 토벌군이 이미 편성되었다. 왕이 재상들을 불러 의논해 출병 날짜를 잡았다. 김부식 등 여러 장수들이 대궐에 나아가 명령을 기다렸다. 김안 등이 그 날짜를 늦추기 위해 금나라 사신을 만나본 뒤 대명궁에 이어해 장수를 파견해도 늦지 않다고 했다. 혹자가 김안 등이 무기를 몰래 모으고 밀어를 주고받으며 음모를 꾸민다고 알렸다. 김부식이 재상들에게 말했다.
　"정지상, 김안, 백수한이 서도 반역 모의에 참여했으니 이 무리들을 제거하지 않으면 서도를 평정할 수 없소."
　재상들이 그렇게 여기고 동의했다. 김부식이 정지상, 김안, 백수한을 불렀다. 이들 삼인은 자신들을 죽이려는 음모를 눈치채지 못한 채 왕궁에 도착했다. 김부식이 비밀리에 김정순을 설득해 그로 하여금 용사를 지휘해 그들 삼인을 궁문 밖으로 끌어내 목을 베도록 한 후 왕에게 아뢰었다. 정월 10일(갑인일)의 비극이었는데, 김부식은 왕의 허락도 받지 않고 왕의 관료를 살해하는 대담성을 보였다. 또한 그는 묘청의 일당인 음중인, 이순무, 오원수, 최봉심을 먼 섬으로 유배보냈다.
　정지상(정지원)은 장원으로 급제한 인물인데 시를 잘 지어 이름을 떨쳤다. 특히 당 말기의 시에 능숙해 시어가 맑고 화려하며 호방해 스스로 일가를 이루었다. 사람들은 김부식이 평소 정지상과 문장에서 이름을 나란히 하니 불평이 쌓이다가 이에 이르러 묘청의 거병에 내응했다고 빙자하여 정지상을 살해했다고 말하였다. 김부식이 쟁쟁한 문장가이면서도 정지상이 자기보다 앞선다고 여겨 시기한 끝에 죄없는 그를 죽였다는 것이다. 그만큼 두 사람이 당대를 대표하는 문장가로서 서로 치열한 경쟁 관계였음을 시사해 주며, 또한 천재시인 정지상의 억울한 죽음을 당시인들이 많이 아쉬워했음을 알려준다.

태일이 떨어지다

인종이 인덕궁(연경궁)의 천복전에 이어하니 김부식이 융복(전투복)을 입고 들어가 알현했다. 이에 왕이 계단 위로 올라오도록 해 친히 군대 지휘권을 상징하는 부월(신표용 도끼)을 하사했다.

"전장의 일은 경에게 일임하나니, 상주고 벌주는 것을 왕명을 받들 필요가 없도다. 하지만 서경 사람들도 모두 나의 백성이니 우두머리들만 죽이고 조심하여 많이 죽이지는 말라."

우군이 먼저 개경을 출발해 마천정에 머물고, 중군이 금교역에 머물렀는데 개경 북쪽 인근이었다. 척후기병이 서경 첩자를 체포해 보내자 김부식이 포박을 풀고 위로하며 당부했다.

"돌아가 서경성 사람들에게 말해라. 대군이 이미 출발했으니, 귀순하는 자는 목숨을 보전할 것이요, 그렇지 않으면 곧 하늘이 죽이리라."

김부식은 이렇게 첩자를 돌려보내 서경 사람들을 위협했지만 개경군의 상황이 그리 좋은 것은 아니었다. 당시 사졸들은 자못 교만에 빠져 단하루면 개선해 돌아올 수 있다고 여겨 옷을 간단하게 입었는데, 마침 진눈깨비가 내려 병사와 말이 얼어죽어 사기가 저하되었다. 김부식이 병사들을 달래고 군수품을 지급하니 그제야 병사들의 마음이 안정을 찾았다.

왕이 홍이서와 이중부를 서경의 당파라 여겨 왕의 친서를 주어 가서 서경 사람들의 항복을 설득하도록 했다. 그들은 겨우 자비령 북쪽의 생양역에 이르고는 두려워 더 이상 나아가지 못하고 역리驛吏를 시켜서 왕의 친서를 전달하게 하고는 발길을 돌렸다. 김부식이 그들을 체포해 홍이서를 평주에 가두고, 이중부를 백령진으로 유배했다.

서경군이 서경 동쪽의 성주成州(성천)에 이르러 왕명을 칭탁해 방어관 료를 잡아 결박하고 인가에 흩어져 들어가 음식을 먹고 있었다. 성주 사람들이 서경군의 왕명 칭탁을 알아채 서경군 5, 6명을 공격해 죽이고 20여 명을 가두었다. 그리고 개경의 왕에게 급하게 보고하니 왕이 성주 사람들을 포상했다. 성주의 북쪽 연주漣州(개천)의 호장 강안세와 중랑장 김인감이 병마부사 이자기, 장군 이영 등의 서경군 600여 명을 체포하니 왕이 또한 포상했다. 여러 성들이 이를 듣고 서경군 1200여 명을 잡아 죽였다. 그 결과 서경군은 활동 반경이 서경성과 그 인근으로 축소되고 고립되는 심각한 타격을 입었다. 특히 그들이 장악하지 못한 성주와 연주는 개경군의 북상로로 이용되게 된다.

김부식이 평주 보산역에 이르러 머물면서 3일 동안 열병하였다. 그러다가 지휘자들을 소집해 계책을 물으니 모두 대답했다.

"전투에서는 빠름이 좋으니, 먼저 공격하면 상대방을 제압할 수 있습니다. 지금 대군이 이미 출발했으니 마땅히 빨리 달려 미처 준비하지 못한 적을 습격하면 며칠 만에 우두머리들을 사로잡을 수 있을 것입니다. 만약 머물러 지체한다면 반드시 기회를 잃을 것이며 또한 적으로 하여금 더욱 대책을 마련하도록 할 것이니 우리의 이익이 아닙니다."

김부식이 반박했다.

"그렇지 않소. 서경이 반역을 꾀한 지 5, 6년이라, 그 설계가 반드시 주도면밀하고 싸우고 방어하는 장비가 이미 갖추어진 연후에 거사했을 것이오. 지금 그들이 대비하지 못했다고 여겨 습격하고자 한다면 너무 늦은 것이 아니겠소. 우리 군대는 적을 경시하는 마음을 지닌 데다가 장비까지 정비되지 못한 상태에서 갑자기 복병을 만난다면 첫 번째 위기라 할 수 있소. 굳건한 성곽 아래에 군대가 주둔해 날씨가 춥고 땅이 얼어 방어벽을 제대로 쌓지 못한 상태에서 홀연히 적의 습격을 받는다면 두 번째 위기라 할 수 있소. 또한 듣건대 적이 왕명을 사칭해 병사를 징집하니 양계의 여러 성들이 의심하면서도 진위를 가리지 못하고 있다고 하는데, 간사한 사람이 응하여 안과 밖으로 서로 연결하여 도로를 차단한다면 그 재앙이 이보다 큰 것이 없을 것이오. 군대를 이끌고 샛길을 따라 적의 배후로 우회하여 진격하여 여러 성의 군량을 취해 대군을 먹이고 복종과 반역을 가지고 여러 성을 타일러 서경 사람들과 끊도록 한 연후에, 병사를 증강하고 쉬도록 하며 적중에 격문을 날려보내며 서서히 대규모 병력으로 압박하는 것이 만전의 계책이오."

서경이 반역을 꾀한 지 5, 6년이라는 김부식의 발언은 그의 전략을 합리화하기 위한 과장이었다. 겨울철의 진격은 추위에 시달리는 약점이 있는 반면 강이 얼어붙으면 건너기 쉬운 장점도 있었다. 김부식은 개경군의 약점과 적의 장점을 부각시켜 지연작전을 쓰기로 결심했다. 드디어 군대를 이끌고 평주를 경유하여 협계 관산역으로 진격해 여기에서 좌군 및 우군과 회합하여 행진하였다. 사람들이 주로 이용하는 절령 도로를 택하지 않아 묘청 쪽의 허를 찔렀다. 수안 사암역과 신성부곡을 경유해 지름길로

김부식군의 진격로

성주(성천)에 이르러 군사를 하루 동안 휴식시키며 여러 성에 격문을 보내 적을 토벌하는 뜻을 알렸다. 또한 사람을 서경에 보내 항복하기를 권유하면서 성중의 허실을 엿보도록 하였다. 서경으로 바로 진격하지 않고 그 동쪽의 성주 방면으로 우회한 것이었다.

김부식은 여러 군단을 이끌고 성주에서 북상해 연주를 거쳐 안북대도호부로 들이닥쳤다. 진숙, 이주연 등이 이끄는 군대도 동계로부터 와서 회합했다. 이보다 앞서 김부식이 파견한 칙사들이 왕명을 소지하고 돌아다니며 서경이 반역했음을 알렸지만 양계 사람들은 갈피를 잡지 못한 채 지켜보고 있었다. 바야흐로 대군이 여러 성에 이르자 그들은 두려워 나와서 관군을 영접했다. 서경군이 성주와 연주를 장악하려다가 실패한 무서운 결과였다.

청천강에 붙은 요새인 안북대도호부는 청천강 유역에서 압록강 유역에 이르는 지역을 지배하여 서북면에서 서경 다음으로 중요한 곳이었다. 김부식은 서경의 동쪽 지역인 성주 일대만이 아니라 그처럼 요충인 안북대도호부와 그 관할을 손에 넣었다. 이로써 서경은 배후 후원세력을 잃고 고립되는 처지가 되었다. 김부식의 우회 전략은 위력을 발휘했으니 급제 서생이지만 뛰어난 전략가였다.

김부식은 서경의 이러한 위기 상황을 적절히 이용해 막하 참모를 서경에 여러 차례 보내 항복하기를 회유하였다. 이에 조광 등이 저항하기 어렵다고 느껴 나와 항복하고자 했지만 스스로 죄가 무겁다고 여겨 미적거리며 결정하지 못했다. 마침 평주의 판관 김순부가 왕의 칙명을 가지고 서경성에 들어가 회유하니 서경 사람들이 묘청, 유참(유감), 유참의 아들 유호 등의 목을 베었다. 태일을 꿈꾼 묘청이 하늘에서 떨어지는 순간이었다.

묘청은 서경에서 거병한 바로 그 달 말경에 자신의 지지기반인 서경인들에 의해 허무하게 살해당한 것이었다. 천하를 꿈꾼 자가 힘을 제대로 써보지 못하고 몰락했다. 서경인들은 묘청과 임금 사이에서 갈팡질팡하다가 김부식의 대군이 압박해 오자 묘청을 버렸다. 묘청은 천하를 얻지 못했지만 위대한 순교자로 남았다.

서경 사람들이 다시 봉기하다

묘청 등을 살해한 서경 사람들은 분사대부경 윤첨과 소감 조창언, 대장군 곽응소, 낭장 서정 등을 개경에 보내 묘청 등의 목을 가지고 가서 조정에 죄를 청하게 했다. 또한 김부식의 중군에 문서를 던져 알렸다.

"삼가 칙령 및 원수元帥의 말을 받들어 이미 수괴를 베어 대궐에 바쳤습니다. 좋은 술을 가지고 대접하고자 하니 청컨대 기일을 정해 주십시오."

이에 김부식이 휘하 백록진을 왕에게 보내 아뢰었고, 또한 재상에게 문서를 보내 윤첨 등을 후하게 대하여 스스로 새로운 길을 열 수 있도록 해주기를 요청했다. 재상 문공인 · 최유崔濡 · 한유충이 백록진에게 말했다.

"너의 원수元帥는 곧바로 서경으로 향하지 않고 우회 도로를 돌아 안북도호부로 나아갔다. 반면 우리들은 왕에게 아뢰어 서경에 왕의 친서를 가진 칙사 한 명을 파견해 설득해 항복하도록 만들었다. 그러니 서경 항복은 너의 원수의 공로가 아니다. 네가 와서 무엇을 하고자 하는가"

문공인, 최유, 한유충은 서경세력의 후원자였지만 왕이 서경세력을 반역의 무리로 정의하자 피해를 줄이기 위해 서경의 빠른 항복을 받아내는 데 협조해야 했던 것이다. 그런데 김순부는 개경 근교에 이르러 윤첨 등을 포박해 개경으로 들어가고자 했다. 재상도 형부의 관리를 보내 그들의 목에 차꼬를 채우게 하고 하옥하기를 왕에게 요청했으며, 대간도 그들을 극형에 처하기를 요청했다. 왕은 허락하지 않아 그들의 포박을 풀도록 하고 복장을 갖추도록 해 들어와 알현하도록 하여 술과 음식을 하사해 위로하고 숙소인 객관에 머물게 했다. 하지만 얼마 없어 그들을 하옥시켰으니 신하들의 압력에 굴복한 것이었다.

묘청 등의 머리는 시장 거리에 매달렸다. 개경세력의 승리는 굳어진 듯했다. 왕이 김부식에게 은으로 만든 약통을 보내면서 말했다.

"반역이 하늘까지 넘치매 요인妖人의 반란을 분노하여 제단에 올라 부월(도끼)을 받아 대장(총사령관)이 되기를 요청해 출정한 그대를 가상히 여기노라. 바람과 서리의 추위에 시달리는 군졸의 고통을 민망히 여기노라. 지금 왕의 군대가 압박하자 적의 무리들이 예봉을 꺾고 수괴의 목을 보내

오니 거리에 매달았도다. 적이 무기를 거둠은 실로 그대의 계책이라. 다시 6군의 마음을 다잡아 만전의 계책을 도모할지어다."

인종은 그토록 신임했던 묘청을 '요인妖人' 즉 요망한 사람으로 매도하면서 그의 살해가 김부식의 공로라며 치하했다. 그런데 사태는 개경세력의 바램대로 돌아가지 않았다. 서경의 조광 등은 윤첨 등이 하옥된 사실을 전해듣고 자신들도 반드시 처벌받으리라 여겨 정월 27일(신미일)에 다시 반기를 들었던 것이다. 묘청과 유참이 사라진 상황에서 조광이 최고 지도자로 부상했다. 조광은 자신이 살기 위해 묘청과 유참을 버렸고 그러고도 살길이 여의치 않자 자신이 우두머리가 되었으니 기회주의적 태도를 지녔다. 서경인들은 조광의 지도하에 다시 뭉쳐 개경정부에 대항하였다.

개경정부가 난처한 입장에 빠지자 왕이 윤첨을 풀어주면서 감찰관 김부金阜와 내시 황문상에게 그와 함께 서경에 가서 설득하는 칙령을 반포하도록 했다. 서경성에 도착한 김부는 서경인들을 달래기는커녕 위협하며 겁을 주었다. 원망하고 분노한 서경인들이 2월에 자신들의 병사를 움직여 김부·황문상과 종자들을 살해했다. 윤첨은 서경인이면서 서경봉기에 동의하지 않은 인물인데 태조의 영정을 받들고 도망가다가 체포되어 살해당했다. 서경인들은 서경성을 굳게 지키며 저항했다.

김부식이 휘하 이덕경을 파견해 항복하기를 권유했지만 이덕경은 서경인들에게 살해당했다. 이에 김부식이 여러 장수들과 함께 황천(하늘)·후토(땅)·산천의 신들에게 맹세하며 고하였다.

    서경의 요인妖人이 요사스런 설을 사람들에게 전파해 서로 모여 도모해 반란하니, 저희들이 왕명을 받들어 군대를 이끌고 와서 그들에게 죄를 물었습니다. 가만히 생각하신대, 최싱의 전투는 꾀를 써서 치는 것이오. 좋은 지혜는 싸우지 않고 이기는 것입니다. 만약 만 명의 군인들이 성중에 횡행하면 무고한 백성들이 칼날에 다칠 것이니 백성을 위로하고 죄를 치는 뜻이 아닙니다. 이에 병사들을 휴식하며 순종과 반역, 화와 복을 잘 선택하기를 설득하니 그들이 수괴의 목을 베어 대궐에 나아가 죄를 빌었습니다. 그들이 뉘우치기를 바랐건만 악한 마음을 고치지 못하고 다시 반란했습니다. 칙서가 누차 내려갔지만 거부되었고 사신이 파견되었지만 살해당했습니다. 그들의 죄가 가득 차니 도저히 용서하기 어렵습니다. 천지신명께서 위에서 강림하셔서 옆에서 질책하며 삼군의 사기를 북돋워 적의 수괴가 목을 바쳐 종묘와 사직을 편안하게 하고 전쟁이 종식되도록 도와 주십시오. 비록 보답하기를 질책하시지 않더라도 어찌 감히 은혜를 잊으리까. 우리의 정성을 신령께서 살펴주십시오.

김부식 또한 묘청을 요망한 사람이라 매도하면서 서경인들이 묘청을 살해했음에도 불구하고 순종하지 않아 용서할 수 없다며 서경 지역의 신령들에게 도움을 요청하였다. 서경 지역의 신령들은 누구의 소원을 들어줄지 혼란스러웠으리라. 토박이와 이방인 중에서 누구를 택할 것인가. 서경인과 고려왕 중에서 누구를 택할 것인가. 결국 모든 것은 현세 인간의 손에 달려 있었다.

김부식의 전략

서경은 북방을 방어하는 정예부대를 지녔고, 서경성은 여러 겹으로 둘러싸인 난공불락의 요새였다. 성곽은 고구려의 것을 수리하거나 신축하는 방식으로 건설되었다. 태조 왕건 때 금수산의 모란봉 기슭에 평양성이 쌓여졌고, 이어서 주요 관부를 보호하는 성곽으로 해자를 지닌 재성이, 외곽을 둘러싸는 성곽으로 나성이 쌓여졌다. 제3대 정종 때에는 궁궐을 짓고 그것을 둘러싸는 궁성(왕성)이 축조되었다. 이 궁궐이 서경의 정궁인 장락궁이었고 그 안에 정전 장락전과 관풍전 등을 지녔다. 관풍전은 태조 왕건이 서경을 방문했을 때 머물던 곳을 개축한 건물이었다. 제8대 현종 때에는 궁성 밖을 두르는 황성이 축조되었다. 서경의 궁궐도 개경의 그것처럼 궁성과 황성으로 둘러싸이게 되었다.

서경성은 금수산의 모란봉 남쪽 기슭에 궁성과 황성, 그 남쪽에 재성(내성), 그 남쪽에 나성(외성)을 지니는 구조였다. 금수산 지역에 북성이 있는데 고려시대에 축조되었을 가능성도 있다. 황성구역은 북문이 칠성문, 동문이 장경문, 서문이 경창문이었고, 남문의 명칭은 잘 알 수 없다. 재성(내성) 구역은 동문이 대동문, 서문이 광덕문(보통문), 남벽의 중앙이 흥례문(정양문)이었고, 흥례문의 동쪽과 서쪽에 차례대로 함원문(함구문)과 연정문이 위치했다. 나성 구역은 남문이 통양문(거피문), 서문이 선요문, 서남문이 양명문(다경문)이었고, 동문의 명칭은 잘 알 수 없다.

김부식은 서경의 이러한 구조를 잘 아는 터라, 서경 지역으로 진입하자 작전을 구상하며 생각에 잠겼다.

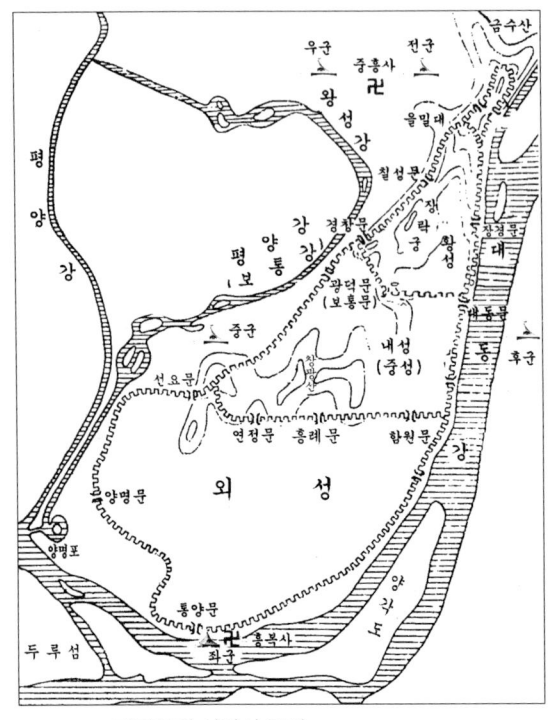

개경군의 서경성 포위

"서경은 북으로 산을 등지고 삼면이 물로 막힌 데다가 성은 높고 험해 쉽게 갑자기 함락시킬 수 없어. 그러하니 서경성을 빙 돌아가며 포위해 진영을 구축해 핍박해야 해."※

이렇게 판단한 그는 '중군'을 서경성의 서쪽 천덕부에, '좌군'을 서경성의 남쪽 흥복사에, '우군'을 서경성의 북쪽 중흥사의 서쪽에 주둔하게 했다. 그리고 대동강이 왕래의 요충인데 적이 먼저 점거하면 길이 막히리라 여겨 대장군 김양수, 시랑 양제보 등에게 군대를 이끌고 이곳에 주둔하도록 해 '후군後軍'이라 하였다. 또한 진숙과 낭중 왕의王毅 등에게 군대를 이끌고 중흥사의 동쪽에 주둔하게 해 '전군前軍'이라 하였다.

김부식의 군대는 원래 중군, 좌군, 우군의 3군으로 편성되었는데 이제 서경성을 효과적으로 포위하고 요충지를 점거하기 위해 중군, 좌군, 우

※ 묘청이 정변을 일으키자 김부식의 동생 김부의(김부철)가 서경을 평정할 열 가지 계책을 왕에게 올렸는데, 서경은 성이 험하고 양식이 풍족해 갑자기 함락할 수 없으니 편안함으로써 무너지기를 기다리고 꾀로써 이김을 취해야 한다는 취지였다. 인종이 가상히 여겨 수용하고 그를 출정군의 좌군 지휘자로 삼았다고 한다. 김부식과 김부의 형제는 서경 공략에 대한 계책을 공유했다고 생각된다.

군, 전군, 후군의 5군으로 편성되었다. 이로 보면 김부식은 과거급제 출신의 유자이면서도 군사전략에 꽤 밝은 인물이었다.

　서경성 밖의 백성이 매우 많아 전쟁 이래 장정들이 많이 성에 들어가 전투병이 되었고 그 나머지는 산속 골짜기에 숨었다. 김부식이 그들 성밖의 백성들을 달래지 않는다면 반드시 모여 적의 눈과 귀가 된다고 여겨 부하들을 보내 달랬다. 이에 도망갔던 자들이 많이 나왔고 음식을 장만해 군인들을 먹이거나 군비를 도우려는 자들도 있었는데 의복과 음식을 주어 편한 곳에 거처하도록 했다.

　김부식의 이러한 작전은 서경성의 고립을 심화시켰다. 위기를 느낀 서경성 사람들은 강을 따라 선요문으로부터 다경루에 이르기까지 1,734칸의 성곽을 쌓고 6개의 문을 설치해 저항하였다. 이 다경루는 통양문 인근에 위치했으니, 훗날의 다경문(양명문)과는 다른 자리였다. 이 남서쪽 부분의 성곽은 새로 쌓은 것이 아니라 기존의 성곽에서 많이 무너진 부분을 보강한 것이었다.

피로 물든 대동강

　평양은 말 그대로 평평한 땅이라 주산(진산)인 금수산의 가장 높은 모란봉도 96.1m에 불과하다. 서경성은 이처럼 평야에 자리잡았지만 여러 겹의 성곽으로 둘러싸인 데다가 북으로 금수산, 동쪽으로 대동강, 서쪽으로 평양강(보통강), 남쪽으로 구진익수(대동강의 한 부분)로 둘러싸인 천연의 요새였다. 대동강은 서해 바다와 연결되므로 서경성의 공격과 방어에는 수군이 중요하였다. 이러한 배경으로 서경은 독자적인 수군을 보유해 왔는데 서경 봉기군의 보배로운 존재가 되었다.

개경정부도 그러한 사정을 잘 알고 있었으므로 대책을 마련했다. 인종이 내시 합문지후 정습명(정몽주의 조상)과 제위보(구제기구)의 관원 허순許純(허재의 아들) 등을 파견해 서경 서남쪽 섬에 가서 궁수(활부대)와 수군 4,600여명을 전함 140척에 태워 순화현(순안: 평양의 북서쪽)의 남강으로 들어가 적선을 방어하도록 했다. 이어서 상장군 이록천, 대장군 김태수, 녹사 정준鄭俊 등에게 서해로부터 수군이 탄 50척을 이끌고 가서 토벌을 돕도록 했다. 정습명의 수군과 이록천의 수군이 회합하였는데 이록천이 지휘권을 행사했다.

이록천은 대동강 하구의 철도鐵島에 이르자 지름길로 곧장 서경으로 진격하고자 했다. 마침 날이 저물어 썰물로 조수가 물러나자 정습명이 말했다.

"물길이 좁고 얕으니 조수가 밀려오는 밀물을 타서 출발해야 합니다."

하지만 상장군 이록천은 듣지 않고 출발했는데 절반쯤 가니 물이 얕아 배들이 진흙뻘에 처박혔다. 이를 놓칠 새라 서경 사람들이 작은 배 10여 척에 장작을 싣고 기름을 부어 불을 붙여 조수를 따라 띄웠다. 또한 물가의 길 옆 덤불 속에 노弩(쇠뇌)를 지닌 수백 명을 매복시켜 불이 타오르면 동시에 일제히 공격하기로 약속해 두었다.

불타는 선박이 전함과 충돌하며 연소시키고 매복병사들이 일제히 쇠뇌를 발사했다. 이록천은 낭패하여 어찌할 바를 몰라 했다. 무기들은 모두 불타고 사졸들은 거의 다 익사했고 대장군 김태수와 녹사 정준도 죽었다. 이록천은 쌓인 시체를 밟으며 물가 언덕으로 탈출해 겨우 목숨을 구했다. 이로 말미암아 서경 사람들이 비로소 관군(개경군)을 경시하게 되어 군졸을 선발해 훈련하며 항거할 계책을 마련해 갔다.

　김부식은 이처럼 자신을 지원하는 수군이 거의 몰살당하자 대책을 마련해야 했다. 당장 대동강에 배치된 후군이 위험했다. 김부식은 후군이 적고 약함을 우려해 밤에 비밀리에 보병과 기병 1,000명을 보내 보강했다. 서경군이 이를 알아채지 못하고 날이 밝을 무렵에 평양 동북쪽 마탄馬灘의 포구인 자포紫浦를 건너 후군을 향해 곧바로 내달아 진영을 불태우며 돌진하였다.

　개경군의 후군에는 용맹한 승려 관선冠宣이 모집에 응하여 종군하고 있었다. 갑옷으로 무장한 그가 거대한 도끼를 휘두르며 먼저 출격해 서경군 십수명을 격살하자 관군이 승세를 타서 서경군을 대파해 300여 명의 목을 베었다. 이 서경군은 유린당해 강으로 뛰어들어 거의 다 익사했다. 개경군은 서경군의 전투함정과 무기들을 심히 많이 획득했다.

　개경군의 참패로 시작한 대동강 전투가 서경군의 참패로 끝났다. 치솟던 서경군의 사기가 부러졌다. 이 전투는 개경군과 서경군이 본격적으로 붙었다는 점에서 중요한 의미를 지녔다. 대동강은 개경군과 서경군이 흘린 피로 검붉게 물들었다.

김부식이 지구전을 펼치다

　서경군과 개경군은 병력 규모가 각각 어느 정도였을까? 서경인 중에서 누구까지를 병력으로 보아야 할지 애매하므로 서경군의 병력 규모를 산출하기는 쉽지 않다. 대략 1만 명의 서경 주둔군에다가 전투 가능 인원을 여기저기에서 끌어모았을 터이니 서경군은 대략 2만 명 정도로 추정된다. 어린아이와 부녀자도 때로 전투에 참여했다는 사실 역시 고려되어야 한다.

개경군은 병력이 수만 명으로 표현되었는데 서경군을 압도할 만한 규모였으므로 대략 5만 명 정도로 추정된다. 그런데 서경성에 고립된 서경군과는 달리 전국적으로 계속 충원했고 서경성을 제외한 서북면을 장악해 여기의 병력까지 동원했으므로 점차 늘어나 10만 명에 육박하지 않았나 싶다.

김부식의 개경군은 수적으로 압도적인 우세를 점했음에도 난공불락의 서경성을 공략하기는 쉽지 않았다. 서경성을 바라보며 들판에 주둔한 지 이미 수개월이 흘렀다. 김부식은 봄과 가을이 교체하는 장마철이라 물이 넘치고 적에게 습격당할까 염려해 성을 쌓고 병기를 수리하려 하였다. 또한 지방에서 올라온 병사를 번갈아 휴가 주어 귀농시켜 지구전을 펴면서 유리한 때를 엿보고자 했다.

반면에 논의에 참여한 자들은 모두 반대했다.

"서경 사람들은 병사가 적은 반면 지금 우리가 거국적으로 군대를 일으켰으니 마땅히 날을 잡아 평정해야 함에도 수개월 동안 결판내지 못하면서 지체하고 있는데, 하물며 성을 쌓아 자신만 굳건히 하려 하니 나약함을 보이는 것이 아닙니까?"

이에 대해 김부식이 반박했다.

"서경성 안에 무기와 식량이 넉넉하고 인심이 바야흐로 굳건해 공격한다고 해도 이기기 어려우니, 좋은 계책으로 성공을 거두는 것만 같지 못하오. 어찌 반드시 전투를 서둘러 사람을 많이 죽일 필요가 있겠소."

마침내 김부식은 지구전을 펼치는 계책을 결정하였다. 북계(서북면)와 남서방면의 병사들을 5군에 나누어 소속시켜 5군마다 각기 성 하나씩 쌓도록 하였으며, 또한 순화현 왕성강(보통강 상류)에 각각 작은 성을 쌓도록 했다. 그 안에 무기와 곡식을 쌓고 문을 닫아 병사들을 휴식시켰다. 간혹 서경 사람들과 교전했지만 큰 승패는 없었다. 간혹 길을 나누어 서경성을 공격하였지만 성이 높고 참호가 깊어 비록 화살과 돌을 날려 꽤 살상을 했지만 관군 또한 피해를 입었다.

왕이 측근을 서경성에 보내 설득하였다. 김부식 또한 휘하 관원과 승려 품선品先을 보내 항복하면 죽이지 않겠다며 온갖 방법으로 회유했다. 첩자와 나무꾼을 잡을 때마다 옷과 음식을 지급해 돌려보냈다.

조광 등은 항복할 뜻이 없어, 외환이 발생해 왕의 군대가 스스로 물러가기를 바랬다. 마침 금나라 사신 일행이 이르니 서경군이 그들을 차단해 공격하여 틈을 만들고자 했다. 하지만 관군이 알고 척후활동을 강화했기 때문에 서경군은 그렇게 할 수 없었다. 서경군은 이탈자를 방지하기 위해 개경군이 포로와 투항자를 모조리 살해하고 있다고 선전하여 일시적인 효과를 보았다. 하지만 개경군의 위무활동이 강화되면서 점차 투항자가 늘어갔다.

그런데 개경에서는 김부식이 단기간에 눈에 띄는 성과를 거두지 못하자 그의 능력에 불신을 품는 관료들이 늘어갔다. 당시 어떤 관료가 의견을 내었다.

"옛부터 군대를 사용함에는 형세가 어떠한지 관찰하였지, 일시의 손상을 중시하지 않았습니다. 국가가 비록 북조(금)와 화친하고 있다고 하나 북조의 의도를 추측하기 어렵습니다. 지금 수만 명의 군사를 일으켜 세월만 보내며 결판하지 않으니, 만약 이웃 나라의 적이 틈을 타서 움직이고 도적이 예상치 못하게 발생하면 무엇으로써 제입할 수 있겠습니까. 청컨대 핵심 재상을 파견하여 사상자 발생을 따지지 말고 며칠 안에 적을 격파하도록 하되, 감히 머뭇거리는 자가 있으면 군법으로 논하십시오."

이는 다른 재상을 파견해 군을 장악하도록 해 속전속결해야 된다는 의견이니 김부식을 탄핵하는 내용이었다. 물론 고려의 중앙정부군과 서경군이 싸우고 있는 상황에서 금나라가 침략한다거나 도적 내지 민란이 일어나면 대처하기 어렵다는 견해는 일리가 있었다.

난처한 입장에 빠진 왕은 그러한 의견서를 김부식에게 보내 그의 판단을 구하였다. 이에 김부식이 자신의 작전을 옹호하는 문서를 왕에게 보냈다.

북쪽 변경에서 비상사태가 발생하거나 도적이 변란을 일으킬 수 있음을 우려해야 한다는 것은 진실로 합당한 의견입니다. 사상자의 발생을 고려하지 말고 며칠만에 적을 격파해야 한다는 것은 지금의 이해利害를 제대로 고찰하지 않은 의견입니다. 제가 관찰하건대 서도(서경)는 하늘이 만든 험하고 튼튼한 요새라, 공격해서 함락하기가 쉽지 않습니다. 하물며 성중에는 정예 병사들이 많고 수비가 엄중하여, 우리 편 장사들이 먼저 돌격하여도 겨우 성곽 아래에 이를 뿐 그것을 뛰어넘는 자가 아직 없으며, 구름 사다리와 충돌 차량도 모두 소용이 없습니다. 적의 어린애와 부녀들이 성 위에서 벽돌과 기와를 던져 굳센 병사가 됩니다. 설사 5군이 일제히 서경성을 공격한다고 하더라도 수일이 지나지 않아 날랜 장수와 정예의 병사들이 적의 활과 돌에 다 죽을 것이며, 적이 우리의 힘이 꺾임을 알아채 북을 두드리고 함성을 지르며 출격하면 그 예봉을 감당할 수 없을 것입니다. 이러하니 어느 겨를에 외환을 대비할 수 있겠습니까. 지금 병사 수만 명을 동원했지만 세월이 가도록 결판하지 못함은 늙은 제가 마땅히 그 허물을 책임져야 합니다. 하지만 변방의 비상사태나 도적의 변란이 발생할까 염려해야 하므로, 완전한 계책으로 승리하여 병사를 다치지 않도록 하고 국가의 위엄을 꺾이지 않도록 할 따름입니다. 전투는 진실로 빠른 승리를 기약할 수 없는 법입니다. 지금 종묘 사직의 신령과 밝은 임금의 위엄이 떨치고 있음에도 요망한 적이 은혜를 져버리니, 행동을 개시하면 곧 모조리 멸망시킬 수 있습니다. 원컨대 적을 토벌함을 저에게 위임하시어 편의대로 일을 처리할 수 있도록 해주시면 반드시 적을 격파해 보답하겠습니다.

김부식은 서경 공방전의 장기화로 인해 금나라의 침략이나 도적의 봉기가 우려된다는 견해에 동의는 했다. 하지만 바로 그러한 우려에 대비하기 위해서 장졸들을 될 수 있으면 다치지 않게 보존해야 하니 지구전을 펼칠 수밖에 없다는 논리를 피력했다. 왕도 그렇게 여겨 뭇 신료들의 의견을 배척하고 김부식에게 일임했다. 왕은 속마음이 어떠했든 김부식의 강력한 의지를 읽고 수용할 수밖에 없었다.

제10장

서경이 무너지고 김부식이 집권하다

윤언이의 쾌속 전략

　인종 13년(1135) 3월에 5군이 모여 서경성을 공격했지만 이기지 못하였다. 윤언이가 '거인距堙'을 건립하자는 의견을 제안했다. '거인'은 적의 성에 도달하기 위해 흙으로 쌓아올려 만드는 토산土山을 일컫는다. 하지만 그의 제안은 저지당해 시행되지 못했다. 윤언이는 원래 서경세력에 속했지만 반란에 찬성하지 않았는데, 자신의 반란 연루 혐의를 벗기 위해서라도 토벌에 참여해야 했으며, 서경 사람들의 피해와 고통을 덜어주기 위해서 전쟁을 서둘러 끝내려 했다.

　6월에는 송나라가 사신을 고려에 파견해 10만 명의 군대를 파견할 터이니 서로 도와 서경을 진압하자고 제의했다. 고려는 이를 정중히 사양하였지만 자칫하면 송나라만이 아니라 금나라까지 개입하는 국제전으로 변질될 수도 있었다. 여름이 지나 가을이 되어도 서로 지루하게 대치하며 결판을 짓지 못했다.

　10월이 되면서 서경성은 양식이 바닥나 노약자와 부녀를 밖으로 몰아냈는데 굶주린 기색이 역력했고 전투병들도 왕왕 나와 항복했다. 김부식이 서경성을 취할 수 있는 상태임을 알고 여러 장수들에게 흙으로 토산土山을 만들도록 명령했다. 이제야 윤언이의 '거인' 안이 받아들여진 것이었다. 김부식은 먼저 서경성 밖 남서쪽 인근의 양명포 산 위에 목책을 세워 진영을 만들어 전군前軍을 여기로 이동하여 주둔시켰다. 고려 서남쪽 방면 지역의 병졸 23,200명과 승도僧徒 550명을 징발해 흙과 돌을 등에 지어 나르고 재목을 모으도록 했다. 장군 의보義甫 등에게 명하여 정예병졸

4,200명 및 북계의 전투병 3,900명을 거느리도록 해 유격군으로 삼아 서경군의 습격에 대비하였다.

11월에 개경군이 전군前軍의 주둔지에 나아가 '거인' 즉 토산을 일으켰는데, 양명포로부터 서경성의 서남쪽 모퉁이에까지 미쳐 서경성의 양명문과 마주했다. 낮은 지대에 위치해 상대적으로 취약한 양명문이 개경군의 집중 공격 대상이었다. 윤언이와 지병마사 지석숭이 김부식의 명을 받아 감독해 밤낮으로 토산공역을 독려했다. 서경군이 놀라 정예군사를 내보내 싸움을 걸었고 서경성에 활과 쇠뇌와 대포와 돌을 배치해 전력을 다해 항거했다. 관군도 적절히 방어하는 한편 북을 두드리고 함성을 지르며 서경성을 공격해 서경군의 힘을 분산시켰다.

기술자 조언趙彦이 계책을 건의하여 높고 큰 '포기砲機' 즉 대포와 발사대를 제작해 토산 위에 설치했다. '포기'가 무게 수백근의 돌을 날려 서경성의 망루를 깨뜨려 부수고 또한 불타는 둥근 공을 날려보내 불태우니, 서경군은 개경군의 진지에 접근하기 어려웠다. 토산의 높이는 8장丈, 길이는 70장 남짓, 넓이는 18장이었고, 서경성과의 거리는 몇 장丈밖에 되지 않았다.

김부식이 5군을 모아 서경성을 다시 공격했지만 또 이기지 못했다. 서경군이 밤을 틈타 세 부대로 나뉘어 전군前軍의 진영을 공격했다. 김부식이 승려 상숭尙崇으로 하여금 도끼를 들고 출격하도록 해 10여 명을 쳐서 죽이니 서경군이 달아나 흩어졌다. 장군 우방재 등이 병사를 거느리고 추격하니 서경군이 무기를 버린 채 서경성으로 들어갔다. 토산을 완공하는 데 수개월이 걸린다고 판단한 윤언이가 전군사前軍使 진숙과 더불어 화공을 의논해 결정하여 판관 안정수 등에게 화공무기 500여 개를 제작하게 했다.

어느덧 세월이 흘러 해가 바뀌어 인종 14년 2월이 되었다. 9일에, 윤언이가 새로이 만든 화공무기를 조언이 제작한 석포石砲 즉 '포기'를 사용해 번개처럼 발사하니 서경군은 불을 끄느라 정신이 없었다. 결국 개경군의 새로운 화공에 양명문과 행랑 20칸 및 서경 사람들이 쌓은 토산이 불탔다. 12일에는 양명문을 지키는 서경병사들까지 무너져 출입이 가능해졌다. 윤언이는 중군에 이르러 그러한 상황을 보고하고 때맞춰 공격해 서경군으로 하여금 수리하지 못하도록 하자고 했지만, 화를 내며 불가함을 주장하는 자와 논쟁을 벌여야 했다.

윤언이가 2월 14일에 전군前軍에 이르러 서경성을 급히 공격하면 격파할 수 있다고 주장했지만 지휘자들은 모두 토산 쌓기를 끝낸 다음 공격해야 한다며 반대했다. 서경군은 이미 앞에 목책을 설치하여 방어하였고 윤언이의 급공(속공) 책략은 받아들여지지 않았다.

2월 16일에 원수 김부식이 전군前軍에 이르러 5군 지휘자들을 모두 소집해 의논했지만 모두 이전의 의견을 고집했다. 이날 조광의 서경군이 개경군의 토산에 대항해 성안에 또 중성重城(성안의 성)을 쌓으려 하였다. 김부식은 이를 듣고 말하였다.

"적이 비록 성을 쌓는다고 하여 무슨 이익이 있으리오"

이에 앞서 지석숭이 토산 공역을 감독하면서 윤언이와 뜻이 맞았고 부사副使 이유李愈, 판관 왕수王洙·이인실 등 8인도 호응했다. 윤언이가 9인을 지지자로 확보한 것이었다. 윤언이와 지석숭이 김부식 및 다른 지휘자들을 설득하였다.

"대군이 출정한지 지금 이미 2년인데, 나날을 허비하며 지구전을 펴고 있어 사태가 어떻게 변화할지 예측하기 어렵습니다. 군사를 잠복시켰다가 돌격하여 중성을 격파하면 성공할 수 있습니다."

그래도 김부식이 듣지 않자 윤언이가 고집스레 요청하였다. 김부식도 마냥 거절할 수만은 없어 전면적인 공격을 결정하였다.

불타는 서경성

김부식은 2월 18일에 정예병을 삼도三道로 나누어 진경보·왕수王洙·박정명 등으로 하여금 3,000명을 이끌어 중도中道가 되게 하고, 지석숭·전용全鎔 등으로 하여금 2,000명을 이끌어 좌도左道가 되게 하고, 이유李愈·이영장·김신련 등에게 2,000명을 이끌어 우도右道가 되게 하였다. 이들 7,000명의 정예병은 별동대 내지 돌격대였다. 평장사 김약진의 손자 김신련은 서경 출신이었지만 서경토벌에 참여했다.

또한 김부식은 장군 공직公直에게 병력을 이끌고 서경성의 서쪽 석포石浦 방면으로 들어가게 하고, 장군 양맹良孟에게 병력을 이끌고 서경성의 남쪽 당포唐浦(남포) 방면으로 들어가도록 하고, 중군·전군·후군·좌군·우군 등 군단은 방면을 나누어 서경성을 공격해, 서경군으로 하여금 서남쪽 부분에 방비를 집중하지 못하도록 했다. 개경군의 집중 공격 대상은 서경성의 약한 부분인 서남쪽이었으니 7,000명 정예병의 공격목표가 바로 여기였다.

이렇게 공격 편성을 짠 김부식은 일단 중군으로 돌아갔다가 밤중에 전군前軍으로 말을 달려 들어와 장수들에게 출격을 명령했다. 정사일(19일)이 어슴푸레 밝아올 무렵, 진경보 군이 서경성의 외성(나성)의 남서문인 양명문으로 들어가 서경군의 목책을 뽑고 내성(재성) 연정문으로 나아가 공격했다. 지석숭 군이 외성을 넘어 들어가 내성 함원문을 공격했다. 이유 군이 외성을 넘어 내성 흥례문을 공격했다. 김부식은 직할부대를 이끌고 서경성의 서문인 광덕문을 공격했다.

서경군은 개경군의 토산이 아직 완공되지 않았기 때문에 방심하여 제대로 대비를 하지 않은 상태여서 개경군이 일제히 돌진하자 당황하여 어찌할 바를 몰라 했다. 김부식이 김정순과 더불어 전투를 독려하니 장졸이 분투했다.

김부식으로부터 중군을 위임받아 지휘한 윤언이는 판관 신지충·김정황, 장군 권정균·방자수, 녹사 임문벽·박의신 등과 함께 군대를 비밀리에 이동하여 새벽에 서경성의 북문인 칠성문 아래에 이르러 장작을 쌓아 불을 붙였다. 불이 타올라서야 서경군이 깨달았지만 놀라서 허둥대다가 끄지 못하여 문과 회랑 97칸이 불타 들어갈 만한 구멍이 생겼다. 좌군, 우군, 전군, 후군도 여러 방면에서 북을 두드리고 함성을 지르며 불을 질러 성을 불태우니 서경군이 크게 무너졌다.

개경군이 승세를 타서 서경군의 목을 마구 잘랐다. 병사들이 지나치게 살

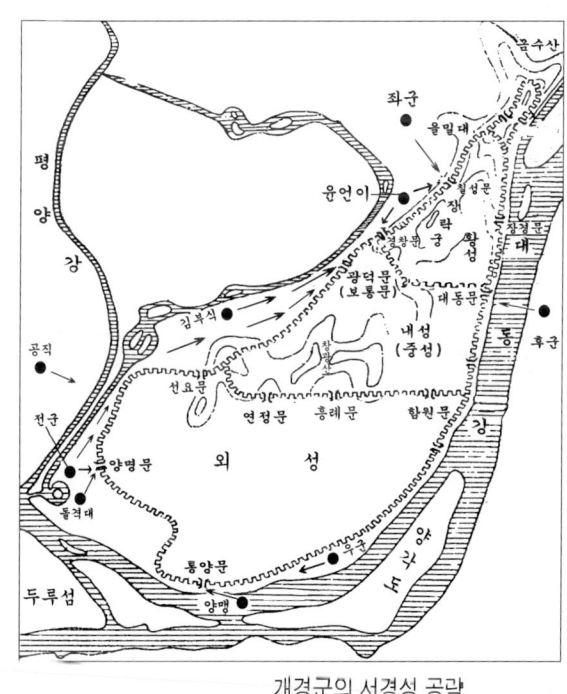

개경군의 서경성 공략

제10장 서경이 무너지고 김부식이 집권하다 267

육을 자행하자 김부식이 명령을 내렸다.

"적을 사로잡은 자는 상주고, 항복한 적을 죽이거나 노략질하는 자는 죽이리라."

이에 개경군은 살육을 자제하며 진격했다. 새벽에 전투가 시작되어 온종일 진행되었는데 어느 덧 날이 저물어 갔다. 날씨는 음산하고 비는 주룩주룩 내렸다. 개경군은 일단 주둔지로 물러났다. 포로로 잡힌 자와 항복한 자는 순화현으로 보내 음식을 먹였다.

이날(19일) 전투에서 서경성은 외성 안의 남쪽 지역만 개경군에게 돌파당했지만 서경군은 큰 충격에 빠졌다. 밤중에 성 안의 사람들이 스스로 무너져 혼란에 빠지니 실질적인 총지휘자인 조광이 어찌할 바를 몰라 집안에서 문을 잠근 채 스스로 불을 질러 자살했다. 낭중 팽숙彭淑・김현근은 스스로 목을 매어 죽었고, 정선鄭瑄・유한후維漢侯・정극승・최공필・조선趙瑄・김택승은 스스로 목을 찔러 죽었다.

다음날인 무오일(20일) 새벽에 서경군의 지휘자인 정덕환・유위후維偉侯와 하급관원 4명이 몰래 서경성을 빠져나왔다. 하지만 중군의 장군 방자수가 휘하 병력으로 그들을 체포해 진영으로 데려오니 윤언이가 정덕환과 유위후를 원수 김부식에게 보냈다. 또한 윤언이는 별장 김성기 등으로 하여금 체포한 하급관원 중의 2명을 데리고 경창문에 가서 서경군의 항복을 권유하도록 하니, 서경군의 장수 홍걸洪傑이 나와 항복했다. 전군前軍은 광덕문과 함원문 밖에 있었는데 서경군이 성문을 닫아 항거했다. 홍걸이 의민義民과 상의해 서경군의 원수元帥 최영崔永을 잡고 2령(2,000명)의 군사를 데리고 윤언이의 진영으로 돌아왔다. 이에 서경군의 대장 소황린蘇黃鱗・정선곡・박응소 등 문무 20여 명이 서로 이어 윤언이의 진영에 와서 항복했고, 그 외에 하급관리들도 헤아릴 수 없이 많이 항복했다.

묘청이 죽임을 당한 이후 서경군의 최고 지도부는 원수 최영과 부원수 조광으로 이루어졌는데 실질적인 총지휘자는 실권자 조광이었다. 최영이 어떠한 인물인지 궁금하지만 자세히 알 길이 없다. 이제 조광이 자살하고 최영이 사로잡힘에 따라 서경군은 급속히 붕괴되었다. 공황상태에 빠진 서경군은 더 이상 저항할 수 없었다.

칠성문
평양성의 북문

윤언이가 방자수를 보내 이징정 및 항복한 서효관을 데리고 병력을 거느려 성안으로 들어가도록 해 궁궐과 창고를 봉하도록 하고 이징정으로 하여금 궁궐을 지키도록 하여 그 열쇠를 거두어 진영에 보관했다. 그는 좌군이 북문으로부터 들어가 대부大府의 재물을 꺼내고 있음을 듣고 박의신을 보내 제지했지만 받아들이지 않자 다시 권정균을 보내 제지하니 대부가 온전할 수 있었다. 그가 아들 윤자양을 원수 김부식에게 보내 상황을 보고했다. 자신과 뜻을 같이했던 서경세력의 본거지를 자신의 손으로 끝장낸 윤언이의 심정은 어떠했을까?

이날(20일) 정오 무렵에 원수 김부식이 중군에 이르렀다. 서경의 군인과 백성을 위로하고 노인과 어린애와 부녀를 성안으로 들여보내 가정을 보호하도록 했다. 감찰관 이인실·이식李軾·최자영에게 다시 명해 궁궐과 창고를 봉하게 했고, 병력을 나누어 여러 성문을 지키게 했다. 김정순, 윤언이, 김정황으로 하여금 병력 3,000명을 거느리고 들어가 관풍전에 주둔해 성중을 호령하며 노략을 금지하도록 했다. 다음날인 기미일(21일)에 낭중 신지충으로 병장(무기)을 수습하는 수습병장사를, 이후李侯로 백성을 달래 편안히 거처시키는 백성화유안거사百姓和諭安居使를, 박정명으로 창고를 감검(감독)하는 감검창고사를, 합문지후 이약눌로 객관(숙소)을 수영(수리)하는 객관수영사를, 녹사 최유칭·백사청으로 성내를 순검(순찰)하는 성내좌우순검사를 삼았다.

　신유일(23일)에 김부식이 의식을 갖추어 경창문을 통해 궁궐로 들어와 관풍전의 서쪽에 앉아 5군 지휘자들의 축하를 받았고, 사람을 보내 여러 성황신사에 제사지내도록 했고, 성중의 사람들을 위무하여 안도하게 했다. 서경이 군사를 일으킨 지 1년 남짓만에 서경성은 이렇게 개경군에게 함락당했다. 성황신은 성곽도시를 지키는 신인데 서경의 성황신은 김부식을 받아들였을까?

낙인이 찍힌 서경 사람들

　김부식은 병마판관 노수魯洙를 개경에 보내 표문을 올려 승리를 헌정했다.

조용히 서경성을 넘어 군대를 벌여 진공하여 접전이 겨우 벌어지자 적은 이미 기운이 꺾였습니다. 보병과 기병이 분투하며 공격하고 고함을 지르며 나아가니 적은 파도처럼 무너졌습니다. 깃발을 구름처럼 날리고 전차를 우레처럼 달려 진격해 고래의 지느러미를 베었습니다. 바람소리와 학의 울음소리가 혼연히 무기가 부딪치는 소리로 변했습니다. 마치 솥 안에 갇힌 물고기가 빙빙 돌며 살기를 구하고 수풀 속의 새가 놀라 날아 흩어져 달아나는 듯했습니다. 그 죄가 무거워 스스로 벗어나지 못할 것을 알아 자식을 죽이고 불을 질러 자살했으며, 겁이 나서 죽지 못한 자는 포로가 되었습니다. 나날이 쌓인 근심이 하루아침에 갑자기 풀렸습니다. 이에 서경성으로 들어가 임금의 뜻을 선포하니 거꾸로 매달렸다가 풀려난 듯했고, 장안(서경)을 회복하여 남은 사람들을 위무하자 '살게 되었다'고 모두 외쳤습니다. 시전과 성곽과 궁궐이 보존되었습니다. 독충이 이미 제거되고 냄새나는 것들이 이미 세척되었습니다. 드디어 이궁의 재앙을 청소하여 원묘(태조 왕건의 사당)의 의관을 우러러보니 수를 놓은 의자에 모셔진 모습이 아련하게 옛날과 같았습니다. 서경의 부로(유지)와 남녀들이 어부와 나뭇꾼을 막론하고 뛰어오르며 다투어 앞으로 나와 환호하며 서로 소리치기를, "금일에 다시 왕의 사람이 됨을 생각하지 못했소."라고 했습니다.

김부식은 개경군의 승리를 이렇게 감격에 겨워했다. 그는 개경군은 용맹하게 싸운 반면 서경군은 그저 바라만 보고도 무너진 것으로 묘사했고, 패배한 서경군을 독충으로, 냄새나는 쓰레기로 표현했다. 그는 살아남은 서경인들이 개경군을 해방군으로 환영한 것처럼 묘사했다.

김부식은 자신 등이 임금의 명철한 계책을 받들어 출정해 군율을 관장하였을 뿐이어서, 오직 임금의 신성함에 의지하여 결단하여 성공할 수 있었다며 공로를 왕에게 돌렸다. 그리고 자신이 장수의 재목이 아니어서 부끄럽게도 빠른 승리를 거두지 못했다며 자신을 낮추는 모양새를 취했다.

아직 서경에 머문 김부식은 임술일(24일)에 왕명을 얻어 서경군의 주동자인 최영 및 대장군 황린, 장군 덕선판관 윤주형, 주부注簿 김지金智·조의부, 장사長史 나손언의 목을 베어 시가에 3일 동안 매달았다.

분사 호부상서 송선유는 이번 전쟁이 발생한 이래 병을 칭탁하여 두문불출하였고, 장서기 오선각은 거짓으로 어리석은 척하여 서경군에 붙지 않았고, 대창승 정총은 효행으로 이름났다. 이러한 이유로 이들은 모두 처벌이 아니라 표창을 받았다.

이전에 서경 사람들이 묘청 등을 베어 목을 개경의 대궐에 보낼 때 중군(김부식)에게 유수관을 평시처럼 파견해달라고 요청했다. 이에 김부식이 파견한 노영거가 서경성으로 들어가려 하는데 서경인들이 엿보다가 살해하려 했다. 의학박사 김공정이 그 계획을 밀고하여 노영거로 하여금 들어가지 않도록 했다. 소감 위근영은 노모가 있어 서경군을 배신할 수 없자 한유관·안덕칭·김영년과 더불어 가짜로 영구차를 만들어 장례를 행하는 것처럼 꾸며 성문을 나서려다가 일이 누설되었다. 위근영과 한유관이 체포되어 모진 고문을 당했지만 죽을 때까지 끝내 동조자를 불지 않았기 때문에 안덕칭과 김영년은 무사할 수 있었다.

서경인들 중에서 김공정·위근영·한유관·안덕칭·김영년·윤첨尹瞻의 친속, 노인·어린이·질병자는 용서받았다. 하지만 그 외의 관련자들은 모두 경사(개경)로 보내져 하옥되었다. 하옥된 서경인들 중에서 용맹하고 사납게 항거한 자는 '서경역적'이라는 네 글자가 얼굴에 문신으로 새겨져 섬으로 유배되었고, 그 다음의 정도로 항거한 자는 '서경'이라는 두 글자가 얼굴에 문신으로 새겨져 향·부곡에 나뉘어 배치되었다. 그 나머지는 지방의 주·부·군·현에 나뉘어 배치되었다. 이들은 모두 노예로 전락하였다. 그들의 처자는 편리한 대로 거주하고 양인이 됨이 허용되었다.

묘청·정지상·백수한·유참(유감)·유호(유참의 아들)의 처자, 조광·최영·황린·윤주형·김지·조의부·나손언 등 7인의 처자, 정선·김신·김치(김신의 동생)·이자기·조간·정덕환 등의 처자는 모두 동북면 여러 성의 노비로 전락하였다. 서경 중심의 천하를 꿈꾸었던 주역의 처와 자식은 최하층 천민으로 살아가야 했다.

김부식이 정권을 장악하다

서경세력은 정지상·백수한·김안과 묘청이 연이어 살해당하고 서경성이 포위당하면서 기세가 꺾인 터에 개경세력의 공세에 시달려야 했다. 아직 서경성 전투가 한창 진행 중이던 인종 13년 말엽에 언론담당 간관인 이중李仲·이지저가 상소했다.

"서적西賊(서경 역적)의 모의가 오래 되었는데 1, 2 대신(재상)이 막지 못했을 뿐만 아니라 도리어 그것을 믿어 확대해 금일의 난리를 초래했습니다. 청컨대 명철하게 결단하셔서 그 당파를 죽이십시오."

그들이 지적한 대상은 특히 문공인과 임경청이었다. 이 탄핵상소로 말미암아 인종은 13년 11월에 임경청을 퇴임시켰다. 임경청은 안동부 관내 보주 출신인 임간의 아들로 여겨신나. 그는 부친의 여진정벌 실패를 되갚기 위해 서경세력에 가담했을 터인데 뜻을 이루지 못했다.

개경에 잔존한 서경세력은 임경청의 강제퇴직으로 이미 타격을 입었는데, 인종 14년 2월에 서경성이 함락당하고 서경군의 지휘자들이 죽거나 처벌받자 더욱 타격을 입었다. 언론담당 간관이 수상인 평장사 판이부사 문공인을 탄핵했다.

"문공인은 묘청 등을 천거하고 등용하여 국가를 그르치고 백성에게 해를 끼쳤습니다."

이에 왕이 문공인을 국자감을 총괄하는 판국자감사로 좌천시켰다. 서경세력 후원집단은 좌장인 문공인의 좌천으로 심각한 위기에 빠졌다.

인종은 14년(1136) 3월에 좌승선 이지저 등을 서경에 파견해 출정군 장수들을 격려했다. 중군의 김부식에게 의복, 안장, 황금혁대, 황금 술그릇, 은 약상자를, 김정순에게 황금혁대를 하사했다. 4군의 병마사, 병마부사, 병마판관 이하에게도 선물을 하사했다. 서경 내외에서 늙고 병들고 약하고 어려서 살기 어려운 자에게 쌀을 지급해 구휼했고, 또한 서경 내외의 사원, 사당, 무덤 중에서 파손된 것을 수리하도록 했다.

그리고 왕은 이지저를 통해 김부식에게 다음과 같은 칙서를 내렸다.

역적 조광이 보잘 것 없는 더러운 놈인데 험한 육지와 강물에 의지해 죽임을 피해온 지 오래였도다. 장졸이 싸우고자 하는 마음을 타서 전력을 기울여 죽여 씨를 말릴 수 있음을 알았지만 서도(서경)는 시조(태조 왕건)가 창업을 일으킨 곳에 인연하고, 또한 그곳 사람들이 많고 모두 나의 백성이라 차마 모두를 도륙할 수 없었다. 때문에 칙령을 내려 위로하기를 두, 세 번이나 하면서 마음을 바꾸어 귀순하여 조정이 긍휼히 여기는 혜택을 따르기를 바랐다. 이는 그대가 모두 아는 바이라. 악의 우두머리 묘청 등이 죽임을 당한 후에 조정이 절령(자비령)에서 실책하자 적의 사정이 일변하니, 평정하는 공로를 하루 이틀에 기약할 수 없을 듯했다. 그대가 문무의 재주를 가지고 장수와 재상의 임무를 총괄하였는데 너그러워 병사들의 마음을 얻고 신중한 기지는 절묘하여 적을 제어하는 계책을 이미 마음에 정해두고 있었다. 처음에는 성채를 축조하여 병졸을 휴식시키고 나중에는 토산을 일으켜 적의 성채를 압박하였다. 마침내 역적의 무리로 하여금 관군의 진격을 바라만 보고도 스스로 무너져 속수무책에 빠져 나와 항복하도록 했다. 창한 자루도 부러지지 않은 채 서경성 전부를 손바닥 뒤집듯이 함락하여 때를 넘기지 않고 결판 지어 만대의 위대한 업적을 거두었도다. 경이 만전을 기하는 책략이 아니었다면 그러한 성공에 이를 수 없었도다.

인종은 묘청을 악의 우두머리라고, 조광을 더러운 놈이라고 비난하며 김부식이 그들을 제압하고 서경성을 손바닥 뒤집듯이 함락시켰다고 치켜세웠다. 토산을 만들어 공격하는 계책은 윤언이가 제안한 것인데 김부식이 그 공로를 차지했다. 서경에서 개경의 왕으로부터 그러한 치하 칙서를 받은 김부식은 충성을 바쳐 난을 평정해 국가를 바로잡은 공신이라는 의미를 지닌 '수충정난정국공신輸忠定難靖國功臣'에 책봉되었고, 문하시중 판상서이부사 감수국사 겸 태자태보에 임명되었다.

문하시중은 재상 중의 으뜸인 수상이었고, 판상서이부사(판이부사)는 행정부인 상서성에서 문반의 인사권을 지닌 이부의 제1장관이었고, 감수국사는 실록 등의 역사를 편찬하는 총책임자였고, 태자태보는 태자의 사부였다. 문공인은 문하시중이 없는 상태에서 고위재상인 평장사로서 판이부사를 겸해 수상의 역할을 했었다. 반면 그를 몰아내 대신한 김부식은 재상의 으뜸인 문하시중으로서 수상이 되어 국정을 총괄하면서 인사권을 장악했을 뿐만 아니라 역사편찬을 주도하고 태자에게 영향력을 행사할 수 있게 되었다.

4월에 서경에서 문하시중 김부식이 개경으로 개선했다. 왕은 태조와 선왕들의 영정을 모신 경령전을 알현해 서경 평정을 고한 다음 김부식에게 대저택 한 채를 하사했다. 바야흐로 김부식의 시대가 열리고 있었다.

관료들이 서경의 위상 조정에 대한 토론을 벌였다. 서경이 근본의 땅이고 태조가 설치했으므로 이전의 제도를 유지해야 한다는 입장, 서경이 반역의 땅이므로 이전의 제도를 일체 혁파하고 동경의 제도처럼 해야 한다는 입장으로 갈렸다. 고심하던 인종은 중앙정부를 대신하는 유수관은 그대로 유지하고, 서경 자치정부인 서경관은 중앙에서 파견되어 서경을 감시하는 감군(감군사)과 분사어사대만 남기고 모두 혁파했다. 또한 서경의 경기 4도를 나누어 6현을 설치해 서경의 지배력을 약화시켰다. 서경관은 이후 복구되지만 축소 통합되고 품계가 하락하고 군사분야가 약화되고 서경인이 배제되는 경향이 나타나 예전의 위용을 찾지 못한다. 서경세력은 몰락했고 서경은 위상이 하락한 반면 개경 중앙정부의 힘은 상승했다.

왕안석인가, 사마광인가

서경성을 함락한 최고의 공로는 김부식에게 돌아갔다. 윤언이는 혁혁한 공로를 세웠건만 상을 받기는커녕 오히려 화를 입었다. 김부식은 개경에 개선한 다음달인 5월에 중군병마사의 이름으로 상소를 올려 추밀원부사 한유충과 보문각직학사 윤언이를 탄핵했다. 한유충은 국가의 안위를 돌아보지 않고 개경군의 움직임을 방해했고, 윤언이는 정지상과 깊이 서로 맺어진 사이여서 용서할 수 없다는 것이었다. 이에 왕은 한유충을 충주목사로 좌천시켰고, 윤언이를 양주(양산) 방어사로 좌천시켰다.

서경세력의 몰락과 개경세력의 승리는 구법에 의한 보수화 지향을 강화하고 신법에 의한 위대한 국가건설 지향을 약화시켰다. 인종이 16년(1138) 2월에 칙령을 내려, 제왕의 덕은 겸손을 우선으로 해야 하는데 지금 신하들이 임금의 존칭을 아름답게 호칭함이 지나쳐 이치에 맞지 않는다고 지적했다. 그래서 지금부터 상소문과 공공문서에서 임금을 '신성제왕神聖帝王'이라 칭하지 말라고 했다. 고려 신하들이 자신의 임금을 '신성제왕'이라 존칭해오다가 그렇게 하지 못하게 된 것인데, 보수적인 김부식 세력이 집권한 때문이었다.

인종 16년 5월에 궁궐의 전각과 궁문의 호칭이 변경되었는데 왕이 친히 그 편액을 썼다. 이자겸·척준경의 정변 때 불탔던 송악 대궐이 이 무렵에 대략 완공된 것이었다. 제1정전인 회경전은 선경전으로, 제2정전인 건덕전은 대관전으로, 편전 중광전은 강안전으로, 편전 선정전은 훈인전(선인전)으로, 제1 정전 앞의 정문인 신봉루는 의봉루로 개칭되었다. 송악산 기슭의 황성대궐은 옛 위용을 되찾았건만 고려의 위상과 기상은 서경세력의 몰락으로 위축되었다.

인종이 17년 3월 무렵에 김부식을 불러 술자리를 마련하고 사마광의 유표遺表 및 훈검문訓儉文을 강독하도록 했다. 이를 들은 왕은 오랫동안 탄식하고 찬미하면서 말했다.

"사마광의 충성과 의리가 이와 같은데 당시 사람들이 그를 간당姦黨이라 한 것은 무엇 때문이오?"

김부식이 대답했다.

"왕안석과 사이가 좋지 않았을 뿐이지 사실은 죄가 없었습니다."

왕이 말했다.

"송의 멸망은 이로 말미암았음이 분명하오."

김부식은 송의 구법당인 사마광을 좋아하고 신법당인 왕안석을 싫어했던 것이니, 왕안석과 그 신법을 좋아해 그것을 모델로 개혁을 추진했던 윤관 · 윤언이 · 정지상 등과 다른 점이었다. 고려 중기의 사회변화에 대해, 김부식과 그 세력은 옛 제도를 고수함으로써 대처하려 한 반면, 윤관 · 윤언이 · 묘청 · 정지상 · 백수한 등은 옛 제도를 신법으로 바꾸어 대처하려 했던 것이다.

윤언이의 분노

인종은 김부식 세력의 힘이 너무 커져 왕권이 부담이 되자 그들을 견제하기 위해 측근세력의 복원에 힘썼고, 서경세력을 후원했다가 실각한 인물들을 등용하였다. 17년(1139) 무렵에 한유충을 개경으로 불러올려 상서직을 주었고, 16년과 18년에 단계적으로 윤언이를 복권시켰다. 윤언이는 양주 방어사에서 임시직을 거쳐 정규직 광주廣州 목사로 발령나자, 19년 무렵에 왕에게 감사하는 표문을 올리면서 자신을 해명하는 상소를 올렸다.

"지방으로 축출당한 지 6년이라, 이미 만 번 죽는 것을 감수하려 했는데 하루아침에 은혜를 입으니 다시 살아난 듯한 형세입니다. 하늘을 우러러 할 말을 잊고 저 자신을 쓰다듬으며 눈물을 흘립니다. 생각하건대 임금이 신하를 부릴 때에는 충성을 바치기를 바라고, 신하가 임금을 모실 때에는 신임을 받기를 기대합니다. 하지만 반드시 그러하지는 못해 간혹 서로 어그러집니다."

윤언이는 6년 동안의 지방 좌천의 회한과 구원의 기쁨을 이렇게 언급하면서 해명 상소를 시작하였다. 그는 자신의 자질이 어리석고 성품이 편벽하고 굳세며 지혜와 계책이 자신의 앞가림을 하는 데에도 부족하니, 학술이 어찌 국가를 빛나게 할 수 있겠습니까 하며 겸양했다. 소년 시절에 요행히 예종으로부터 과거급제를 하사받았다고 회고했다. 그리고 인종과의 만남과 자신이 탄핵받은 내용을 언급했다.

폐하에 인연하여 요직에 발탁되어 때때로 국정에 참여하였고, 빈번히 경연에 들어가 모시었습니다. 때를 만났다고 망령되이 생각하고 지나치게 마음을 기울여 일을 만나면 곧바로 그 맞음과 안맞음을 말해 거침없이 시비를 돌아보지 않았습니다. 이에 선진(선배)이 저를 한심하다고 여기고 후생(후배)이 저를 지목하여, 저의 단점이 되는 것을 키우고 꾸며서 탄핵하는 글을 누차 올려 죽여야 한다고 했습니다. 인자한 임금께서도 관용만 할 수는 없어서 먼 지방으로 저를 내쫓으셨습니다. 저는 폄출되는 날 저녁에 떠날 때까지도 죄를 얻게 된 단초를 알지 못해 극심하게 근심하는 마음만 헛되이 쌓였습니다. 그런데 중군(김부식)이 아뢴 것을 나중에 얻어 보니 다음과 같이 적혀 있었습니다.

"윤언이는 정지상과 결탁하여 사당死黨(죽기로 맹세한 당파)이 되어 크고 작은 일을 사심을 함께 상의했습니다. 임자년(인종 10)에 서경에 행차했을 때 상소하여 '입원칭호立元稱號'를 요청했고, 또한 국학생(국자감생)을 꼬드겨 앞의 일(입원칭호)을 아뢰도록 했습니다. 대개 대금(금국)을 격노시켜 일을 생기게 만들어 틈을 타서 마음대로 붕당 외의 사람들을 처치하여 반역하기를 도모했으니 신하된 사람의 도리가 아닙니다."

윤언이는 인종의 치세를 만나 국정과 경연에 참여하면서 지나치게 소신대로 발언했기 때문에 정적이 많이 생겼음을 밝혔다. 그리고 서경성 함락 이후에 김부식을 포함한 선배와 후배 관료들이 자신을 탄핵해 죽이라고 하자 왕이 자신을 먼 지방으로 쫓아냈다고 회고했다. 이를 통해 김부식과 그 세력이 윤언이를 죽이려고 했음을 알 수 있다.

김부식의 중군이 거기에 몸담았던 윤언이를 탄핵한 죄목은 정지상과 '사당'이 되어 모든 일을 상의한 점, '입원칭호' 즉 칭제건원을 주창하고 국자감 학생을 선동해 그것을 상소하도록 한 점, 그렇게 함으로써 금국을 격노시켜 전쟁 내지 긴장을 유발해 반대세력을 처치하고 반역을 도모하려 했다는 점이었다. 반역죄로 몰아부친 부분은 지나친 것이지만 나머지는 대개 윤언이의 행위와 관련이 있었다.

윤언이는 중군의 탄핵문을 읽기를 두 세 번 넘게 반복한 연후에 마음에 안정을 얻었다면서 해명 내지 변명을 했다.

이 '입원立元'의 요청은 임금을 높이는 정성에 근본한 것이니, 우리 본조(고려)에서 태조, 광종의 고사故事가 있습니다. 옛 서첩을 살펴보면 비록 신라와 발해라 할지라도 그렇게 했습니다. 이런 이유로 대국이 침략한 적도 없으며, 소국(외국 중의 소국)이 감히 그것을 실책이라 논의한 적도 없습니다. 어찌하여 이 성스러운 치세에 오히려 참람한 행위라 일컬을 수 있습니까? 제가 일찍이 그것을 발의했으니 죄라 한다면 그러합니다. 하지만 '결탁하여 사당이 되고 대금을 격노시키려 한다'는 구절은 비록 심대하나 본말이 서로 맞지 않습니다. 왜냐하면 가령 강적이 우리 강역을 침략해 오면 방어하기에도 어려운데 어느 겨를에 틈을 타서 일을 꾸밀 수 있겠습니까? 그 지목한 붕당은 누구입니까? 그 처치하고자 했다는 대상은 어떤 사람입니까? 대중이 화합하지 못하면 싸워서 패배하여 몸을 용납할 곳도 없을 터인데 어찌 마음대로 도모할 수 있겠습니까? 하물며 제가 대화大華의 말에 참여하지 않았고, 정지상과 뜻을 같이할 때도 달리할 때도 있었고, 백수한을 천거함에 참여하지 않은 것은 폐하께서 명철하게 아시는 바입니다.

윤언이는 '입원칭호立元稱號'에서 '입원立元' 즉 독자적인 연호 사용에 대해서 해명하고 그것이 임금을 높이는 것이라 전제하였다. 그리고 고려의 태조와 광종 때는 물론 이전의 신라와 발해 때에도 행한 전례가 있다며 지금같은 태평성대에 그렇게 하지 못할 이유가 어디에 있겠습니까 반문하였다.

윤언이의 고려의 독자적 연호 사용 주창은 김부식의 인식과 대비된다. 옛적에 신라가 독자적인 연호를 사용하다가 백제와 고구려의 파상 공세에 위기를 맞자 당나라에 구원을 요청하기 위해 진덕여왕 때 처음으로 당나라의 연호를 사용했다. 이에 대해 김부식은 『삼국사기』에서, 천자의 나라에 신하가 된 변방소국은 사사로이 연호를 지어서는 안된다고 전제했다. 신라가 중국을 섬기어 조공을 바치면서도 법흥왕 이래 스스로 연호를 칭하여 잘못을 되풀이했고 당 태종의 질책을 듣고서도 오히려 그대로였다고 개탄했다. 진덕여왕 때가 되어서야 당의 연호를 사용했지만 허물을 고친 것이라며 다행스러워했다. 윤언이와 김부식은 같은 유학자이지만 생각은 너무 달랐다.

정적들이 제기한 '칭호稱號(황제를 칭하는 것)'에 대해서는 윤언이가 해명하지 않고 넘어 갔다. 그가 '칭호'를 주장했음을 부정하지 않은 것은 인정한 것이었다. 다만 해명서에서 언급하지 않고 살짝 넘어간 이유는 고려 국왕이 빈번히 황제(천자)로 불리곤 해 와 굳이 해명할 필요성이 부족했기 때문이다. 또한 아직 김부식 세력의 힘이 큰 상태에서 정적들의 파상 공격을 조금이라도 줄이기 위해서였다. 윤언이는 분명 '입원칭호' 즉 '건원칭제(칭제건원)'의 주창자였다. 그는 고려를 천하의 중심으로 보는 화통한 가슴의 소유자였으니 참으로 윤관의 아들다웠다.

금을 자극하고 정적을 숙청하려 한 적이 없다거나, 정지상과 뜻이 같았던 경우도 달랐던 경우도 있었다거나, 묘청의 대화궐 창건과 관료의 백수한 천거에 간여하지 않았다는 주장은 살아남기 위한 변명의 성격이 짙다. 다만, 윤언이는 서경세력이었지만 묘청·백수한·정지상 등의 서경인들과 인식의 차이는 어느 정도 있었다. 서경인들이 당장 금을 정벌하자는 입장인 반면 윤언이는 적절한 시기를 중시했다. 해명서의 뉘앙스에 드러나듯이 정지상과는 뜻이 많이 통했지만 묘청·백수한과는 일정한 거리를 두었다. 윤언이는 칭제건원, 북진정책, 금국정벌에는 서경인들과 뜻을 같이했지만 서경천도에는 그리 적극적이지 않았다.

그렇다고 윤언이의 묘지명에 기재된 것처럼 윤언이가 묘청과 백수한의 머리를 베어 도성문에 걸어 뒷사람을 경계하고자 한 적은 결코 없었다. 윤언이의 아들들이 부친의 묘지명을 작성하면서 이미 역적이 되어버린 묘청과 백수한으로부터 그들과 관련이 깊었던 부친을 떼어놓기 위한 서술에 지나지 않았다. 윤언이 자신도 해명서에서 묘청·백수한과의 관련성을 축소하려 했다. 그래야 살아남아서 정계에 복귀해 장래를 기약할 수 있었다.

후일을 도모하다

윤언이는 해명을 이어갔다.
"한 번 강호에 떨어진 이래 추위와 더위가 이미 여섯 번 바뀌었는데, 녹봉이 오랫동안 없어 의복과 음식을 마련하기 어려웠고, 친구들은 모두 교류를 끊었습니다. 아내와 자식들은 모두 의지할 곳을 잃어 뼈가 앙상한 모습이 마른 가지처럼 초췌했으며, 혼백이 놀라고 당황하여 아득히 술에 취한 듯, 꿈을 꾸는 듯했습니다. 살아서 금일에 이른 것은 임금께서 거듭 염려해주신 덕분입니다."

6년 동안 녹봉도 제대로 받지 못해 가족이 의복과 음식을 마련하느라 애쓰고 친구들이 절교해 낙담했다며 구원해준 임금에게 감사했다. 이어서 자신이 지극히 미약한 자질로 서경을 정벌하는 전쟁에 종사하였는데, 몸을 잊어 국가를 보위함은 의리의 당연함이요, 일을 이룸은 사람들에게서 모두 기인한 것이니, 어찌 수고를 했다고 말할 만 하겠습니까 하며 겸양했다. 그러면서도 지금 언급하려는 것은 감히 공로를 삼으려는 것이 아니라 단지 미약한 성심을 조금 펴서 임금의 마음이 한 번 비춰주기를 바랄 뿐이라며 서경성 전투에서의 자신의 활약을 소개했다.

지난 을묘년(인종 13)에 중군(김부식)이 적(서경군)의 식량이 소진되기를 기다리는 책략을 썼지만 그들이 항복하지 않아 세월이 점차 오래되어 강의 얼음이 다 녹자 계책이 나올 곳이 없었는데, 자신이 3월에 처음으로 거인 距堙 즉 토산을 세우자는 의견을 냈지만 저지당했다고 언급했다. 이어서 서경전투의 전개상황과 자신의 계책 및 공로를 꽤 자세히 술회하였다. 그리고는 자신이 이 때에 국가의 일에 조금은 기여했다고 스스로 여겼건만 그 후에 도리어 홀연히 무고하는 말에 엮여 억울한 지경에 빠졌다면서, 평소의 지나친 행동으로 인해 스스로 초래한 것이라 한탄하였다.

윤언이는 자신이 고립되고 위태롭고 궁박한 처지라 침묵할 수만은 없어 진술하게 되었다고 밝혔다. 또한 비슷한 혐의로 처벌받은 사람들 중에서 김정金精은 심문을 받은지 7개월만에 현달한 관직에 복직되었고, 한유충은 함께 강남(임진강 남쪽)으로 폄출당했지만 3년에 이르러 옛 지위로 돌아갔다면서 형평성을 따졌다. 오직 그 자신만 못나서 세상과 많이 어그러져 심각한 죄목에 걸렸고 사람들이 근거가 부족한 논의를 다투어 전개하여 죄를 논해 풀어주지 않기를 수년동안 하며 지금에 이르니, 감히 몸을 죽임을 아껴 스스로 해명하게 되었다고 밝혔다.

이어서 그는 구원받은 데 대한 감정을 토로했다.

> 진실로 임금을 연모하여 오랫동안 수치를 참고 숨을 죽이며 구원을 기다렸습니다. 생각지 못하게, 자애로운 임금께서 특별히 큰 도량을 발휘해 제가 큰 곤궁에 빠진 상황과 제가 두 마음이 없음을 가련히 여겨 매번 번거롭게 해당관부에 교시하여 저를 먼 유배에서 두 번 일으켰습니다. 우러러 새로운 교화를 입어 점차 평민(죄 없는 사람)에 낄 수 있어서 마침내 더러운 이름을 씻어 다시 후일을 기약하게 되었습니다. 이는 임금의 지극한 인자함이 바깥까지 미치고 후덕함이 황폐를 포용하여 개와 말이라도 보살피려 하시고 비녀와 신발이라도 차마 버리지

않으려 하신 결과입니다. 임금께서 저의 여생을 사람들의 분노가 교차하여 일어나는 사이에서 구하시고 저의 남은 자질을 몇 년 동안의 유배 중에서 건지시어 특별히 진직眞職(정규직)에 임명하여 옛 녹봉을 다 돌려주셨습니다. 저에게 누명을 씌운 올무가 겨우 풀리니, 해가 떠올라 자그마한 집이 밝아지고 마르고 썩은 것이 소생하고 봄이 돌아와 때에 맞춰 비가 내리는 것 같습니다. 하물며 진실로 감정이 없는 나무와 돌에 비유할 바가 아니니, 감히 임금의 건곤(천지) 조화의 은혜를 모르겠습니까? 몸은 이미 쇠하여 이전처럼 회복할 수 없지만 충성의 붉은 마음은 아직 남아 있으니, 맹세컨대 말년의 모든 힘을 쏟아 비록 구렁에 떨어지더라도 감히 결초보은 하기를 잊으리까?

윤언이는 임금의 구원으로 정적이 씌운 올무에서 풀려남을 진정 임금에게 감사드렸다. 그에게 따스한 해가 비추고 봄이 돌아왔다. 임금의 은혜를 갚기를 맹세하면서 후일을 기약했다. 그는 복권되었지만 그에 대한 김부식의 반발이 너무 심해 당분간 은거해 근신해야 했다. 그는 화엄종과 교류한 김부식과 달리 불교에서 참선을 중시하는 선종을 원래 좋아했는데 실각과 은거를 거지면서 너욱 그깃에 침잠했다.

파주 거리
윤언이가 꿈꾸며 거닐던 거리

고향 파평(파주)의 미라산(파평산)에 은거한 윤언이는 『금강경』을 좋아해 거처를 '금강재'라 하고 스님처럼 수련하면서 '금강거사'라 자칭하였다. 때로는 황소를 타고 개경으로 올라가 송악산 기슭 광명사의 관승선사와 선(禪)에 대해 담론하였다. 관승은 이자현과 친밀한 혜소(慧炤) 선사의 제자였다. 동생 윤언민도 서경정벌에 지휘자로 참여했건만 김부식의 견제를 받아 하위직을 전전해야 했다. 그도 『금강경』을 좋아하고 선종에 빠져 스님처럼 살며 푸른 소를 타고 관청 출퇴근을 했는데 여기에는 정치적 좌절이 작용했다. 윤언이와 윤언민은 유학과 불교와 도교가 하나로 체화된 삶을 살았으며, 선종의 부흥에 기여했다. 그렇다고 윤언이가 마음을 비운 것은 아니었으니, 조용히 후일을 기다리고 있었다.

태자 책봉의 갈등

『고려사』 인종세가에는 수창궁에 머물던 인종이 11년(1133) 2월에 인덕궁(연경궁)에 행차해 원자(의종)를 왕태자에 책봉했고, 3월에 인덕궁에 행차해 태자책봉 기념 사면령을 내렸다. 반면 『고려사』 의종 총서에는 의종이 인종 21년(1143)에 태자에 책봉되었다고 기재되어 있다. 이는 단순한 기록의 착오가 아니라 태자책봉을 둘러싼 심각한 갈등의 결과로 보아야 한다.

원래 고려왕조는 태자를 책봉하면 바로 축하연회를 베푸는 것이 관례였다. 그런데 인종의 원자가 태자에 책봉된지 1년 후인 인종 12년 2월에야 축하연회가 열렸다. 국가에 일이 많아 미루어진 것이라 기록되어 있지만, 태자책봉 축하연회보다 중요한 일이 1년 내내 벌어졌다는 것은 어딘가 이상하다. 원자 의종은 일단 태자에 책봉되었지만 워낙 반대의견이 많아 1년 뒤에야 겨우 축하연회가 열릴 수 있었다고 생각된다. 또한 그가 인종 21년에 태자에 책봉되었다는 것은 태자에서 쫓겨났다가 다시 책봉되었음을 시사한다.

이러한 태자 책봉 과정에는 인종과 왕비 임씨(공예태후), 정치세력의 이해 관계가 얽혀 있었다. 인종은 원자가 무거운 책무를 이기지 못할까 염려하고 왕비 임씨도 차자 대녕후를 사랑하여 태자로 세우려 했다고 한다. 또한 의종은 훗날 왕위에 오른 후에도 이전에 태후가 대녕후를 사랑해 태자로 세우고자 한 일을 원망하여 태후와 사이가 좋지 않았다고 한다. 왕비 임씨가 같은 친자식이지만 원자보다 차자를 사랑하고 인종도 애매한 이유를 핑계로 동조한 것이었다.

그렇다고 태자책봉 사건을 인종 부부의 자식편애 문제로만 발생했다고 볼 수 있을까? 여기에는 묘청, 정지상 등의 서경세력과 김부식, 임원애(왕비 임씨의 부친) 등의 개경세력의 갈등이 깔려 있었다. 원자 의종은 인종 부부가 서경에 행차했을 때 태어났다. 이로 인해 서경세력과 원자는 서로간에 호감을 지녀 가까운 사이가 된 반면 개경세력은 이를 탐탁치 않게 바라보았다고 판단된다.

서경세력은 그들의 힘이 왕성하던 시절에 원자의 태자책봉을 밀어붙여 인종 11년에 7세의 원자를 태자에 책봉하는 데 성공했다. 개경세력은 원자가 아직 어리다며 반발했을 터이고, 그러함에도 태자책봉이 거행되자 크게 술렁였을 터였다. 이러한 분위기에서 축하연회가 열리기는 어려웠고 첨예한 갈등이 표면상 어느 정도 완화된 1년 후에야 열리게 되었다고 보여진다.

하지만 인종 13년에 묘청과 조광이 정변을 일으켰다가 14년에 개경세력에 의해 진압당하고 개경세력이 정권을 장악하면서 사정은 달라진다. 김부식, 임원애 등이 태자를 폐위시키도록 정치적인 압력을 가하고, 차자를 사랑한 왕비 임씨가 가세하자 인종도 어쩔 수 없이 원자를 태자에서 폐위시켰다고 파악된다. 인종이 "원자가 무거운 책무를 이기지 못할까" 염려한 실체는 바로 개경세력의 태자 거부였던 것이다.

제11장

부활하는 묘청

김부식의 실각

인종은 서경 봉기가 진압된 후 김부식 세력이 독주하며 왕권을 제약하자 측근세력을 형성하고 잔존 서경세력을 등용하여 견제해 나갔다. 그럴수록 서로 간에 갈등은 심각해져 갔다. 인종 18년(1140) 윤6월에 재상 김부식·임원애·이중·최진이 간관 최재崔梓·정습명 등 5명과 함께 보수적인 개혁안 10조목을 상소하고 3일 동안 합문(편전의 문)에 엎드려 그것의 실행을 요구했다. 수용되지 않자 간관들이 사표를 제출하고 출근하지 않았다. 그러자 그들의 요구를 대폭 수용하여 집주관을 혁파하고, 여러 곳의 내시별감과 내시원 창고를 줄이는 선에서 타협하였다.

집주관은 내시로서 왕의 비서업무를 수행하던 관리들이었고, 내시별감은 내시로서 왕명을 받들어 온갖 일을 처리하던 관리들이었다. 김부식 세력의 요구는 내시의 권한과 자금을 줄이는 등 국왕의 측근세력을 와해시키려는 내용이었다.

하지만 인종은 굴복하지 않고 측근세력을 키워 갔으며 복권된 한유충과 윤언이 등이 왕을 적극 도왔다. 언론을 담당하는 간관에도 왕을 지지하는 자들이 심어졌다. 20년 정월에 간관이 비서소감 보문각대제 김정과 국자사업 기거주 정습명을 탄핵했다. 김정은 추밀재상 김정순의 집에 가서 술주정하며 욕을 했다는 죄목이었고, 정습명은 김부식의 별장에 거처하기를 요청해 간관의 체통을 잃었다는 죄목이었다.

이에 김정은 보문각대제(보문각의 직책)에서 해임되었다가 비서소감(비서성의 직책)까지 잃었으며, 정습명은 기거주(간관의 직책)를 상실하고 국자사업

(국자감의 직책)은 유지했다. 김정은 원래는 서경세력에 속했지만 김부식세력으로 전향한 인물로 보이는데 서경토벌의 주역인 김정순(윤언이의 형 윤언순의 사위)을 욕보인 것이었다.

결국 왕과 그 지지세력의 압력에 문하시중 판이부사 김부식은 굴복해 20년(1142) 3월에 표문을 세 번 올려 은퇴를 요청했다. 고려의 관료는 70세를 맞이하면서 정년퇴임하는 것이 관례였고, 왕의 총애를 받거나 권력자인 경우 70세를 넘겨도 지팡이를 하사받아 재직하는 경우가 있었다. 반면 이 때 김부식의 나이는 68세였다. 왕은 형식상 반려하는 절차를 밟다가 받아들이는 방식으로 김부식을 은퇴시켰다. 그리고 4월에 평장사 임원애를 판이부사에 임명해 김부식을 대신하여 수상의 역할을 하도록 하였다. 임원애(임원후)는 개경세력 내지 김부식세력에 속했지만 여러 왕자들의 외조부였기 때문에 왕위 후계자가 누가 되든 그의 도움이 필요했다.

이처럼 김부식 세력이 어느 정도 퇴조했기 때문에 원자 의종이 21년 (1143)에 태자에 다시 책봉될 수 있었다. 여기에는 내시, 환관을 중심으로 한 왕의 측근세력과 한유충과 윤언이 등의 잔존 서경세력의 적극적인 원자 후원이 작용했다. 원자의 공부를 돕는 시독侍讀 정습명이 마음을 다해 중재하고 보호했기 때문에 원자가 태자에서 폐위되지 않았다고 한다. 정습명은 김부식 세력이면서도 태자교체 문제에 있어서는 직책상 의리를 지켜 원자를 도왔던 것이다.

임원애는 원래 원자를 지지하지 않았지만 더 이상 반대를 고집할 수만은 없었다. 원자 의종은 김부식과 임원애를 미워해 왕위에 오른 후 임원애 집안의 인물들을 멀리했다. 김부식은 문신의 대부로 워낙 명망이 있었고 김부식 세력은 문신의 주류를 형성하고 있었기 때문에 그들을 누르기에는 벅찼다. 김부식은 인종말에 실각했지만 그의 영향력은 곳곳에 살아 있었다.

삼국사기가 저술되다

김부식은 정계에서 은퇴했지만 몇몇 문사들을 지휘해 거대한 작업을 진행하고 있었다. 그가 인종 23년(1145) 12월에 완성한 『삼국사기』가 바로 그것이다. 그는 이 역사책을 왕에게 헌정하면서 표문을 올렸다.

이 해동 삼국은 역사가 아주 오래되어 마땅히 그 사실을 서책에 기록해야 한다며 늙은 신하인 저에게 편집하도록 명령하셨습니다. 저는 스스로 돌아보건대 부족한 점이 많아 어찌할 바를 몰랐습니다. 엎드려 생각하건대, 성상 폐하께서는 요 임금의 경륜과 도덕을 지니시고 우 임금의 근검을 본받으셔서 밤낮으로 정사에 힘써 왔습니다. 그러한 여가에 이전의 옛 일들을 널리 열람하시고는 말씀하셨습니다.

"지금 배우는 사대부들은 오경과 제자백가의 책과 진·한 역대의 역사에는 혹 정통하여 상세히 해설하는 자가 있으나 우리나라의 일에 이르러서는 도리어 망연히 그 시말을 알지 못하니 심히 한심하도다. 하물며 신라, 고구려, 백제가 창업하여 세 솥발처럼 대치하며 예의로써 중국과 통교하였기 때문에, 범엽의 『한서』와 송기의 『당서』에 모두 열전으로 실려 있지만 거기에는 중국에 대해서 상세히 다룬 반면 외국에 대해서 제대로 싣지 않아 소략하다. 또한 삼국의 고기古記(옛 기록)는 문자기 거칠고 졸렬하며 사적이 누락되어 있기 때문에 군왕의 선과

악, 신하의 충성과 사악, 나라의 안정과 위태, 인민의 다스려짐과 혼란함을 모두 드러내어 후세에 권장하고 경계함을 드리울 수 없다. 마땅히 '삼장三長의 인재'를 얻어 일가의 역사를 완성하여 만대에 해와 별처럼 밝게 빛나도록 해야 하리라."

김부식은, 해동 삼국이 역사가 아주 오래되어 그 사실을 서책에 기록해야 한다며 인종이 자신에게 그것을 편찬하도록 명령함으로써 『삼국사기』가 이루어졌음을 밝혔다. 또한 편찬의 배경으로 당시 사대부들이 중국의 고전은 자세히 아나 우리나라의 일은 도리어 시말을 알지 못해 후세에 교훈을 남길 수 없는 현실을 안타까워해서 이루어졌음을 밝혔다. 『삼국사기』 편찬의 그러한 배경은 인종의 인식이기도 하지만 김부식의 인식이기도 했다. 인종은 김부식을 '삼장三長의 인재' 즉 재주와 학문과 식견을 겸비한 인재로 여겨 편찬을 맡겼는데, 김부식이 먼저 편찬을 제안하고 왕이 윤허했을 가능성이 크다. 김부식의 헌정문은 이어진다.

저와 같은 자는 본래 삼장의 인재가 못되고 깊은 학식도 없으며 노년에 이르러 나날이 더욱더 혼몽하니, 책을 열심히 읽으나 덮으면 곧 잊어먹으며 붓을 잡아도 힘이 없어 종이를 대하면 써내려가기 어렵습니다. 신臣의 학술은 이처럼 부족하고 얕은 반면 이전의 말과 일은 저彼처럼 아득하기 때문에, 정력을 다하여 겨우 완성을 했지만 볼 만한 것이 없어 스스로 부끄러울 따름입니다. 엎드려 바라옵건대 성상 폐하께서 어긋나고 소략한 편집을 양해하여 망령되이 편찬한 저의 죄를 용서하셔서, 비록 명산에 간직하기에는 모자라더라도 간장 단지에 바르듯이 사용하지 않기를 바라옵니다. 구구히 망령된 저의 뜻을 하늘의 해가 비추며 내려다 볼 것입니다.

김부식은 자신이 '삼장의 인재'가 되지 못하고 게다가 늙어 제대로 편집하지 못했다며 양해를 구했다. 그러면서도 자신의 역사책이 버려지는 것을 결코 바라지 않았으니 그 이면에는 편찬을 잘 했다는 높은 자부심이 자리하고 있었다.

이렇게 완성된 『삼국사기』는 김부식 혼자의 작품이 아니었다. 그와 친밀한 우승선(정무비서) 공부시랑 한림시강학사 지제고(문필비서) 정습명, 내시 보문각교감 김충효·최산보, 보문각수교 김영온, 사관인 직사관直史館 허홍재, 서재장西材場 판관 최우보, 분사 사재시의 주부 이온문 등이 실무진으로 참여했다. 사실 이들이 대부분의 내용을 썼다. 하지만 김부식이 총책임자로서 편제를 짜고 감수를 했으며 편찬자의 비평인 「사론史論」도 그가 직접 썼다. 또한 그의 사고방식은 그가 선발한 실무진에게 일정한 영향을 미쳤다. 『삼국사기』가 관찬과 사찬의 이중적인 성격을 지닌 점도 이 책에 김부식의 시각이 많이 투영되도록 만들었다.

『삼국사기』는 신채호 등 후대의 많은 사람들로부터 사대주의 시각에서 쓰여진 작품이라는 비판을 받아 왔다. 분명 김부식은 고려가 중국이나 북방 강대국을 사대한 것을 옹호하고, 『삼국사기』에서 삼국이 중국을 사대한 것을 찬양했다. 그렇다고 김부식을 사대주의자라고, 삼국사기를 사대주의 작품이라고 마냥 몰아부쳐서는 곤란하다. 김부식과 삼국사기에 나타난 사대는 외교 정책, 문화 정책 차원에서 접근해야 한다. 우리나라가 문화 선진국 혹은 군사 강대국을 사대함으로써 선진 문화를 수용하고 평화를 유지하자는 것이었다.

김부식은 근본적으로 유학자이기 때문에 중국 문화를 동경했다. 하지만 오랑캐로 인식된 여진족 금나라에 대한 사대를 수용했으니 현실적이고 실용적인 인식도 지녔다. 그는 유학자로서 유학의 관점에서 역사를 서술한 것이지 사실을 그리 많이 왜곡하지는 않았다. 황제의 일대기를 '본기'라 하고, 제후의 일대기를 '세가'라 하는데, 『삼국사기』는 삼국 왕들의 일대기를 「신라본기」, 「고구려본기」, 「백제본기」에 담았다. 또한 『삼국사기』는 우리 고유의 임금 칭호인 '거서간', '차차웅', '이사금', '마립간'을 그대로 기재하는 등 고유의 명칭과 풍습을 인정하였다.

반면 조선시대 유학자들은 우리 고유의 칭호와 풍습을 비루하다며 말살하려 했고, 고려가 황제국 체제를 유지한 사실을 비난하고는 『고려사』를 편찬하면서 고려왕들을 '본기'가 아니라 '세가'에 담았고 황제와 관련된 용어들을 눈을 비비며 찾아내 삭제하려 했다. 이는 기본적으로 고려가 황제국 체제를 유지해 김부식같은 보수적 유학자조차도 그 영향을 받은 반면 조선이 제후국 체제를 유지해 유학자들이 그 영향을 받은 결과였다.

『삼국사기』는 고조선, 삼한 등 상고시대를 독립적으로 다루지 않았다는 비판을 받기도 하지만 이것의 성격이 삼국과 그 연장선의 통일신라 및 후삼국을 다룬 역사책임을 고려해야 한다. 이것 이전의 역사책들이 고려 초에 편찬된 『삼국사(구삼국사)』를 포함해 모두 사라져 버렸기 때문에(단, 필사본 『화랑세기』라는 책이 나타나 진위논쟁이 전개되고 있음), 너무나 아쉬워서 그러한 비판을 하는 측면도 있다.

삼국 계승과 신라 정통론

『삼국사기』는 신라, 고구려, 백제의 삼국을 다루고 있지만 분량, 내용, 체제에서 신라 중심인 것은 분명하다. 가장 후진국이었던 신라를 가장 선진국이었던 고구려보다도 중시하여 맨 앞에 실었다. 백제와 고구려 멸망의 불가피성과 신라 통일의 정당성을 제시하여 신라의 삼국통일에 정통성을 부여하였다. 신라 중심인 것은 김부식이 경주 출신인 데에서 기인한 측면도 있지만 신라가 삼국을 통일한 데에서 기인한 측면도 있다. 고려초 광종 무렵에 찬술된 『삼국사(구삼국사)』는 훗날 이규보가 이를 보고 쓴 『동명왕편』에 드러나듯이 고구려 중심의 역사인식을 담고 있었다. 김부식은 이에 대한 불만으로 신라 중심의 『삼국사기』를 썼다고 볼 수 있다.

김부식은 백제의 멸망에 대하여 사론에서 다음과 같이 언급했다.

신라 고사古事에, "하늘이 금궤를 내려보냈기 때문에 성을 김씨라 했다."고 했다. 그 말이 괴이해 믿을 수가 없지만 신臣이 역사를 편수하면서 그처럼 전해오는 것이 오래되었으므로 그러한 말을 삭제할 수가 없었다. 그런데 또 듣기를, 신라인이 스스로 소호小昊 금천씨金天氏의 후예라고 여겨 성을 김씨라 했다고 하며, 고구려 또한 고신씨高辛氏의 후예여서 성을 고씨라 했다고 한다. 옛 역사책에 이르기를, 백제와 고구려는 부여에서 함께 나왔다고 하며, 또한 진이 망하고 한이 일어나는 시절에 중국인이 해동에 많이 도망해 들어왔다고 한다. 그러하다면 삼국의 조상이 어찌 옛 성인의 후예가 아니겠는가. 어찌하여 삼국이 국가를 향유함이 그처럼 장구하다는 말인가. 백제는 말기에 이르러 행하는 바가 많이 도리에 어긋나고 또한 대대로 신라를 원수로 여겨 고구려와 연맹하여 신라를 침략하더니 이익에 편승하여 신라의 중요한 성곽과 요새를 분할해 차지하기를 그치지 않았다. 이른바 어진 자와 친히 지내고 이웃나라와 잘 지냄이 국가의 보배라는 것과 어긋난다. 이에 당의 천자가 두 번이나 명령을 내려 그 원한을 화평하게 하도록 했지만 겉으로는 따르면서 속으로는 어기다가 이로 인해 대국에 죄를 얻었다. 그 멸망함이 또한 마땅하도다.

신라 왕실의 성의 하나인 김씨가 하늘에서 내려온 금궤에서 유래하였다는 기록에 대해서는 괴이해 믿을 수 없다고 하면서도 삼국 사람들이 중국에서 유래하였을 지도 모른다는 황당한 추정을 했다. 또한 백제가 당의 경고에도 불구하고 신라를 괴롭히다가 당에게 죄를 지었으니 마땅하다며 신라 중심의 사고를 드러냈다. 그러면 신라 진흥왕이 나제동맹을 배신해 한강유역을 독차지하고 이를 정벌하는 백제 성왕을 죽인 사실은 어떻게 설명할 것인가.

삼국사기 열전에서 삼국통일의 주역인 김유신의 전기를 맨 앞에 배치하고, 내용도 상·중·하로 방대하게 구성한 데에서 삼국통일의 정당성을 주장하는 신라중심 역사관이 극명하게 드러난다. 그러면서도 수나라의 대군을 물리친 주역인 고구려 을지문덕의 전기를 김유신전 다음에 배치하고, 수 양제의 100만 대군 중에서 압록강을 건넌 30만여 명을 살수(청천강)로 유인해 2천여 명만 남기고 전멸시킨 을지문덕의 공로를 높이 평가하여 어느 정도 균형을 맞추었다. 김부식은 삼국사기에 쓴 그의 사론에서 다음과 같이 언급하였다.

"양제의 요동 출병은 군대의 왕성함에 있어서 이전에 있지 않았던 대규모였다. 고구려는 한 구석의 소국이었지만 물리칠 수 있었다. 스스로를 지켰을 뿐만 아니라 그 군대를 전멸시킨 것은 을지문덕 한 사람의 힘이었다. 『춘추좌전』에 말하기를, '군자가 있지 않으면 국가일 수 있으리오.' 라고 했는데 신빙이 가는 말이로다."

고구려가 수나라 양제의 대군을 거의 전멸시켜 몰아낸 것은 을지문덕 혼자의 힘이 아니라 고구려인들의 힘이었다. 고구려가 중국에 비해서는 작지만 소국은 아니었다. 어쨌거나 김부식은 중국 수나라의 군대를 거의 전멸시켜 몰아낸 것을 군자 을지문덕의 공로라며 최고의 찬사를 아끼지 않았다.

반면 김부식은 연개소문에 대해서는 비판적인 시각을 지녔다. 막리지 연개소문은 자신을 죽이려 한 영류왕과 신료들을 살해하고 보장왕을 옹립했으며, 그는 신라가 수나라의 고구려 침략을 틈타 빼앗아간 영토를 되찾기 위해 당 태종의 만류에도 불구하고 신라를 공격했다. 당 태종이 이를 빌미로 삼아 대군을 이끌고 고구려를 침략했지만 안시성에서 패배해 퇴각하였다. 김부식은 사론에서 다음과 같이 말하였다.

"당 태종은 신성하고 영명한 불세출의 군주로 난을 제거함이 은나라의 탕왕과 주나라의 무왕에, 다스림은 주나라의 성왕과 강왕에 비견된다. 군대를 씀에 있어서는 기이한 계책을 무궁하게 내니 향하는 곳마다 적수가 없었다. 그런데 동쪽 정벌에서는 안시성에서 패하였으니, 그 성주는 비상한 호걸이라 할만한데 역사에서 그 성명을 잃었다."

김부식은 당 태종의 성품과 능력을 찬양하면서도 안시성 전투의 모습을 상세히 묘사하고 고구려의 승리를 높이 평가하였다. 또한 안시성 전투를 승리로 이끈 성주를 호걸이라 찬양하면서 성명이 전해지지 않음을 아쉬워했는데 양만춘이라 알려진 인물이 바로 그이다.

당 태종이 세상을 뜨자 김부식은 사론에서 다음과 같이 언급하였다.

"유공권의 글에, 주필산 전투에서 고구려와 말갈의 연합군이 사방 40리에서 당나라 군대를 포위하자 당 태종이 바라보고는 두려워하는 빛이 있었다고 했다. 또한 당의 6군은 고구려의 공격을 받아 거의 떨치지 못했으며, 영공(이세적)의 흑기군이 고구려군에게 포위당했다고 척후병이 보고하니 당 태종이 크게 두려워했다고 했다. 당 태종이 비록 마침내 스스로 벗어났지만 저와 같이 위태롭고 두려웠음에도 불구하고 『신당서』, 『구당서』, 사마공(사마광)의 『자치통감』에는 이를 언급하지 않았으니 어찌 국가(중국)를 위해 숨긴 것이 아니리오."

이처럼 김부식은 고구려의 당 태종 격파를 찬양하고 당나라가 패배를 숨긴 사실을 객관적으로 밝혀내었다. 그러면서도 고구려군을 총지휘해 승리로 이끈 주역 연개소문에 대한 평가에는 그의 반역 때문에 인색하여 삼국사기 열전에서 반역자로 분류하여 서술했다. 고구려는 연개소문이 죽고 나서 아들들이 권력을 둘러싸고 분열하여 장남 연남생이 휘하 군대를 거느리고 당나라에 투항하였다. 이 틈을 타서 당 고종이 군대를 파견해 고구려를 공격함으로써 고구려는 멸망에 이르게 된다. 김부식은 사론에서 다음과 같이 말하였다.

"송의 신종이 왕개보(왕안석)와 함께 일을 논하다가 말했다. '당 태종이 고구려를 정벌했는데 어찌하여 이기지 못하였소?' 왕개보가 대답했다. '연개소문은 비상한 인물이었습니다.' 그러하니 연개소문은 또한 재주가 있는 사람인데 곧은 도를 가지고 나라를 받들지 못하고 잔인과 포악을 마음대로 하여 대역을 범함에 이르렀다. 『춘추』에 이르기를, '임금이 시해당했음에도 적을 토벌하지 않으면 나라에 사람이 없다'고 했다. 연개소문이 몸을 보호하여 집에서 죽은 것은 요행으로 면했다고 할 수 있다. 연남생과 연헌성 부자는 당나라 황실에 명성이 있었지만 본국의 입장에서 말하면 반역인이 됨을 벗어날 수 없다."

또한 김부식은 고구려의 멸망에 대하여 사론에서 다음과 같이 말하였다.

"고구려가 진·한 이래 중국의 동북 모퉁이에 끼어 존재했다. 그 북쪽 이웃은 모두 중국 천자의 관할이었지만 난세면 영웅이 특별히 일어나 이름과 지위를 함부로 칭하는 곳이어서 다분히 두려운 땅에 거처한다고 말할 수 있었다. 그런데도 고구려는 겸손의 뜻을 지니지 않아 중국의 영역을 침략하여 원수가 되기를 무릅쓰고 그 군현에 들어가 살았다. 이로 인해 전쟁이 잇달아 화를 맺어 편안한 해가 거의 없었다. 고구려가 동쪽 평양으로 천도함에 이르러 수와 당이 이어서 중국을 통일한 시절을 만났지만 오히려 그 명령을 거부하고 순종하지 않아 그 사신을 흙방에 가두었다. 그 완고하게 중국을 두려워하지 않음이 이와 같았기 때문에 누차 죄를 묻는 중국 군대의 공격을 초래했다. 비록 때때로 기이한 계책을 내어 중국의 대군을 함몰시키기도 했지만 끝내 왕이 항복하고 국가가 멸망한 후에야 그쳤다. 시말을 살펴보건대, 고구려에서 상하와 대중이 화목할 때에는 비록 대국이라도 고구려를 취할 수가 없었던 반면, 국가에 의롭지 않고 백성에게 어질지 못하여 대중의 원망을 일으키면 붕괴하여 스스로 떨치지 못하였다. 이러한 때문에 맹자가 이르기를, '하늘의 때와 땅의 이로움이 사람의 화목함만 같지 못하다.' 고 했다."

김부식은 연개소문의 재주는 인정했지만 왕을 시해한 자였기에 용납하기 어려웠다. 그는 중국 문화를 존중했지만, 당의 앞잡이가 되어 고구려를 멸망에 이르게 한 연남생과 연헌성 부자를 고구려의 반역자라고 비판하였다. 김부식은 신라, 고구려, 백제가 중국 등의 외국 군대와 싸울 때는 모두 '아군(우리 군대)'이라 표현했다. 그는 삼국을 모두 우리나라로 인식했고 이것이 통일신라를 거쳐 고려로 이어진다고 인식했던 것이며 그래서 책 제목을 『삼국사기』라 했다. 중국이 '동북공정'이라는 이름 하에 고구려를 중국의 역사로 편입시키려 하고 있으니, 삼국사기의 이러한 인식은 현재의 우리에게 대단히 많은 도움을 준다.

삼국사기는 서경성을 함락한 주역 김부식의 주도 하에 편찬되었다. 김부식 등 개경세력이 묘청 등 서경세력을 무력으로 제압한 것을 합리화하기 위해 쓰여진 정치적인 측면이 분명 있었다. 김부식은 삼국사기에서 충성의 신하와 반역의 신하를 강조하여 드러냄으로써 자연스럽게 묘청 등 서경세력을 제거해야 마땅한 반역집단으로 몰아가 자신의 서경진압에 정당성을 부여할 수 있었다. 또한 묘청·정지상 등의 서경과 고구려 중심의 이론에 대항해 신라 중심의 이론을 제시한 것이었다.

불타는 정중부의 수염

김부식이 정계에서 은퇴한 이후 수상인 평장사 판이부사 임원애와 재상 이지저·김정순·한유충 등이 정계를 이끌었다. 김부식은 은퇴했지만 그의 영향력은 왕조차 무시하기 어려웠다. 인종 22년(1144)에 과거 시험이 치러졌는데 김부식의 아들 김돈중이 응시했다. 이 과거를 관장한 인물은 김부식의 정적 한유충이었다. 김돈중이 원래 어느 정도의 성적이었는지는 확인하기 어렵다. 한유충이 김돈중을 불합격시키거나 낮은 등급을 부여했다면 정치적 보복이라는 비난을 받을 수 있었다. 그는 김돈중에게 2등인 아원을 주었으니 고심 끝에 둔 묘수로 보인다. 하지만 인종은 김부식을 위로하기 위해 김돈중을 수석인 장원으로 순위를 바꾸고 내시에 임명하였다. 왕은 김부식을 자극하지 않기 위해 최대한 예우했던 것이다.

한 해를 마감하는 섣달 그믐날에 역귀를 쫓는 행사가 인종이 참석한 가운데 궁정에서 열렸다. 광대들이 공연을 하자 내시, 다방(차 담당), 견룡(왕실 경호원)이 날뛰며 즐겼다. 갑자기 내시 김돈중이 촛불로 견룡 정중부의 수염을 태웠다. 화가 난 정중부가 김돈중을 때리며 욕했다. 김부식이 분노하여 왕에게 아뢰어 정중부를 체포해 고문하려 했다. 왕은 어쩔 수 없이 허락했지만 정중부의 사람됨을 기이하게 여겨 비밀리에 도망하도록 했다. 위기를 모면한 정중부는 김돈중을 미워하게 되었으니, 이는 훗날 무신정변의 한 원인으로 작용한다. 이 사건은 문신과 무신의 갈등이 표면화된 것이지만, 김부식과 인종의 미묘한 갈등을 보여준다. 9성 반환 이후의 지나친 문치주의는 급제출신 유자儒者가 여진정벌과 서경정벌에 공을 세워 상승한 자들을 무시하고 무신을 능멸하는 풍토를 만들었으니 이것이 무신정변의 배경이었다.

한편 척준경은 암타도에서 인종 6년(1128)에 고향인 서해도 곡주(곡산)로 옮겨졌다가 22년(1144)에 사면을 받았지만 얼마없어 종기가 등에 생겨 세상을 뜬다. 불세출의 영웅은 이렇게 쓸쓸하게 생을 마쳤다. 그로 하여금 광활한 만주벌판을 계속 달리도록 했으면 어떻게 되었을까? 그가 처음부터 이자겸 편에 서지 않았으면 어떻게 되었을까? 그의 죽음은 한 시대의 마감을 예고하고 있었다.

윤언이의 마지막 비상

복권되어 은거하던 윤언이는 인종 23년(1145)에 재무부 장관인 호부상서에 임명되었다. 그는 사돈인 한유충과 더불어 잔존 서경세력으로서 왕권을 뒷받침하며 김부식 세력을 견제했다. 인종은 김부식세력에게 탄핵받은 윤언이의 죄명이 인사기록부인 정안에 기재된 것을 애석히 여겨 그것을 삭제하려 했지만 김부식세력의 강력한 반발에 부딪쳐 포기하였다. 김부식과 윤언이는 서로 용납하기 힘든 물과 불의 사이였다.

인종이 24년 2월에 사망하자 의종이 태자로서 왕위에 올랐는데, 이 해 9월에 평장사 한유충이 세상을 떴다. 그의 죽음은 잔존 서경세력에게 큰 타격이었다. 의종은 김부식세력의 반발을 뿌리치고 윤언이의 죄명을 정안에서 삭제했으며, 원년에 그를 선군별감에 임명했다. 선군별감은 병사를 선발하고 그 병사에게 토지를 지급하는 임무를 맡았다. 서경세력과 밀접한 관계를 유지해 왔던 의종은 윤언이를 통해 서경세력의 부활과 부국강병을 꾀하였다.

윤언이는 선군별감으로서 토지와 노비의 소송을 판결하는 한편 군대 20만 명 남짓을 선발해 훈련시켰다. 이는 군사력을 강화해 혹시 모를 금의 침략에 대비하고 금이 약화하는 조짐을 보이면 언제든지 북진하기 위한 것이었다. 의종은 숭무·강병 정책의 일환으로 자주 격구대회를 열고 열병식을 거행하였는데 문신으로부터 격렬한 반발을 받았다.

고려는 금을 사대했기 때문에 고려국왕은 형식적이나마 금으로부터 책봉을 받았다. 의종 2년(1148)에 왕을 책봉하는 금의 사절단이 고려에 왔다. 윤언이는 왕이 그들을 승평문(대궐 궁성의 정문) 밖에 나가 영접하지 않도록 의례를 정하여 고려왕의 체통을 지키도록 했다. 당시 그는 금을 사대하는 현실을 어쩔 수 없이 겉으로 수용했지만 고려의 자존심을 지키려 애썼으며 군사력을 강화해 금을 정벌하여 굴복시킬 때를 기다렸다.

의종은 즉위년(1146) 4월에 임원애를 문하시중 판이부사 정안후에 임명해 예우하는 척하였다. 하지만 그 다음해인 원년 12월에 견주(경기도 양주) 출신의 이인실을 우복야 참지정사 판형부사에 임명하고 판서북면행영병마사를 겸하도록 하여 군권을 장악하도록 함으로써 임원애에게 압력을 가하였다. 그리고 2년 12월 정묘일에 이인실을 임시 판이부사에, 탐라 출신의 고조기를 임시 판병부사에 임명했다. 이는 문하시중 임원애로부터 판이부사를 빼앗아 이인실에게 준 것이었다. 임원애는 더 이상 버틸 수 없었다.

결국 의종은 2년 12월 신사일에 임원애를 정안공에 책봉하면서 은퇴시켰다. 이 때 이인실이 평장사 판이부사에, 고조기가 참지정사 판병부사에, 김영관이 참지정사에, 그리고 윤언이가 정당문학 판형부사에 임명되었다. 이들이 정국을 운영했고, 의종의 왕자시절 측근이었던 내시 김존중 金存中과 환관 정함이 그것을 도우며 왕을 뒷받침했고, 하급 무반 사직재와 정중부가 왕을 밀착 경호하고 왕과 격구하며 신임을 받았다. 이인실은 윤언이와 뜻이 통하는 사이였고, 고조기는 김존중과 밀착되어 있었다.

윤언이는 의종 3년에 자신보다 서열이 앞서는 재상들을 제치고 중군병마판사 겸 동북면행영병마판사에 임명되어 군권을 중군병마판사 겸 서북면행영병마판사 이인실과 함께 장악했다. 군권에서 이인실이 1인자이고 윤언이가 2인자였지만, 군권의 실질적인 총수는 윤언이었다. 윤언이는 중군병마사의 이름으로 5군을 3군으로 개편해 새로 조직하고 사졸을 훈련시켰다. 천자는 6군, 대국은 5군을 거느린다는 옛 제도에 따른다는 명목이었는데, 이는 군사력 증강에 의구심을 느끼는 문신들을 무마하기 위한 조치에 지나지 않았다. 김부식의 개경군이 서경으로 떠날 때 3군이었다가 서경을 포위할 때 5군이 되었듯이 군단 편제는 상황에 따라 바꾸면 되는 것이었다.

윤언이는 절친한 관승선사를 만나기 위해 광명사를 자주 찾았다. 관승선사가 광명사에 자그마한 암자인 포암을 만들고는 먼저 죽는 자가 여기에 앉아 죽기로 윤언이와 약속했다. 하루는 윤언이가 관승과 함께 식사를 하고는 "내가 돌아갈 날이 머지 않아 고별하러 왔네." 하고 떠났다. 관승선사가 사람을 보내 포암까지 전송했다. 윤언이가 웃으며 말했다. "선사가 약속을 져버리지 않았군. 내가 갈 때가 되었도다." 그러고는 포암에 가부좌해 게송을 읊었다.

> 봄이 가고 가을이 오며, 꽃이 피고 업이 떨어지며
> 동쪽으로 해 뜨고 서쪽으로 해 지나니, 진군眞君(신선)을 잘 길러 왔네
> 금일 가면서 돌이켜 이 몸을 보니 만리 긴 허공에 한 조각 구름이 한 가로워라

이렇게 읊으면서 그는 파란만장한 생을 조용히 마감했다. 부국강병 정책의 설계자이자 지휘자인 윤언이가 의종 3년(1149) 9월에 병으로 인해 60세로 사망한 것이었다. 그는 부친 윤관이 두 차례 여진을 정벌했지만 황천(저승)에 한을 남겼다고 한탄했는데, 그 또한 뜻을 이루지 못했다. 그래도 마음을 비워 후인들에게 맡기고 스님처럼 신선처럼 떠났다.

윤언이의 사망으로 의종의 부국강병 정책은 난관에 부닥쳐 얼마 없어

문신들의 압력에 굴복해 문치주의로 전환하고 만다. 그가 생존해 정년퇴임할 때까지 10년 더 부국강병책에 온 힘을 쏟았다면 어떻게 되었을까?

윤언이의 15년 선배인 정적 김부식도 의종 5년(1151)에 77세로 세상을 뜬다. 이규보의 백운소설에는 다음과 같은 설화가 실려 있다.

> 김부식이 어느 절에 갔을 때 측간에 들렀다. 정지상 귀신이 뒤를 따라와 김부식의 음낭陰囊(불알)을 손으로 잡아 조이며 물었다.
> "술을 마시지 않았는데 어찌 얼굴이 붉으시오?"
> 김부식이 천천히 대답했다.
> "저쪽 너머의 단풍이 얼굴에 비쳐서 붉다네."
> 정지상 귀신이 음낭을 더욱 조이며 물었다.
> "이 가죽 주머니(음낭)는 무슨 물건입니까?"
> 김부식이 대답했다.
> "자네 아버지의 주머니(음낭)는 철(쇠)로 만들어졌는가."
> 김부식의 안색은 변하지 않았다. 정지상 귀신이 김부식의 음낭을 더욱 세게 조이니 김부식이 마침내 그 측간에서 사망했다.

김부식이 어느 절의 측간에서 용변을 보다가 정지상 귀신이 나타나 김부식의 불알을 손으로 꽉 쥐어 조이는 바람에 김부식이 측간에서 죽었다는 해괴한 이야기이다. 천재시인 정지상이 젊은 나이에 김부식에게 억울하게 살해당한 것을 아쉬워하는 당시의 사회 분위기에 편승해 이러한 설화가 만들어져 널리 유포된 것이었다.

윤언이와 김부식의 연이은 죽음은 급진개혁과 온건보수가 대립하고, 북진과 북진반대가 대립했던 격동의 한 시대를 일단 마감하는 의미를 지넜다. 서경세력이 복원되지 못한 채 최후의 지지자가 사라졌다. 그렇다고 서경에서 정치운동이 더 이상 일어나지 않는 것은 아니지만 생존권을 쟁취하려는 모습을 띠면서 성격이 많이 달라진다.

묘청은 실패했는가

묘청은 고려가 서경으로 천도해 금국을 정벌하고 중국을 제압하고 천하의 주인이 되기를 꿈꾸며 서경에서 군사를 일으켰다가 살해당했다. 그의 꿈은 좌절되고 서경성은 무너졌으니 실패한 것이었다. 왜 그랬을까? 그의 도전은 무모한 시도였을까?

묘청 등 서경세력의 힘은 개경세력의 힘에 비해서 많이 약했다. 묘청, 정지상, 백수한을 중심으로 하는 모임이 정치세력을 형성한 기간은 대략 10년 정도에 불과했으니 그럴 수밖에 없었다. 그래서 국왕에게 기대어야 했고 정국의 급격한 전환과 정계의 개편을 위해 서경천도 운동을 추진해야 했고 음양풍수설로 그것을 합리화해야 했다.

묘청은 일부 추종자들에게 '성인'으로 추앙되었지만 중앙 정계에서의 영향력은 그리 크지 않았으니, 중앙 정계의 지원에는 많은 한계가 있었다. 이는 서경 출신의 인물이 중앙 정계에서 별로 활약하지 못했던 데에서 기인한 태생적인 한계였다. 물론 묘청은 그의 고향이자 주된 활동무대인 서경에서의 영향력은 중앙에 비해서 훨씬 컸다.

하지만 묘청의 서경에서의 영향력도 그리 강력하지는 못했다. 서경은 군사 중심지인데 묘청은 정신적인, 종교적인 지도자였지 군사적인 지도

자는 아니었다. 그래서 그가 서경의 군권을 장악하지 못했으니 이것이 그가 실패한 주요 요인이었다. 군권 장악자를 그가 강력히 지배한다면 해결될 수 있는 문제였지만 그러하지도 못했다. 그의 장기인 정신적, 종교적인 측면의 영향력도 그리 절대적이지 않았다. 그는 법회의 주관을 통해 포교활동을 활발히 전개하고 있었지만 어떠한 상황에도 그를 따를 광신도들을 아직 많이 확보하지 못했다.

묘청은 백수한을 수제자로 만들고 유호를 측근으로 키웠으며, 유호를 통해 그의 부친으로 서경관의 우두머리인 분사병부상서 유참을 포섭했다. 하지만 유참보다 한 단계 밑이면서도 그보다 군사적인 영향력이 더 큰 것으로 보이는 분사시랑 조광을 완전히 자기 사람으로 만들지는 못했다. 거사를 주도한 사람은 원악元惡(으뜸 악인)으로 표현된 묘청이 분명했고, 그 다음이 유참과 조광이었다. 이 세 사람이 뜰에 모인 다른 문무 양반과 달리 관풍전에 앉았으니 핵심 지도자였다.

거사 후에 유참과 조광은 재상 내지 원수로서 지휘했을 터였는데 묘청이 무슨 직함을 띠었는지는 잘 알 수 없지만 유참과 조광이 관풍전 동쪽에, 묘청이 서쪽에 앉은 것으로 보아 묘청이 그들보다 높지는 않았다. 서열상으로는 유참이 1위, 조광이 2위, 묘청이 3위였다. 묘청이 유참과 조광을 지휘할 처지가 아니었으니, 대위국 개창에는 성공했지만 황제에 오르거나 추대되지 못했다. 이러한 상황에서 조광이 기회주의적 태도를 취했고 이것이 묘청의 죽음에 결정적인 원인으로 작용했다.

묘청은 황색의 토덕이 지배하는 이상향을 추구했으니 중국의 황건적(태평도와 오두미도)과 유사한 측면이 있었다. 중국의 황건적은 후한을 멸망시키고 삼국시대를 연, 홍건적은 명을 성립시켜 몽골족 원을 몰아낸 거대한 동력이었다. 묘청은 8성 이론, 태일옥장보법 등을 보건대 태평도·오두미도와 유사한 교단을 만들 능력이 있었다. 그는 새로운 교단을 만들 계획을 가지고 있었다고 보이지만 아직 대중운동으로 확산시키지는 못하고 있었다. 그에게는 좀 더 시간이 필요했다.

하지만 개경세력은 그에게 시간을 주지 않았다. 개경세력의 서경세력에 대한 격렬한 반대운동은 서경천도를 불가능하게 만들었고 자주 서경에 행차해 오던 국왕의 발걸음조차 멈추게 만들었다. 묘청은 서경 사람들에게 자신의 노력으로 곧 수도가 서경으로 옮겨오게 되리라고 확신에 찬 목소리로 선전해 왔을 것이다. 이러한 상황에서 적어도 국왕이 서경을 계속 방문해 주어야 하는데 여의치 않게 되었다. 묘청의 서경에서의 입지조차 흔들릴 판이었다. 마음이 초조해졌고 결국 모험을 택해 군사를 일으켰다. 서경 사람들, 특히 서경관들은 그동안 차별을 느껴 왔기에 묘청의 선동에 넘어가 대부분 동참했다. 이 기회에 중앙 정부에 본때를 보여주어야 한다는 생각도 들었을 것이다.

묘청은 군사를 일으키면서 개경에 있는 정지상, 백수한 등과 상의하기는커녕 미리 귀띔하지도 않았다. 결정이 워낙 급박하게 이루어져 그들과 상의할 여유가 없었고, 상의해 봐야 분란만 일으키리라 예상해 그만둔 측면도 있었다. 어쨌거나 개경에 있는 서경세력의 협조를 얻기는커녕 서경세력의 분열만 초래했다.

서경군은 군사전략에서도 오류를 범했다. 그들은 개경군이 바로 서경성으로 진격해 올 줄 예상해 절령을 차단하고 서경성 방어에 치중했지만 개경군은 동쪽으로 우회하고 북상해 안북도호부를 접수해 서경의 배후지역을 차단한 후 서경성으로 남하했다. 그 결과 서경성은 고립되고 후원군은 오지 않았다. 서경군은 안북도호부 등 서북면의 요새들을 미리 장악해 배후 지원기지로 활용했어야 했는데 그러하지 못했다. 물론 서경군은 개경군의 그러한 진로를 어느 정도 예상하고 성주와 연주를 장악하려 시도했지만 안이하게 진행하여 실패했다. 김부식은 서경성 전투에 드러나듯이 현장전술에는 약했지만 우회전략에 드러나듯이 전략에는 탁월한 면모를 보였다.

서경군의 방어 위주의 소극적인 전략도 문제였다. 병력이 개경군에 비해 몇 배 적었기 때문에 불가피한 측면이 있었지만, 익숙한 지형과 사람을 활용해 유격전술을 구사해 개경군을 괴롭히는 게 오히려 더 나았다. 포위당한 서경성을 위해 누가 달려오겠는가? 달려와 줄 사람은 서경과 이익을 공유해 온 서북면 사람들밖에 없었다. 그들을 서경군이 장악하지 못하고 오히려 개경군이 장악했으니 서경군이 견디기 어려웠다.

그렇다면 진정 묘청의 이념과 운동은 실패한 것일까? 그의 백두산과 고구려 중심의 이론은 비록 그의 이름은 반역자로 낙인찍혀 거론되지 않을 지라도 의종 때 김관의 『편년통록』에 반영되었다. 무인정권 때 이규보로 하여금 고려초에 편찬된 고구려 중심에 입각한 『구삼국사』의 「동명왕본기」를 보고서 신라중심의 『삼국사기』를 비판하고 대서사시 「동명왕편」을 짓도록 하는 원동력으로 작용했다. 무인정권 때 서경에서 조위총과 서경인이 봉기하는 원천을 제공했다. 백두산과 지리산을 국토의 중심축으로 보는 그의 시각은 중대한 영향을 미쳤다.

묘청의 이념과 운동은 그만이 아닌 서경세력의 이념과 운동이었다. 묘청·정지상·윤언이 등의 사상적 다양성과 포용성은 고려문화를 더욱 풍부하게 만들었다. 대륙의 만주를 회복하고 중원(중국의 중심지)으로 진출해 고려를 천하의 중심으로 만들겠다는 서경세력의 비전은 그들의 몰락 이후에도 계승되었다. 그러하니 묘청과 서경세력의 운동은 결코 실패한 것이 아니었다.

세상은 넓다

　문종의 만주 지배, 윤관의 9성 개척, 묘청의 북진 운동은 천하의 주인이 되고자 하는 고려인의 열망을 담고 있었다. 윤관, 묘청, 윤언이는 위대한 실패자였다. 그들은 고려를 뛰어넘는 넓은 세상을 보았다. 문종·윤관·묘청·윤언이 등의 도전은 후대에 크나큰 선물을 주었다. 고려인들에게 백두산을 뿌리로 인식하도록 만들었고 만주를 우리의 무대로 인식하도록 만들어 옛 영토를 회복하려는 운동을 펼치도록 하였다.

　그리하여 공민왕 때 고려군이 요동을 정벌해 고려의 영토라고 선포했고, 우왕과 최영이 요동정벌을 시도했고, 정도전이 조선 건국초에 요동을 정벌하려 했다. 고려말과 조선초 영토확장 운동에 동력과 이념을 제공한 것은 윤관의 9성, 특히 공험진과 선춘령비였다. 두만강 너머 북쪽 선춘령까지를 우리의 영토로 여겨 이곳까지 진출하려 했지만 조선초에 두만강까지밖에 회복하지 못했다.

　고구려를 계승한 고려가 만주로 진출했다는 사실은 중국이 동북공정을 통해 고구려의 역사를 자신의 역사로 편입시키려는 시점에 고구려사를 지킨다는 면에서 중요한 의미를 지닌다. 또한 만주에 대한 우리의 권리를 주장하는 논리로 활용될 수 있으며, 나아가 중국과 동아시아의 정세가 급변해 만주벌판에 회오리바람이 일어날 때 우리의 꿈을 달성하는 논리로 이용될 수도 있다. 이러하니 윤관, 묘청, 윤언이는 위대한 성공자였다.

　문종, 윤관, 묘청, 윤언이는 광태토태왕처럼 천하인이었다. 이들의 꿈은 죽은 과거가 아니라 현재 부활하고 있다. 우리나라의 반도체와 핸드폰이 세계를 지배할 줄을, 우리나라 기업이 개발한 와이브로가 세계의 표준이 될 줄을 누가 알았는가? 충주 출신의 반기문이 유엔 사무총장이 될 줄을 누가 알았는가? 우리나라 축구가 월드컵 4강에 진출하고 골프의 박세리·최경주 등과 수영의 박태환과 피겨의 김연아가 세계의 정상에 우뚝 설 줄을 누가 알았는가?

대우그룹의 김우중 회장이 외친 '세계는 넓고 할 일은 많다'는 말이 생각난다. 그는 IMF 사태를 맞아 대우그룹이 공중분해되면서 부도덕한 기업주로 낙인찍혀 처벌받았다. 하지만 그는 온 세계를 구석구석 누비며 네트워크로 연결해 가상의 우리 영토로 만든 개척자였다. 그의 개척은 우리를 세계인으로 만들었다. 그는 부도덕한 측면이 있지만 우리에게 비전을 보여준 모험적인 실패자였다.

지금은 무력으로 가시적인 영토를 넓히는 시기가 아니다. 인력과 기술과 상품으로 가상의 영토를 넓히는 시기이다. 우리는 그러한 것을 활용해 보통 사람이라도 윤관과 묘청과 윤언이가 꿈꾼 것처럼 천하인으로서 세계의 주인이 될 수 있다. 그리하면 우리 모두가 윤관이 되고, 묘청이 되는 것이 아닌가. 다만 우리 자신이 순혈주의와 제국주의로 빠지는 위험은 경계해야 한다. 모두가 윤관과 묘청처럼 세상의 중심이 되기를 꿈꾸어 본다.

참고문헌

I. 자료

『고려사』, 『고려사절요』, 『균여전』, 『대각국사문집』, 『삼국사기』, 『삼국유사』, 『제왕운기』, 『파한집』, 『보한집』, 『동국이상국집』, 『목은고』, 『세종실록』지리지, 『신증동국여지승람』, 『동문선』, 『조선왕조실록』, 『주역』, 『고려도경』, 『송사』, 『요사』, 『금사』.
『고려명현집』, 성균관대.
『한국문집총간』, 민족문화추진회.
『조선유적유물도감』, 북한.
김용선 편, 『고려묘지명집성』, 한림대 출판부, 1993.
이지관 편, 『교감역주 역대고승비문』 고려편, 가산문고, 1994~1996.
장동익, 『송대여사자료집록』, 서울대 출판부, 2000.
단재신채호선생기념사업회, 『단재신채호전집』, 형설출판사, 1972.

II. 논저

강민정, 「정지상의 정치활동과 사상」 『이대사원』 33·34, 2001.
강성원, 「묘청의 재검토」 『국사관논총』 13, 1990.
강옥엽, 『고려 전기 서경세력의 연구』, 이화여대 박사학위논문, 1998.
강진철, 『고려토지제도사연구』, 고려대 출판부, 1980.
국사편찬위원회, 『한국사』 4 · 고려귀족사회의 성립, 1974.

국사편찬위원회, 『한국사』 7 · 무신정권과 대몽항쟁, 1977.
국사편찬위원회, 『한국사』 13 · 고려 전기의 정치구조, 1993.
국사편찬위원회, 『한국사』 14 · 고려 전기의 경제구조, 1993.
국사편찬위원회, 『한국사』 15 · 고려 전기의 사회와 대외관계, 1995.
국사편찬위원회, 『한국사』 16 · 고려 전기의 종교와 사상, 1994.
국사편찬위원회, 『한국사』 17 · 고려 전기의 교육과 문화, 1994.
국사편찬위원회, 『한국사』 21 · 고려 후기의 사상과 문화, 1996.
권순형, 「고려 중기 남경에 대한 일고찰」 『향토서울』 49, 1990.
김갑동, 『고려전기 정치사』, 일지사, 2005.
김광식, 「고려 숙종대의 왕권과 사원세력 · 주선정책의 배경을 중심으로」 『백산학보』 36, 1989.
김구진, 「공험진과 선춘령비」 『백산학보』 21, 1976.
김기덕, 『고려시대 봉작제 연구』, 청년사, 1998.
김기덕, 「고려시대 개경과 서경의 풍수지리와 천도론」 『한국사연구』 127, 2004.
김난옥, 『고려시대 천사 · 천역양인 연구』, 신서원, 2000.
김남규, 「고려 인종대의 서경천도운동과 서경반란에 대한 일고찰」 『경대사론』 1, 1985.
김남규, 『고려양계지방사연구』, 새문사, 1989.
김남윤, 「고려중기 불교와 법상종」 『한국사론』 28, 1992.
김당택, 「고려 양반사회와 한국사의 시대구분」 『역사학보』 166, 2000.
김당택, 「고려 인종조의 서경천도 · 칭제건원 · 금국정벌론과 김부식의 삼국사기 편찬」 『역사학보』 170, 2001.
김당택, 「고려 문종~인종조 인주이씨의 정치적 역할」 『한국중세사의 제문제』, 2001.
김두진, 『고려전기 교종과 선종의 교섭사상사 연구』, 일조각, 2006.

김병인,『고려 예종대 정치세력 연구』, 경인문화사, 2003.
김상기,「묘청의 천도운동과 칭제건원론에 대하여」『동방사논총』, 서울대 출판부, 1974.
김상기,『신편 고려시대사』, 서울대 출판부, 1985.
김상영,「고려 예종대 선종의 부흥과 불교계의 변화」『청계사학』 5, 1988.
김성환,『고려시대의 단군전승과 인식』, 경인문화사, 2002.
김순자,「10~11세기 고려와 요의 영토 정책」『북방사논총』 11, 2006.
김의규 편,『고려사회의 귀족제설과 관료제론』, 지식산업사, 1985.
김창현,「고려 서경의 성곽과 궁궐」『역사와 현실』 41, 2001.
김창현,『고려 개경의 구조와 그 이념』, 신서원, 2002.
김창현,「고려 11세기의 정치와 인주 이씨」『인천학연구』 2-1, 2003.
김창현,「고려의 운수관과 도읍경영」『한국사학보』 15, 2003.
김창현,「고려중기 윤언이의 사상과 파주 금강재」『기전문화연구』 31, 2004.
김창현,「고려 서경의 사원과 불교신앙」『한국사학보』 20, 2005.
김창현,「고려시대 평양의 동명 숭배와 민간신앙」『역사학보』 188, 2005.
김창현,「고려초기 정국과 서경」『사학연구』 80, 2005.
김창현,『고려의 남경, 한양』, 신서원, 2006.
김창현,「고려중기 인주이씨와 불교경향」『인문과학연구』 25, 성신여대, 2006.
김창현,「고려시대 국왕순어와 도읍경영」『한국중세사연구』 21, 2006.
김창현,『고려의 여성과 문화』, 신서원, 2007.
김창현,「고려 서경의 행정체계와 도시구조」『한국사연구』 137, 2007.
김창현,「고려중기 예종・인종의 통치와 관료집단의 성격」『한국인물사연구』 8, 2007.
김창현,「신라 왕경과 고려 도성」『신라문화제학술논문집』 29, 2008.
김철웅,「고려중기 도교의 성행과 그 성격」『사학지』 28, 1995.
김철웅,『한국중세 국가제사의 체제와 잡사』, 한국연구원, 2003.

김형우,「고려시대 국가적 불교행사에 대한 연구」, 동국대 박사학위논문, 1992.
김충렬,『고려유학사』, 고려대 출판부, 1984.
남인국,『고려 중기 정치세력 연구』, 신서원, 1999.
노명호,「이자겸 일파와 한안인 일파의 족당세력」『한국사론』17, 1987.
노명호,「고려사회의 양측적 친속조직 연구」, 서울대 박사학위논문, 1988.
노명호,「고려시대의 다원적 천하관과 해동천자」『한국사연구』105, 1999.
노태돈,「삼한에 대한 인식의 변천」『한국사연구』38, 1982.
문철영,「여말 신흥사대부들의 신유학 수용과 그 특징」『한국문화』3, 1982.
박성봉,「고려인종기의 양란과 귀족사회의 추이」『고려사의 제문제』, 삼영사, 1986.
박용운,『고려시대 음서제와 과거제 연구』, 일지사, 1990.
박용운,『고려사회와 문벌귀족가문』, 경인문화사, 2003.
박용운,『고려시대 개경 연구』, 일지사, 1996.
박용운,『고려시대사』상·하, 일지사, 1985·1987.
박용운,『고려시대사』(수정·증보판), 일지사, 2008.
박윤진,『고려시대 왕사·국사 연구』, 경인문화사, 2006.
박종기,「고려전기 사회사 연구동향」『역사와 현실』2, 1989.
박종기,「12세기 고려 정치사 연구론」『택와허선도선생정년기념사학논총』, 1992.
박종기,「예종대 정치개혁과 정치세력의 변동」『역사와 현실』9, 1993.
박종기,「11세기 고려의 대외관계와 정국운영론의 추이」『역사와 현실』30, 1998.
박종기,『5백년 고려사』, 푸른역사, 1999.
박종기,『고려의 지방사회』, 푸른역사, 2002.
박창희,『한국사의 시각』, 영언문화사, 1984.
박한남,『고려의 대금외교정책 연구』, 성균관대 박사학위논문, 1993.

방동인,「윤관구성재고」『백산학보』21, 1976.
변태섭,『고려정치제도사연구』, 일조각, 1971.
변태섭,『고려사의 연구』, 삼영사, 1982.
불교사학회 편,『고려초기불교사론』, 민족사, 1986.
불교사학회 편,『고려중·후기불교사론』, 민족사, 1986.
서성호,「숙종대 정국의 추이와 정치세력」『역사와 현실』9, 1993.
서윤길,『고려밀교사상사연구』, 불광출판부, 1993.
송진환,「묘청의 풍수도참사상과 불교관에 대한 연구」『교남사학』7, 1996.
신수정,「고려시대 공예태후의 지위와 역할」『한국학보』119, 2005.
안병우,「고려시기 서경의 재정구조」『전농사론』7, 2001.
안지원,『고려시대 국가 불교의례 연구』, 서울대 박사학위논문, 1999.
오상훈,『중국도교사론』1, 이론과실천, 1997.
오영선,「인종대 정치세력의 변동과 정책의 성격」『역사와 현실』9, 1993.
유명종,「북송 양귀산과 인종대의 유학」『한국사상사』, 이문출판사, 1981.
유승원,「고려사회를 귀족사회로 보아야 할 것인가」『역사비평』36, 1997.
윤사순,「주자학 이전의 성리학도입문제」『최충연구논총』, 1984.
윤찬원,『도교철학의 이해』, 돌베개, 1998.
이근명,『중국역사』, 신서원, 1993.
이기백,『한국사신론』, 일조각, 1967.
이기백,『고려귀족사회의 형성』, 일조각, 1990.
이기백 등,『최승로상서문연구』, 일조각, 1993.
이범학,「왕안석 개혁론의 형성과 성격」『동양사학연구』18, 1983.
이병도,『고려시대의 연구』, 을유문화사, 1947 : 아세아문화사, 1980.
이병욱,『고려시대의 불교사상』, 혜안, 2002.
이상선,『고려시대 사원의 사회경제연구』, 성신여대 출판부, 1998.
이수건,『한국중세사회사연구』, 일조각, 1984.

이우성·강만길 편,『한국의 역사인식』상, 창작과비평사, 1976.
이정란,「고려시대 후비부에 대한 기초적 검토」『한국중세사연구』20, 2006.
이정신,『고려시대의 정치변동과 대외정책』, 경인문화사, 2004.
이정호,「고려전기 자연재해의 발생과 권농정책」『역사와 경계』62, 2007.
이진한,『고려전기 관직과 녹봉의 관계 연구』, 일지사, 1999.
이희덕,『고려유교정치사상의 연구』, 일조각, 1984.
정구복,『한국중세사학사』Ⅰ, 집문당, 1999.
정수아,「윤관세력의 형성」『진단학보』66, 1988.
정수아,「고려중기 개혁정책과 그 사상적 배경」『수촌박영석교수화갑기념 한국사학논총』, 1992.
정용숙,『고려왕실족내혼연구』, 새문사, 1988.
정용숙,『고려시대의 후비』, 민음사, 1992.
조영록 편,『한중 문화교류와 남방해로』, 국학자료원, 1997.
진고응 저·최진석 등 역,『주역 유가의 사상인가 도가의 사상인가』, 예문서원, 1996.
제임스 류 지음·이범학 역,『왕안석과 개혁정책』, 지식산업사, 1991.
차주환,『한국의 도교사상』, 동화출판공사, 1984.
채웅석,「고려전기 화폐유통의 기반」『한국문화』9, 1988.
채웅석,「고려 문종대 관료의 사회적 위상과 정치운영」『역사와 현실』27, 1998.
채웅석,「고려 중·후기 '무뢰' 와 '호협' 의 행태와 그 성격」『역사와 현실』8, 1992.
채웅석,「12세기초 고려의 개혁추진과 정치적 갈등」『한국사연구』112, 2001.
채웅석,「고려사회의 변화와 고려중기론」『역사와 현실』32, 1999.
채웅석,「12·13세기 향촌사회의 변동과 민의 대응」『역사와 현실』3, 1990.
채웅석,「고려중기 사회변화와 정치동향」『한국사』5, 한길사, 1994.
채웅석,『고려시대의 국가와 지방사회』, 서울대 출판부, 2000.

최병헌,「고려 중기 현화사의 창건과 법상종의 융성」『한우근박사 정년기념 사학논총』, 1981.

최병헌,「고려 중기 이자현의 선과 거사불교의 성격」『김철준박사 화갑기념 사학논총』, 1983.

최연식,「대각국사비의 건립과정에 대한 새로운 고찰」『한국사연구』 83, 1993.

최영성,「고려중기 북송성리학의 수용과 그 양상」『대동문화연구』 31, 1996.

최희림,『고구려 평양성』, 과학백과사전출판사, 1978(평양성도 작성에 도움 받음).

하현강,『한국중세사연구』, 일조각, 1988.

한국역사연구회,『고려의 황도 개경』, 창작과비평사, 2002.

한국역사연구회,『개경의 생활사』, 휴머니스트, 2007.

한기문,『고려사원의 구조와 기능』, 민족사, 1998.

허인욱,「고려 중기 동북계에 대한 고찰」『백산학보』 59, 2001.

허흥식,『고려불교사연구』, 일조각, 1986.

허흥식,『고려의 문화전통과 사회사상』, 집문당, 2004.

홍승기,『고려사회사연구』, 일조각, 2001.

E.J. Shultz,「한안인 일파의 등장과 그 역할」『역사학보』 99·100, 1983.

Peter I. Yun(윤영인), "Rethinking the Tribute System: Korean States and Northeast Asian Interstate Relations, 600-1600", University of California Los Angeles, 1998.

색 인

ㄱ

가한촌 88
감군사 174
감로사 30, 163
강감찬 9
강동 6주 7
강안세 244
강안전 277
강예재 113, 198
강정화 210
강조 172
개국사 103
개명택 148
거신 24
거인 263
건덕전 277
건룡전 193, 232
격구 304
경덕국사 난원 27
경령전 91, 141, 147, 276
경복궁 135

경정상 57
경주 5
경주세력 5
경창문 268, 270
계림공 25, 30
고구려 계승 206
고당유 240
고려도경 127, 132
고려정관 17
고맹 19
고영신 55
고의화 34
고조기 305
고효충 109
공장 50
공직 266
공험진 76, 79, 80, 93
곽상 32, 54
곽여 111
곽응소 247
관산역 245
관선 255

관승선사 286, 306
관음신앙 43
관풍전 239, 241, 251, 270
광덕문 267, 268
광명사 286, 306
광학 213
광화문 133, 156
구룡산 200
구법 54
구요당 111
9성 79, 80
9성 반환 95
구정 134, 145
구제 11, 54
구제궁 164, 171
구진익수 253
국신사 15
국원공 25
국원후 24
국자감 225
국청사 31, 41, 116
국풍파 3, 233
국학 7재 113
궁성 12, 134
권적 190
권정균 267, 269

귀법사 115
귀산사 107
귀순주 19
귀족사회설 56
균여 176
균여전 176
금강거사 286
금강경 286
금강사 213, 214
금강삭보살 202
금강재 286
금광사 213
금교역 243
금국정벌 193, 198, 218
금문우객 112
금수산 251, 253
금암역 217
금준 69
기녀 109
기린각 164
기자사당 139
길주 75, 79, 91, 93
김경용 96
김공정 272
김근 57
김단 191, 240

김덕진 74
김돈중 302
김락 167
김부 249
김부식 3, 57, 120, 128, 135, 180, 186,
　　　225, 226, 227, 240, 274, 291, 307
김부의 58, 225, 232, 240
김부일 57, 120, 164, 181, 218
김부철 45, 121, 192
김부필 57, 74
김성기 268
김순부 247, 248
김신 238
김신련 266
김안 181, 185, 192, 194, 217, 239,
　　　242
김약온 189
김약진 266
김양검 23
김양수 252
김연 96, 114, 137, 144
김영관 305
김영년 272
김영온 295
김용 228
김위제 62

김유신 298
김유신 97
김은부 24
김의원 93, 126
김인감 244
김인규 126, 135, 141
김인존 163, 181
김정 284, 291
김정순 240, 242, 267, 270, 274, 291,
　　　302
김정황 267, 270
김존중 305
김준 91
김지 272
김지효 141
김찬 144, 147
김충효 295
김치양 8
김태수 254
김택승 268
김한충 74
김향 155, 161
김현근 268
김훈 172

ㄴ

나성 251
나손언 272
나한신앙 115
남경 24, 62
남송 190
남평양 24
남포 188
낭가 3, 98
낭산 213
내시별감 291
내원성 10, 120
내제석원 147
노수 270
노영거 240, 272
노윤적 131
노자 212
노준 57
누각원 228
늑차천왕 202
능엄경 45

ㄷ

다경루 253

단군 140
단군조선 139
담선대회 115
당포 266
대각국사 의천 26
대각국사비 103, 226
대관전 277
대궐 12, 134
대녕후 287
대동강 188, 252, 253
대량원군 8
대명궁 132, 224
대묘 141
대방공 127
대변천신 201
대성산 200
대식국 16
대연 213
대위 3, 238
대장경 25
대화궐 192, 220, 229
대화세 192
도생승통 30
도선 210
도이장가 167
독립당 3

동경 5, 188
동락정 134
동명사당 139
동명성제사 171
동명왕 170
동명왕릉 171
동명왕편 297, 311
동산재 112
동산처사 112
동선역 240
동여진 10
동전 46, 53
동화문 146
두악 203

ㅁ

마야부인 200, 203
마천정 228, 243
마탄 255
만언서 191
만월대 13
명랑 213
명복궁 34
명복궁주 34
모란봉 251

목멱산 202
목멱선인 202
묘청 3, 164, 175, 185, 217, 237, 241, 247
무거인 197
무학재 223
문공미 125, 126, 180
문공유 126, 180, 227
문공인 185, 209, 217, 219, 224, 227, 239, 248, 273
문관 74, 91, 95
문덕전 91, 114
문두루비밀법 213
문수보살 45, 199
문수원 45
문수원기 45
문정 21
민지 79

ㅂ

박승중 126, 143
박심조 144
박응소 268
박의신 267, 269
박정명 266, 270

반경 241
방자수 267, 268, 269
백두산 9, 199, 205, 311
백두악 199
백록진 248
백사청 270
백수한 164, 185, 194, 210, 217, 239, 242
백암선원 45
백운소설 307
백정 200
백청 239
법왕사 115
법화경 42
법화신앙 42
법흥왕 281
벽란도 16, 131
변한 20
별무반 55, 72
병부 155
보문각 114
보산역 244
보장왕 299
보제사 115
보현원 45
복원관 111

복원궁 110
복주 76, 79
본궐 12
본기 296
본래불 208
봉은사 115
부국강병 55, 191, 304
부묵경 131
북진정책 197
분사 174
분사병부 174
분사어사 174
분사호부 174
불가 3
비바시불 202

ㅅ

4경 24, 65
사대 151
사대당 3
4대 종파 42
사마광 52, 277
사선 201
사선 6
사숙왕후 33

사숙태후 33
사암역 245
사족 58
사직재 305
사천왕사 213
산호정 119, 146
삼 성인 186
삼각산 24
삼경제 62, 195
삼국사 296
삼국사기 130, 293
삼성사당 139
삼성신앙 195
3성 6부 13
삼원 222
삼재 194
삼정 194
삼존불 195
상숭 264
상업 52
상원 222
상인 50
생양역 244
서경 53, 163, 166
서경 전역 3
서경관 174

서경성 253
서경세력 165
서경역적 272
서경유수관 174
서긍 56, 107, 127, 131
서북면 173
서여진 10
서정 247
서화문 112, 147
서효관 269
서희 6
석가불 200, 208
석사 35
석성 75
석포 265, 266
선경전 141, 277
선군별감 304
선덕여왕 130
선랑 7
선봉사 226
선요문 253
선의문 132
선인교 118
선정전 34, 277
선종 42, 285
선춘령 76, 80

색인 327

설총 189
성균관 132
성종 5
성주 244, 246
세가 296
소동파 16, 28
소손녕 6
소양강 45
소억 165
소태보 32, 34, 49
소현 30
소황린 268
속장경 28
송강진 10, 86
송선유 272
송악 대궐 209
송악산 202
송충 92
수덕 166
수안 245
수안택주 24
수춘궁 30
숙신 20
순덕왕후 109
순복전 112
순천관 132, 147, 224

순화현 254, 268
숭교사 115
숭덕부 137
숭복원 141
승덕공주 228
승평문 133, 145, 305
시전 53
신법 52, 54, 191
신봉루 10, 277
신봉문 134, 145
신성부곡 245
신성제왕 277
신숭겸 167
신유림 213
신인종 213
신주 140
신지충 267, 270
신채호 3, 97, 197, 295
신학 52
십자가 16
16나한 107
십팔자 152

ㅇ

아골타 120

아미타신앙 43
안덕칭 272
안보린 144, 147
안북 대도호부 246
안북도호부 173
안산 24
안시성 299
안정수 264
안종 8
안중영 237
안지종 237
안직승 197
안화사 106, 111, 118, 140
안화선원 106
알운 109
암타도 165
약두산 112
약사원 104
양경제 61
양규 9
양만춘 300
양맹 266
양명문 264, 266
양명포 263
양성지 87
양우충 240

양유송 74
양응성 190
양제보 252
양주 24
양지재 112
양현고 113
역해 225
연개소문 299
연경궁 152, 155
연기설 153
연남생 300
연덕궁 29, 147
연덕궁주 29, 107, 141, 162
연등불 202
연등회 6, 7, 8, 117
연복궁주 23
연영전 114
연정문 266
연주 244, 246
연헌성 301
연화공주 32
연화궁 33, 108
연화궁 원자 30
연화궁비 25, 32
연화궁주 108
영가 69

색인 329

영녕부 33
영동 109
영류왕 299
영명사 171
영봉루 180
영주 75, 77, 79
영주성 89
영통사 27, 103, 141, 226
예성강도 105
오관산 141
5군 253
5방 신상 213
오선각 272
오아속 70
오연총 73, 88, 90, 93, 97
오원수 242
오탁 144, 147
옥잠정 111, 118
옥촉정 111
온수 25
완안부 69
왕국모 32, 34, 49
왕륜사 115
왕수 240, 265, 266
왕식렴 172
왕안석 52, 191, 278

왕의 252
왕자지 74, 89, 91, 92, 191
요동정벌 99
용미리 35
용언궁 169
용위악 200
용천 20
우군 252
우방재 264
우세승통 27
웅주 75, 79
웅주 전투 91
웅주성 89
원시천존 111
원신궁주 32, 35
원항 175
월성악 201
위근영 272
위숙왕후 203
유가 3
유가종 42
유개 227
유경심 241
유소 19
유신 178
유영 240

유위후 268

유익 92

유제 193

유참 3, 237, 241, 247

유한후 268

유호 238, 247

유홍 32

육통존자 200, 208

윤관 50, 52, 71, 73, 88, 90, 97, 103

윤신걸 50

윤언민 51, 240, 286

윤언순 51, 76, 92

윤언식 51, 135

윤언이 51, 88, 92, 98, 149, 165, 187, 190, 217, 218, 225, 232, 240, 264, 265, 267, 270, 277, 278, 291, 304, 305

윤언인 51

윤자양 269

윤주형 272

윤첨 247, 248

윤한 147, 165

은병 53

을지문덕 298

음양오행설 195

음양풍수도참설 4

음중인 242

의보 263

의봉루 277

의장 143, 145, 156

의주 79, 120

의천 33, 52, 103, 176

의친궁 137

이공수 156, 161, 181

이공의 143

이관진 74, 88, 91, 93

이덕경 249

이록천 254

이병도 199

이성계 153

이수 144, 146

이숙 141

이순무 242

이식 270

이약눌 270

이연후 91

이영 70, 105, 126, 244

이영장 266

이예 33

이오 33, 50, 96

이온문 295

이위 96, 141

이유 240, 265, 266
이유개 240
이의 45
이의민 153
이인로 187
이인실 265, 270, 305
이자겸 25, 108, 125, 135, 137, 145, 149
이자겸 세력 126
이자기 244
이자덕 126
이자량 126
이자연 23, 31, 56
이자위 33
이자의 33, 34
이자현 44
이재 96
이제정 218
이제현 35
이족 58
이주연 240, 246
이준양 74, 219
이중 227, 238, 273, 291
이중부 185, 198, 220, 244
이중약 111, 126
이지미 126, 143, 150, 156

이지백 6
이지보 143, 147,
이지언 141, 143
이지원 143
이지윤 143
이지저 186, 218, 273, 302
이진 240
이징정 269
이총림 237
이탄지 91
이홍 152
이후 270
이후진 165, 222
인수절 143
인예태후 29
인종 135
일리천 전투 10
일재기 111
임간 70, 273
임경청 146, 185, 209, 224, 273
임문벽 267
임언 70, 74, 77, 91, 97
임영 240
임완 229
임원궁성 198
임원숙 51

임원애 141, 162, 186, 220, 224, 240,
　　　291, 292, 302, 305
임원역 192
임원준 126, 224
임의 51, 96
임존 126
입원칭호 281

ㅈ

자남산 147
자변대사 28
자비령 173
자포 255
자하동 107, 118
장경궁주 25
장광재령 20
장녕궁주 24
장락궁 176, 251
장락전 251
장락전학사 176
장원정 233
장춘역 74
재성 251
저울 64
저울이론 207

전군 252
전시과 11
전용 266
전통파 4
절령 238
정극승 268
정극영 110, 126, 128
정덕환 268
정문 139
정선 268
정선곡 268
정습명 254, 291, 291, 295
정신현비 32
정심 200, 228
정안공 305
정약용 82
정원법사 27
정유황 156, 165
정의당 114
정정숙 240
정주 10, 21, 74, 86
정준 254
정중부 303, 305
정지상 112, 164, 177, 181, 185, 187,
　　　206, 217, 225, 239, 242, 307
정지원 177

색인 333

정총 272
정함 305
정항 164, 218, 225, 232
제궐 12
조광 3, 175, 237, 241, 247, 249, 268, 269
조선 20, 268
조선국공 138
조언 264
조위총 311
조의 155
조의부 272
조의선인 3
조종의 법 54
조창언 237, 247
좌군 252
좌우궁 169
좌우영 174
주몽 171
주역 194
주작문 145
주전관 53
주전도감 53
주전론 46
주필산 전투 300
중광전 277

중군 252
중서령 34, 126
중성 265
중성 대도독부 84, 89
중흥사 194, 252
중흥사의 탑 193
중흥택 148
증성악 202
지군국사 138
지누각원사 228
지록연 144, 147
지리산 203, 205, 311
지석숭 264, 265, 266
지소 34
지자대사 28
지채문 144
진경보 240, 266
진관사 115
진덕여왕 281
진동보제사 76
진숙 240, 246, 252, 264
진주거사 202
집주관 291

ㅊ

채경 107

채석 222

척순 144

척준경 34, 70, 74, 88, 92, 120, 126, 137, 145, 149, 161, 165, 222, 303

척준신 74, 88, 126, 144

천개 3, 238

천견충의군 238

천권 12

천덕부 252

천리장성 19

천명 211

천부인 195

천선 201

천수사 73, 103, 116

천수사 남문도 105

천예 50

천태종 31, 41, 105, 116

철도 254

철령위 99

철륵여진 10

철전 46

첨사부 51

청심대 112

청암리토성 214

청연각 114

청연각 정치 114

청연각기 114

청평산 45

초조대장경 11

최거린 126

최경 241

최계방 96

최공필 268

최봉심 186, 197, 242

최사전 125, 127, 153, 161

최사추 55, 126

최산보 295

최승로 5

최식 126, 165

최영 268, 269, 272

최우보 295

최유 128, 248

최유칭 270

최자영 270

최재 237, 291

최적 50

최진 291

최질 172

최충 23, 56

최치원 189
최탁 144, 147
최홍사 96, 169
최홍재 127, 137, 209
최홍정 74, 88, 91, 95
측근세력 291
칠성문 212, 267
칭제건원 192, 196, 217, 218, 233

ㅌ

탄연 45
태백선인 199
태을 211
태일 211
태일옥장법 210
태자책봉 286
토덕 211
토산 263
통태진 79

ㅍ

팔관보 156
팔관회 10, 117, 167
팔관회 6, 7, 8

팔성당 198
8성이론 207
팽숙 268
편년통록 311
평양 7
평양 중심 207
평양강 188, 253
평양공 24
평양선인 202
평융진 79
평주 245
포기 264
포주성 10, 120
품선 257

ㅎ

한교여 127
한백겸 82
한산후 33, 34, 35
한안인 109, 125, 126
한안인 세력 126
한안중 126
한양공 126
한언공 46
한유관 272

한유충 126, 191, 224, 248, 277, 278,
　　　284, 291, 302, 304
한충 120, 126
한학파 3
할지론 6
함보 69
함원문 267, 268
함주 76, 79
해동종 115
해동통보 53
해인사 33
향리 58
허순 254
허재 74, 91, 93, 126
허정당 112
허홍재 295
혁련정 176
현성사 213
현종 8
현화사 11, 116, 145
협계 245
혜소 286
혜음령 35
혜음사 36
혜인사 28
혜조 45

호경 168, 205
호국인왕사 76
호종단 110, 177
홍걸 268
홍관 114, 147
홍루 114
홍이서 185, 225, 244
화랑 3
화랑사상 97
화엄종 42
화천 별감 53
화풍 7
화풍파 4, 233
활구 53
황군상 74
황도 13
황로 신앙 212
황린 272
황문상 249
황성 13, 134, 251
황유현 50
황정경 111, 195
황제 212
황제국 체제 11
황주 176, 240
황주첨 233

황중보 50
회경전 135, 277
회경전문 134
후군 252
후비 12
훈인전 277
휘종 107, 111, 189

흑수여진 10
흠종 190
흥례문 267
흥복사 164, 252
흥성궁 36
흥성사 141
흥왕사 11, 28, 41, 116

김 창 현

1960년에 제주에서 출생했으며, 고려대학교 사학과에서 학사·석사·박사과정을 밟았다. 성균관대학교와 성신여자대학교 연구교수를 거쳐 현재 고려대학교와 충남대학교에서 강의하고 있다. 대표저서로는 『고려 개경의 구조와 그 이념』, 『고려의 남경, 한양』, 『고려의 여성과 문화』, 『광종의 제국』, 『신돈과 그의 시대』 등이 있다.

윤관과 묘청, 천하를 꿈꾸다

초판 인쇄 : 2008년 8월 25일
초판 발행 : 2008년 8월 30일

저　　자 : 김창현
발 행 인 : 한정희
편　　집 : 장호희
발 행 처 : 경인문화사
주　　소 : 서울특별시 마포구 마포동 324-3
전　　화 : 718-4831~2
팩　　스 : 703-9711
이 메 일 : kyunginp@chol.com
홈페이지 : http://www.kyunginp.co.kr
　　　　　한국학서적.kr
등록번호 : 제10-18호(1973. 11. 8)

값 14,000원
ISBN : 978-89-499-0581-5　03910
ⓒ 2008, Kyung-in Publishing Co, Printed in Korea
※ 파본 및 훼손된 책은 교환해 드립니다.